# Developing Chinese 第二版 2nd Edition

## Intermediate Comprehensive Course
## 中级综合
## （II）

武惠华 编著

北京语言大学出版社
BEIJING LANGUAGE AND CULTURE UNIVERSITY PRESS

# Developing Chinese 第二版 2nd Edition

### 编写委员会

主　编：李　泉
副主编：么书君　　张　健
编　委：李　泉　　么书君　　张　健　　王淑红　　傅　由　　蔡永强

### 编辑委员会

主　任：戚德祥
副主任：张　健　　王亚莉　　陈维昌
成　员：戚德祥　　张　健　　苗　强　　陈维昌　　王亚莉
　　　　王　轩　　于　晶　　李　炜　　黄　英　　李　超

# 总前言

《发展汉语》(第二版)为普通高等教育"十一五"国家级规划教材。为保证本版编修的质量和效率,特成立教材编写委员会和教材编辑委员会。编辑委员会广泛收集全国各地使用者对初版《发展汉语》的使用意见和建议,编写委员会据此并结合近年来海内外第二语言教学新的理论和理念,以及对外汉语教学和教材理论与实践的新发展,制定了全套教材和各系列及各册教材的编写方案。编写委员会组织全体编者,对所有教材进行了全面更新。

## 适用对象

《发展汉语》(第二版)主要供来华学习汉语的长期进修生使用,可满足初(含零起点)、中、高各层次主干课程的教学需要。其中,初、中、高各层次的教材也可供汉语言专业本科教学选用,亦可供海内外相关的培训课程及汉语自学者选用。

## 结构规模

《发展汉语》(第二版)采取综合语言能力培养与专项语言技能训练相结合的外语教学及教材编写模式。全套教材分为三个层级、五个系列,即纵向分为初、中、高三个层级,横向分为综合、口语、听力、阅读、写作五个系列。其中,综合系列为主干教材,口语、听力、阅读、写作系列为配套教材。

全套教材共28册,包括:初级综合(Ⅰ、Ⅱ)、中级综合(Ⅰ、Ⅱ)、高级综合(Ⅰ、Ⅱ),初级口语(Ⅰ、Ⅱ)、中级口语(Ⅰ、Ⅱ)、高级口语(Ⅰ、Ⅱ),初级听力(Ⅰ、Ⅱ)、中级听力(Ⅰ、Ⅱ)、高级听力(Ⅰ、Ⅱ),初级读写(Ⅰ、Ⅱ)、中级阅读(Ⅰ、Ⅱ)、高级阅读(Ⅰ、Ⅱ),中级写作(Ⅰ、Ⅱ)、高级写作(Ⅰ、Ⅱ)。其中,每一册听力教材均分为"文本与答案"和"练习与活动"两本;初级读写(Ⅰ、Ⅱ)为本版补编,承担初级阅读和初级写话双重功能。

## 编写理念

"发展"是本套教材的核心理念。发展蕴涵由少到多、由简单到复杂、由生疏到熟练、由模仿、创造到自如运用。"发展汉语"寓意发展学习者的汉语知识,发展学习者对汉语的领悟能力,发展学习者的汉语交际能力,发展学习者的汉语学习能力,不断拓展和深化学习者对当代中国社会及历史文化的了解范围和理解能力,不断增强学习者的跨文化交际能力。

"集成、多元、创新"是本套教材的基本理念。集成即对语言要素、语言知识、文化知识以及汉语听、说、读、写能力的系统整合与综合;多元即对教学法、教学理论、教学大纲以及教学材料、训练方式和手段的兼容并包;创新即在遵循汉语作为外语或第二语言教学规律、继承既往成熟的教学经验、汲取新的教学和教材编写研究成果的基础上,对各系列教材进行整体和局部的特色设计。

## 教材目标

总体目标：全面发展和提高学习者的汉语语言能力、汉语交际能力、汉语综合运用能力和汉语学习兴趣、汉语学习能力。

具体目标：通过规范的汉语、汉字知识及其相关文化知识的教学，以及科学而系统的听、说、读、写等语言技能训练，全面培养和提高学习者对汉语要素（语音、汉字、词汇、语法）形式与意义的辨别和组配能力，在具体文本、语境和社会文化规约中准确接收和输出汉语信息的能力，运用汉语进行适合话语情境和语篇特征的口头和书面表达能力；借助教材内容及其教学实施，不断强化学习者汉语学习动机和自主学习的能力。

## 编写原则

为实现本套教材的编写理念、总体目标及具体目标，特确定如下编写原则：

（1）课文编选上，遵循第二语言教材编写的针对性、科学性、实用性、趣味性等核心原则，以便更好地提升教材的质量和水平，确保教材的示范性、可学性。

（2）内容编排上，遵循第二语言教材编写由易到难、急用先学、循序渐进、重复再现等通用原则，并特别采取"小步快走"的编写原则，避免长对话、长篇幅的课文，所有课文均有相应的字数限制，以确保教材好教易学，增强学习者的成就感。

（3）结构模式上，教材内容的编写、范文的选择和练习的设计等，总体上注重"语言结构、语言功能、交际情境、文化因素、活动任务"的融合、组配与照应；同时注重话题和场景、范文和语体的丰富性和多样化，以便全面培养学习者语言理解能力和语言交际能力。

（4）语言知识上，遵循汉语规律、汉语教学规律和汉语学习规律，广泛吸收汉语本体研究、汉语教学研究和汉语习得研究的科学成果，以确保知识呈现恰当，诠释准确。

（5）技能训练上，遵循口语、听力、阅读、写作等单项技能和综合技能训练教材的编写规律，充分凸显各自的目标和特点，同时注重听说、读说、读写等语言技能的联合训练，以便更好地发挥"综合语言能力+专项语言技能"训练模式的优势。

（6）配套关联上，发挥系列配套教材的优势，注重同一层级不同系列平行或相邻课文之间，在话题内容、谈论角度、语体语域、词汇语法、训练内容与方式等方面的协调、照应、转换、复现、拓展与深化等，以便更好地发挥教材的集成特点，形成"共振"合力，便于学习者综合语言能力的养成。

（7）教学标准上，以现行各类大纲、标准和课程规范等为参照依据，制定各系列教材语言要素、话题内容、功能意念、情景场所、交际任务、文化项目等大纲，以增强教材的科学性、规范性和实用性。

## 实施重点

为体现本套教材的编写理念和编写原则，实现教材编写的总体目标和具体目标，全套教材突出了以下实施重点：

（1）系统呈现汉语实用语法、汉语基本词汇、汉字知识、常用汉字；凸显汉语语素、语段、语篇教学；重视语言要素的语用教学、语言项目的功能教学；多方面呈现汉语口语语体和书面语体的特点及其层次。

（2）课文内容、文化内容今古兼顾，以今为主，全方位展现当代中国社会生活；有针对性地融入与学习者理解和运用汉语密切相关的知识文化和交际文化，并予以恰当的诠释。

（3）探索不同语言技能的科学训练体系，突出语言技能的单项、双项和综合训练；在语言要素学习、课文读解、语言点讲练、练习活动设计、任务布置等各个环节中，凸显语言能力教学和语言应用能力训练的核心地位。并通过各种练习和活动，将语言学习与语言实践、课内学习与课外习得、课堂教学与目的语环境联系起来、结合起来。

（4）采取语言要素和课文内容消化理解型练习、深化拓展型练习以及自主应用型练习相结合的训练体系。几乎所有练习的篇幅都超过该课总篇幅的一半以上，有的达到了2/3的篇幅；同时，为便于学习者准确地理解、掌握和恰当地输出，许多练习都给出了交际框架、示例、简图、图片、背景材料、任务要求等，以便更好地发挥练习的实际效用。

（5）广泛参考《汉语水平等级标准与语法等级大纲》（1996）、《汉语水平词汇与汉字等级大纲》（2001）、《高等学校外国留学生汉语言专业教学大纲》（2002）、《国际汉语教学通用课程大纲》（2008）、《欧洲语言共同参考框架：学习、教学、评估》（中译本，2008）、《新汉语水平考试大纲（HSK1-6级）》（2009-2010）等各类大纲和标准，借鉴其相关成果和理念，为语言要素层级确定和选择、语言能力要求的确定、教学话题及其内容选择、文化题材及其学习任务建构等提供依据。

（6）依据《高等学校外国留学生汉语教学大纲（长期进修）》（2002），为本套教材编写设计了词汇大纲编写软件，用来筛选、区分和确认各等级词汇，控制每课的词汇总量和超级词、超纲词数量。在实施过程中充分依据但不拘泥于"长期进修"大纲，而是参考其他各类大纲并结合语言生活实际，广泛吸收了诸如"手机、短信、邮件、上网、自助餐、超市、矿泉水、物业、春运、打工、打折、打包、酒吧、客户、密码、刷卡"等当代中国社会生活中已然十分常见的词语，以体现教材的时代性和实用性。

**基本定性**

《发展汉语》（第二版）是一个按照语言技能综合训练与分技能训练相结合的教学模式编写而成的大型汉语教学和学习平台。整套教材在语体和语域的多样性、语言要素和语言知识及语言技能训练的系统性和针对性，在反映当代中国丰富多彩的社会生活、展现中国文化的多元与包容等方面，都作出了新的努力和尝试。

《发展汉语》（第二版）是一套听、说、读、写与综合横向配套，初、中、高纵向延伸的、完整的大型汉语系列配套教材。全套教材在共同的编写理念、编写目标和编写原则指导下，按照统一而又有区别的要求同步编写而成。不同系列和同一系列不同层级分工合作、相互协调、纵横照应。其体制和规模在目前已出版的国际汉语教材中尚不多见。

**特别感谢**

感谢国家教育部将《发展汉语》（第二版）列入国家级规划教材，为我们教材编写增添了动力和责任感。感谢编写委员会、编辑委员会和所有编者高度的敬业精神、精益求精的编写态度，以及所投入的热情和精力、付出的心血与智慧。其中，编写委员会负责整套教材及各系列教材的规划、设计与编写协调，并先后召开几十次讨论会，对每册教材的课文编写、范文遴选、体例安排、注释说明、练习设计等，进行全方位的评估、讨论和审定。

感谢中国人民大学么书君教授和北京语言大学出版社张健副社长为整套教材编写作出的特别而重要的贡献。感谢北京语言大学出版社戚德祥社长对教材编写和编辑工作的有力支持。感谢关注本套教材并贡献宝贵意见的对外汉语教学界专家和全国各地的同行。

**特别期待**

○ 把汉语当做交际工具而不是知识体系来教、来学。坚信语言技能的训练和获得才是最根本、最重要的。

○ 鼓励自己喜欢每一本教材及每一课书。教师肯于花时间剖析教材，谋划教法。学习者肯于花时间体认、记忆并积极主动运用所学教材的内容。坚信满怀激情地教和饶有兴趣地学会带来丰厚的回馈。

○ 教师既能认真"教教材"，也能发挥才智弥补教材的局限与不足，创造性地"用教材教语言"，而不是"死教教材"、"只教教材"，并坚信教材不过是教语言的材料和工具。

○ 学习者既能认真"学教材"，也能积极主动"用教材学语言"，而不是"死学教材"、"只学教材"，并坚信掌握一种语言既需要通过课本来学习语言，也需要在社会中体验和习得语言，语言学习乃终生之大事。

李　泉

# 编写说明

## 适用对象

《发展汉语·中级综合》(Ⅱ)与《发展汉语·中级综合》(Ⅰ)相衔接,适合已具备中级入门水平,能理解与日常生活和学习相关以及比较浅显的书面材料,能用汉语就熟悉的话题与他人进行一定层次的沟通与交流的学习者使用。

## 教材目标

以全面提高中级阶段学习者听、说、读、写综合汉语交际能力为宗旨。具体而言,学完本册教材,学习者应达到以下目标:

(1)掌握相应数量中阶段应知应会的词语、语言点、功能语句和相关的文化知识。

(2)能理解与社会生活相关的语言材料,能进行一般性的叙述、说明和议论文表达。

(3)进一步丰富汉语知识,全面提高汉语听、说、读、写综合语言能力和得体的语言交际能力。

(4)进一步掌握相关的学习策略、交际策略、资源策略,了解基本的中国文化知识,具有基本的跨文化意识和国际视野。

(5)进一步增强汉语学习动机和自主学习能力。

## 特色追求

(1)突出教材内容的实用性和趣味性

本册教材在遵循教材编写的针对性、科学性等基本原则的前提下,尤其注重课文内容和语言点的实用性,并尽可能使课文内容和习题设计有趣味性和挑战性。为此,注重选文的时代性、题材体裁和语言风格的多样性。

(2)注重话题内容的开放性和现实性

注重话题的开放性、交际性和可讨论性,课文和练习内容以反映当代中国现实生活为主,以便于课堂教学操作和学习者当前语言能力的提高,以及对当代中国社会的了解。同时注重语言和文化的融合,兼顾中外文化的沟通,以便于加深学习者对中国文化的了解,增强跨文化交际能力。

(3)体例设计遵循使用者友好的原则

为方便教材使用者,特别是更好地服务于学习者的学习,本教材特作如下体例安排:

题解:希望通过对课文背景、特色或主旨等的概括,为师生就相关话题的热身讨论提供便利,为学习者更好地理解课文和相关的社会及文化现象进行铺垫。

词语学习:用颜色标注的词语,应重点学习和掌握。

走进课文:在课文旁边加设提问,提示需重点理解的课文内容、词语或语言点。

脚注:涉及历史和文化知识的词语、专名、术语、俗语等做脚注,以降低词语学习的难度,确保准确理解课文内容。

综合注释：语言点讲解之后随即练习，以便学用结合。

综合练习：涵盖语素、词语、语法、课文理解、阅读、表达、写作、拓展学习等各方面的内容。

语言点小结：每五课后附一个语言点小结，对重要语言点以提纲挈领的方式加以概括和呈现，以便于学习者复习和掌握。

（4）练习题设计以提高学习者综合语言能力为宗旨

本册教材的练习题包括书面练习和口语练习，力求将语言形式与交际场景、交际功能、交际需求相结合。练习题型涉及语音、汉字、词汇、语法、功能、文化等，通过大量的练习，使学习者不仅加深对所学内容的理解和掌握，也将很好地增强交际方式、交际策略等方面的选择和使用能力，从而逐步培养学习者正确、得体地运用汉语进行交际以及顺利进行跨文化交际的能力。

## 使用建议

（1）本册教材共15课，建议每课用6课时完成。

（2）注释着力于简明、扼要，课文编选尽量避免过长，因此教师可视情予以细化和补充。

（3）"走进课文"可把课文的讲解、讲练跟右侧的问题结合起来。

（4）"综合练习"涵盖语素、词语、语言点、课文理解、阅读、表达、拓展学习等内容，其中大部分内容可在课上与学生一起完成，"走出课堂，拓展学习"等少数习题可留待课外完成。

（5）课外作业可在新一轮教学开始前，教师以适当的方式进行检查和评价。

## 特别期待

学习者：

◎ 课前认真预习你将学习的每一课。

◎ 反复大声朗读你正在学习的课文。

◎ 喜欢每一篇课文，并学在其中，乐在其中。

◎ 课后经常复习学过的课文，积极寻找机会使用课文所学内容。

教师：

◇ 及时批改和讲评学习者的课内外作业。

◇ 真诚而恰当地肯定学习者的每一次进步。

◇ 课下深度备课，课上激情投入。

◇ 适时而恰当地传授学习策略，发展学习者的汉语学习能力。

《发展汉语》（第二版）编写委员会及本册编者

# 目录 Contents

语法术语及缩略形式参照表

**1** 故事二则 ················································································· 1
综合注释：1.（就/全）看N的了/吧
2. $V_1$了（又）$V_2$，$V_2$了（又）$V_1$
3. 你V/Adj你的，我V/Adj我的
4. V/Adj（了）就V/Adj（了）（呗）
5. 爱怎么V就怎么V
6. 是（表示强调）

**2** 测试你的生存技巧 ································································· 16
综合注释：1. 以免
2. 与其……宁可/不如……
3. 除非……才……
4. 除非……否则……
5. 为……所……

**3** 乖乖回家之路 ········································································ 31
综合注释：1. ……般的/地
2. V/Adj+得+什么似的
3. 以致
4. 不……不/别……
5. 有着

**4** 桑兰的微笑 ············································································ 45
综合注释：1. V到……头上来
2. $V_1$也$V_1$不得，$V_2$也$V_2$不得
3. V不得
4. A跟B过不去
5. 应邀

**5** 再平凡也可以活成一座丰碑 ················································· 60
综合注释：1. 再……也……
2.（更/又）何况
3. 不V……，一V……

4. 这/那也不……，那/这也不……

5. 没有A就没有B

## 语言点小结（一） ... 74
补语（1）：1. 结果补语
　　　　　2. 趋向补语

**6** 从"鸡毛换糖"到"世界超市" ... 75
综合注释：1. 以（连词）

2. 千……万……

3. 百/千/万+把+量词

4. V也得V，不V也得V

5. 依据

**7** 彩　票 ... 89
综合注释：1. 要不是……（就）……

2. 据统计

3. 愈……愈……

4. V+个+不/没+停/完/够

5. 让/叫N+V，N还/就真V（呀）

**8** 燕子买房记 ... 104
综合注释：1. 看（把）你/他V/Adj的

2. 就是……也……

3. 从……出发

4. 让/叫你V你就V

5. 要么

6. Adj/V（点儿）就Adj/V（点儿）（吧）

**9** 李连杰和他的"壹基金" ... 120
综合注释：1. 哪有N这么V/Adj的

2. 冰冷（状态形容词1）

3. A意味着B

4. 人次（复合量词）

5. 如此深情（名词性结构做状语）

**⑩ 谁在安排你的生活** ····· 135
**综合注释：** 1. 多项状语
2. 多项定语
3. 眼看（着）
4. ……不Adj/V，Adj/V的是……
5. $V_1/Adj_1$不得，$V_2/Adj_2$不得

**语言点小结（二）** ····· 151
**补语（2）：** 1. 可能补语
2. 情态补语

**⑪ 代 沟** ····· 152
**综合注释：** 1. 勿
2. 总而言之
3. V+数量（+N）是+数量（+N）
4. 新式（非谓形容词）
5. 人称代词活用——泛指和虚指

**⑫ 错 觉** ····· 166
**综合注释：** 1. ……被V成……
2. 可见
3. 再三
4. 亮晶晶（状态形容词2）
5. 也就是说

**⑬ 你是家养的还是野生的** ····· 181
**综合注释：** 1. V个究竟
2. ……着呢
3. 和/同/跟/与……打交道
4. 把……搬出来
5. 是A，而不是B

**⑭ 公说公有理，婆说婆有理** ····· 196
**综合注释：** 1. 一旦
2. A有A的X，B有B的X/Y
3. 早晚/迟早
4. 看你V的（瞧你/他V的）
5. 人群（集合名词）

**⑮ 俺爹俺娘** ……………………………………………………………… 211

综合注释：1. 不算A，也不算B

2. 多亏……才……

3. 反倒

4. V这V那

5. 以至

**语言点小结（三）** ………………………………………………… 227

补语（3）：1. 程度补语

2. 数量补语

3. 介词短语做补语

**词语总表** ……………………………………………………………… 228

## 语法术语及缩略形式参照表
## Abbreviations of Grammar Terms

| Grammar Terms in Chinese | Grammar Terms in *pinyin* | Grammar Terms in English | Abbreviations |
|---|---|---|---|
| 名词 | míngcí | noun | n. / 名 |
| 代词 | dàicí | pronoun | pron. / 代 |
| 数词 | shùcí | numeral | num. / 数 |
| 量词 | liàngcí | measure word | m. / 量 |
| 动词 | dòngcí | verb | v. / 动 |
| 助动词 | zhùdòngcí | auxiliary | aux. / 助动 |
| 形容词 | xíngróngcí | adjective | adj. / 形 |
| 副词 | fùcí | adverb | adv. / 副 |
| 介词 | jiècí | preposition | prep. / 介 |
| 连词 | liáncí | conjunction | conj. / 连 |
| 助词 | zhùcí | particle | part. / 助 |
| 拟声词 | nǐshēngcí | onomatopoeia | onom. / 拟声 |
| 叹词 | tàncí | interjection | int. / 叹 |
| 前缀 | qiánzhuì | prefix | pref. / 前缀 |
| 后缀 | hòuzhuì | suffix | suf. / 后缀 |
| 成语 | chéngyǔ | idiom | idm. / 成 |
| 主语 | zhǔyǔ | subject | S |
| 谓语 | wèiyǔ | predicate | P |
| 宾语 | bīnyǔ | object | O |
| 补语 | bǔyǔ | complement | C |
| 动宾结构 | dòngbīn jiégòu | verb-object | VO |
| 动补结构 | dòngbǔ jiégòu | verb-complement | VC |
| 动词短语 | dòngcí duǎnyǔ | verbal phrase | VP |
| 形容词短语 | xíngróngcí duǎnyǔ | adjectival phrase | AP |

# 故事二则

## 题 解

快乐无处不在，就看你有没有发现的眼睛；生活丰富多彩，就看你愿不愿意接受。只要热爱生活，快乐就在你眼前，五彩世界就在你身边。

## 词语学习

01-1

| | | | | |
|---|---|---|---|---|
| 1. | 玫瑰 | méigui | 名 | rose |
| 2. | 惊讶 | jīngyà | 形 | surprised |
| 3. | 似的 | shìde | 助 | as… as…, as if |
| 4. | 灿烂 | cànlàn | 形 | brilliant |
| 5. | 逗 | dòu | 动 | to tease, to play with |
| 6. | 随即 | suíjí | 副 | immediately |
| 7. | 观看 | guānkàn | 动 | to look at, to watch |
| 8. | 裹 | guǒ | 动 | to wrap |
| 9. | 透 | tòu | 动 | (of liquid, light, etc.) to penetrate, to pass through |
| 10. | 情人 | qíngrén | 名 | lover |
| 11. | 顿时 | dùnshí | 副 | (used only when recounting a past event) immediately |
| 12. | 丛 | cóng | 名 | clump, cluster |
| 13. | 温暖 | wēnnuǎn | 形 | warm |
| 14. | 景象 | jǐngxiàng | 名 | sight |
| 15. | 开心 | kāixīn | 形 | happy |
| 16. | 舍不得 | shěbude | 动 | to hate to spend (money or time, etc.) |
| 17. | 轻易 | qīngyì | 副 | rashly |

| 18. | 包围 | bāowéi | 动 | to surround |
|---|---|---|---|---|
| 19. | 凭 | píng | 介 | by means of |
| 20. | 方式 | fāngshì | 名 | way, manner |
| 21. | 珍惜 | zhēnxī | 动 | to treasure, to value |

01-2

| 22. | 减法 | jiǎnfǎ | 名 | subtraction |
|---|---|---|---|---|
| 23. | 奔跑 | bēnpǎo | 动 | to rush about busily |
| 24. | 随手 | suíshǒu | 副 | conveniently, without extra trouble |
| 25. | 从容 | cóngróng | 形 | unhurried, calm |
| 26. | 最初 | zuìchū | 名 | the very beginning |
| 27. | 丝毫 | sīháo | 形 | (used generally in the negative) slightest amount or degree |
| 28. | 留恋 | liúliàn | 动 | to be loath to part (from sb or with sth) |
| 29. | 即将 | jíjiāng | 副 | soon |
| 30. | 欲望 | yùwàng | 名 | desire, wish |
| 31. | 宁静 | níngjìng | 形 | (of environment or mind) peaceful |
| 32. | 隔 | gé | 动 | to be after or at an interval |
| 33. | 一辈子 | yíbèizi | 名 | all one's life |
| 34. | 总 | zǒng | 副 | always |
| 35. | 婆婆 | pópo | 名 | mother-in-law, husband's mother |
| 36. | 老公 | lǎogōng | 名 | husband |
| 37. | 理 | lǐ | 动 | (usu. used in the negative) to pay attention to |
| 38. | 一连 | yìlián | 副 | in a row, successively |
| 39. | 失去 | shīqù | 动 | to lose |
| 40. | 呗 | bei | 助 | used to express reluctant agreement or concession |
| 41. | 可惜 | kěxī | 形 | regrettable |
| 42. | 计较 | jìjiào | 动 | to argue, to dispute |
| 43. | 同事 | tóngshì | 名 | colleague |
| 44. | 怀疑 | huáiyí | 动 | to doubt, to suspect |
| 45. | 滋润 | zīrùn | 动 | to moisten |

| 46. | 信任 | xìnrèn | 动 | to trust |
| 47. | 协作 | xiézuò | 动 | (of several people or units) to work in cooperation |
| 48. | 孤单 | gūdān | 形 | alone, lonely |
| 49. | 友情 | yǒuqíng | 名 | friendly sentiments |

# 走进课文

## 故事二则

### （一）捡来的快乐

一个春天的上午，课间的时候，一个十岁左右的小男孩儿捧着一大把玫瑰花，来到我们农民工子弟学校[1]办公室。他直接走到一位年轻漂亮的女老师身旁说："老师，送你花儿。"那位年轻的女老师惊讶地抬起头，看着眼前的小男孩儿，脸一下子红了。她不敢相信似的问小男孩儿："是送给我的吗？"小男孩儿回答："是送给你的！"说这话时，他一脸灿烂的笑。"为什么要送给我花？"年轻的女老师有些奇怪，因为"三八妇女节"[2]早就过了呀。"不为什么，就是想送给你。"

办公室的老师们都笑了起来。小男孩儿有些不

1. 小男孩儿什么时候、到哪儿送的玫瑰花？

2. 年轻漂亮的女老师有什么反应？

3. 小男孩儿是怎么回答女老师的问题的？

4. 女老师为什么觉得奇怪？

---

1. 农民工子弟学校：专门为进城打工的农民的子女办的学校。
2. 三八妇女节：是"国际劳动妇女节（International Working Women's Day）"的又一个名称，因节日定在每年3月8日而得名。

好意思了，不明白老师们为什么会笑。一个女老师逗他："那你为什么不送花儿给我呢？我也想要啊！""可以呀，我捡了好多呢！"他认真地说："等着，看我的！"小男孩儿随即又跑了出去。

原来是捡的啊！我拿过那把花儿仔细观看，每朵花儿都用玻璃纸包了又裹，裹了又包，透过玻璃纸，只见里面的绿叶子有些发黄。也许是花店卖剩的，也许是情人们丢掉的，但花儿还是很漂亮。

不一会儿，小男孩儿又抱来一大捧红红的玫瑰花，他往每个老师的办公桌上放了两朵。

我们把花儿插在瓶子里，顿时，办公桌上冒出一丛丛玫瑰，给房间里带来了温暖的春天的景象。每个老师都开心地笑了，快乐像春天的阳光照在每个人心里……

玫瑰花在办公室里开放了两个星期，大家舍不得轻易把花儿扔掉。那些日子里，每个老师都被快乐包围着。原来，有时候，美丽和快乐也能凭这种方式得到。只要你能像小男孩儿那样珍惜它，像老师们那样接受它。

（选自《新民晚报》，作者吕爱军）

5. 小男孩儿为什么不好意思？

6. 小男孩为什么又跑出去了？

7. 小男孩儿送的花儿是从哪儿来的？花儿好看吗？

8. 小男孩儿抱来花儿后做了些什么？

9. 办公室和老师们有哪些变化？

10. 捡来的玫瑰花让老师们的心情变得怎么样？

11. 短文的结尾告诉我们什么？

## （二）减法生活

我的朋友常年到处奔跑，养成了一切越简单越好的生活习惯。所有的生活都随手挤压在一只皮箱里，从一个城市到另一个城市，她提着皮箱，从容地到处奔忙着，从没有为丢掉的东西后悔过。

最初是大学毕业那一年，小小的行李箱放不下更多的东西，所以许多旧东西、旧书全都被扔掉，没有丝毫的留恋，只有即将进入新生活的兴奋与希望。

因为不断地搬家，旧东西不断地被扔掉，她的行李始终就是那一只箱子。她常说，减法生活就是丢掉生命以外可有可无³的东西，不被欲望左右，让我们生活得更真实，更自然，更宁静。

后来，她结婚了，还是没有改掉减法生活的习惯。冰箱里从没有隔夜的剩饭剩菜，因为吃剩的东西，她总会及时倒进垃圾桶里。节约了一辈子的婆婆看不下去⁴，说了她几次，她嘴上答应得好好儿的，但还是你说你的，我干我的。婆婆一气之下，跑回自己家中，眼不见，心不烦⁵。老公因为这件事，很久都没有理她。

12. "我的朋友"有什么样的生活习惯？

13. 大学毕业那一年，她是怎样开始新生活的？

14. 为什么她的行李始终就是那一只箱子？

15. 她是怎样总结自己的"减法生活"的？

16. 结婚后，她改掉减法生活的习惯了吗？为什么？

---

3. 可有可无：可以有也可以没有。"可……可……"，固定结构，表示"可以这样，也可以那样"，两个"可"的后面是单音节反义形容词或动词的肯定和否定形式，如"可大可小、可早可晚、可近可远、可多可少、可说可不说、可听可不听、可做可不做"等词语。例如：作文可长可短，但应该是你最想说的话。

4. 看不下去：口语中指对某人、某事非常不满，到了无法忍受的程度。例如：你也太自私了，做的事让人看不下去。

5. 眼不见，心不烦：眼睛看不见，心里就不觉得烦恼。例如：不顺心的事就不看，眼不见，心不烦。

一次，朋友约她去喝茶，正好那天她有私人的事情要处理，就说去不了。朋友一连约了她两次，正好她都有事，于是朋友非常生气，很久都没有再给她打电话。她也有些难过。老公说："你给她打电话解释一下就雨过天晴⁶了。"她不肯，说："如果是真的朋友，不会因为这点事情就生气；如果不是，生气就生气呗，失去了也没有什么可惜的。"

17. 朋友为什么生她的气？

18. 她难过时，老公怎么劝她？她接受老公的建议了吗？她是怎么回答的？

　　工作中，她从不与人争抢什么，不会为了一个工作位置或者一年的奖金跑到老板的办公室里跟老板计较。有一次，一个同事怀疑她在老板面前讲了他的坏话，大家都让她去解释，她只是一笑："这种事，越解释越乱，他爱怎么认为就怎么认为吧。"

19. 工作中，她和同事的关系怎么样？
20. 工作中，她是怎样处理与周围人的关系的？请举例说明。

　　渐渐地，她失去了家人的爱护，失去了爱情的滋润，失去了朋友的信任，失去了同事的协作，一个人过着孤单的生活。

21. 时间长了，她都失去了什么？

　　减法生活真的快乐吗？当我们减掉了亲情，减掉了爱情，减掉了友情，人的生活是变得不那么复杂了，可是那些亲情、友情、爱情带给我们的快乐，也被减掉了，这样的生活真的是你想要的吗？

22. 这个故事的结论是什么？你同意吗？

(选自《广州日报》，作者王晓宇)

---

6. 雨过天晴：用天气比喻心情的变化，表示由生气、伤心转为高兴。例如：毕竟是孩子，刚才还哭得那么伤心，一会儿就雨过天晴了。

# 综合注释

1. 他认真地说:"等着,看我的!"

    "看 N 的"在口语中表示说话人把做某事的希望放在某人身上。动词"看"可以换成"瞧"。"看"和"瞧"的前面有时能加上副词"就"或"全"等。"N"可以是代词,也可以是名词或名词词组。"的"后面可以有"了"或"吧",格式可以概括为"(就/全)看 N 的了/吧"。例如:

    ① 该准备的都准备了,下面的工作就看你的了。

    ② 要不要找老板去计较,就看她自己的吧。

    ③ 课已经结束了,考试成绩怎么样,全看学生的努力程度了。

▶ 试一试:用"(就/全)看 N 的了/吧"完成句子

（1）既然你们不想干,_____。

（2）路上的积雪影响交通,扫雪的事_____。

（3）这道题我们都不会做,_____。

（4）他握着志愿者的手说:"帮助孩子们的工作_____。"

2. 每朵花儿都用玻璃纸包了又裹,裹了又包。

    "$V_1$ 了(又）$V_2$,$V_2$ 了(又）$V_1$"是一个常用格式,表示这样做完又那样做,不同的动作交替重复进行。"$V_1$"和"$V_2$"多是两个不同的单个动词。例如:

    ① 看你,哭了又笑,笑了又哭,到底怎么了?

    ② 孩子写了又擦,擦了又写,急得什么似的。

    ③ 他整天就是吃了睡,睡了吃,别的什么也不干。

▶ 试一试:用所给的动词和"$V_1$ 了(又）$V_2$,$V_2$ 了(又）$V_1$"格式完成句子

（1）_____,他这个月来了北京四五趟。（来/走）

（2）这种玩具就是_____,锻炼孩子的动手能力。

（装/拆）

（3）他和女朋友_____,最后还是没能在一起。（分/合）

（4）买房子当然是自己住,我可不想_____。（买/卖）

3. 她嘴上答应得好好儿的,但还是你说你的,我干我的。

    "你 V/Adj 你的,我 V/Adj 我的"是一个常用格式,表示不同的人各干各的,谁也不受别人干扰,或者谁也不听从谁。"你"、"我"有时是指具体的人,有时是虚指。例如:

① 我们俩兴趣、爱好各不相同，总是你玩儿你的，我玩儿我的。

② 文学和评论是两个东西，我写我的，你评论你的。

③ 咱们两个，我脏我的，你干净你的，谁也别管谁，好不好？

▶ 试一试：用所给的动词和"你V/Adj你的，我V/Adj我的"格式完成句子

（1）好容易唱一次卡拉OK，我还不想回家，这样吧，＿＿＿＿＿＿＿＿＿＿。（走/唱）

（2）＿＿＿＿＿＿＿＿＿＿＿＿＿＿＿＿，我才不管外面乱成什么样呢。（吵/写）

（3）有人听烦了，干脆台上台下＿＿＿＿＿＿＿＿＿＿＿＿＿＿。（讲/说）

4. 如果不是，生气就生气呗，失去了也没有什么可惜的。

"V/Adj（了）就V/Adj（了）（呗）"是一个固定格式，表示对已经发生的事情或存在的现象还可以接受，无所谓。"就"的前后是两个相同的单个动词或形容词。例如：

① 一支钢笔丢了就丢了呗，有什么好伤心的？（一支钢笔丢了无所谓，不必伤心）

② 他不干了就不干了呗，这没什么了不起的。（他不干了没什么了不起）

③ 饭做得不好就不好呗，做不好咱们就上饭馆吃去。（饭做不好没关系）

▶ 试一试：用"V/Adj（了）就V/Adj（了）（呗）"格式和提示回答问题

（1）A：他把我的玫瑰花都拿走了。
　　　B：＿＿＿＿＿＿＿＿＿＿，有什么舍不得的？

（2）A：花瓶让猫碰到地上，摔坏了。
　　　B：＿＿＿＿＿＿＿＿＿＿，没什么大惊小怪的。

（3）A：他把旧衣服、旧书都扔了！
　　　B：扔了就扔了呗，＿＿＿＿＿＿＿＿＿＿？（可留恋）

（4）A：他一个人去旅行多孤单啊。
　　　B：孤单就孤单呗，＿＿＿＿＿＿＿＿＿＿。（更自由）

5. 这种事，越解释越乱，他爱怎么认为就怎么认为吧。

"爱怎么V就怎么V"是一个固定格式，表示说话人对某人或某事不加干涉（to interfere），想怎么做就怎么做。例如：

① 时间是我自己的，我爱怎么用就怎么用。

② 我自己觉得好就行，别人爱怎么议论就怎么议论。

③ 在自己家里说话，爱怎么说就怎么说呗。

▶ 试一试：用"爱怎么V就怎么V"完成句子

（1）＿＿＿＿＿＿＿＿＿＿＿＿＿＿＿＿，我可不在乎。

（2）反正一个月就这么多钱，_____。

（3）谁说我走路的样子难看？_____。

（4）既然现在由他来照顾孩子，那他_____。

6. 当我们减掉了亲情，减掉了爱情，减掉了友情，人的生活<u>是</u>变得不那么复杂了，可是那些亲情、友情、爱情带给我们的快乐，也被减掉了，这样的生活真的是你想要的吗？

"是"插在句子当中，必须重（zhòng）读，含有"的确""实在"的意思，作用是对后面的成分坚决肯定。如果去掉"是"，虽然句子还可以成立，但是说话人坚决肯定的态度也就不存在了。例如：

① 大家<u>是</u>很累，可是没有一个人离开自己的岗位。

② 他<u>是</u>生在北京，不过从小在上海长大，所以普通话说得不太好。

③ 你<u>是</u>长得不太漂亮，但是你很聪明，又很努力，何必担心不能成功呢？

▶ 试一试：用表示坚决肯定的"是"完成句子

（1）_____，不过那是生活必需品，<u>贵</u>也得买呀。

（2）_____，可是穿<u>名牌</u>又能说明什么呢？

（3）_____，<u>说得不太好</u>也没关系，学习汉语应该多说多练才对。

## 综合练习

一、参考注释，理解新词，然后选词填空

1. 惊讶　　惊：吃惊（surprised）。例如：<u>惊奇（怪）/惊（欢）喜/惊（危）险</u>。试着选择合适的词填到括号里。

（1）我们还看了老虎钻火圈、空中飞人等（　　　　）的现场表演。

（2）同学们（　　　　）地望着他，怎么也想不出他是怎样算出来的。

（3）收到这份情人节礼物的过路人都非常（　　　　）。

2. 友情　　情：感情。"~情"中"情"前面可以表示感情的类型。例如：<u>乡情/亲情/爱情/激情/恋情</u>。试着选择合适的词填到括号里。

（1）年轻人要干大事情，心中充满了理想，充满了（　　　　）。

（2）这里成为住在世界各国的上海人表达（　　　　）、沟通信息的地方。

（3）他的小说多写男女（　　　　）和华侨思乡的故事。

二、把下面左边带有"惊~"、"~情"的词语和右边意义相关的部分连线

1. 惊奇　　　　　　　a. 两辆汽车差点儿相撞
2. 惊喜　　　　　　　b. 受到惊吓一下子醒过来
3. 惊险　　　　　　　c. 突然看见最喜欢的明星
4. 惊醒　　　　　　　d. 听说100岁的老人还能骑车
5. 亲情　　　　　　　e. 朋友之间的感情
6. 爱情　　　　　　　f. 父母和子女之间的感情
7. 友情　　　　　　　g. 住在海外的人对家乡的感情
8. 乡情　　　　　　　h. 男女之间相爱的感情

三、选择课文中学过的下列词语填空

　　舍不得　　温暖　　开心　　珍惜　　怀疑　　孤单　　轻易　　随手

1. 每当遇到不（　　　）的事，我总要和同事一起逛逛街。
2. 虽然我们远离家乡和亲人，但是一点儿也不感觉（　　　）。
3. 就是这么便宜的菜，种菜的人还（　　　）吃。
4. 为了节约用电，在日常生活中要注意（　　　）关灯。
5. 人们（　　　）许多不明飞行物和外星人有关。
6. 这里风景优美，气候（　　　）。
7. 人的生命只有宝贵的一次，应该特别（　　　）。
8. 在正常情况下，东北虎一般不（　　　）伤人。

四、选词填空并朗读

1. 一连　一口气

（1）他饿坏了，（　　　）吃了一大碗米饭。
（2）他忙的时候不好好儿吃饭，常常（　　　）几个星期只吃方便面。

2. 宁静　安静

（3）冬天的黄河水流得很慢，让人享受到难得的（　　　）。
（4）我希望自己能有个（　　　）的学习环境。

3. 顿时　即将

（5）刚一走进冰灯世界，（　　　）感到一阵寒冷。
（6）春节后，她的又一张新唱片（　　　）发行。

4. 计较　比较

（7）他（　　　）了两家公司的工资水平后，决定辞职。

（8）只要有发展的机会，就不要太（　　　）工资的高低。

5. **信任　相信**

（9）见她很真诚的样子，我开始（　　　）她说的是真话。

（10）各国之间可以互相合作，建立彼此（　　　）的友好关系。

## 五、用所给的词语或格式完成对话

1. A：每天跑多少米对身体最好？
   B：＿＿＿＿＿＿＿＿＿＿＿＿＿＿＿＿，要看你是不是受得了。（可……可……）

2. A：我觉得这个问题越来越严重。
   B：是啊，＿＿＿＿＿＿＿＿＿＿＿＿＿＿＿。（看不下去）

3. A：你怎么让她走了？
   B：唉，一天到晚吵架，＿＿＿＿＿＿＿＿＿＿＿＿＿＿＿＿＿。（眼不见，心不烦）

4. A：行李怎么还没装好？
   B：＿＿＿＿＿＿＿＿＿＿＿＿＿＿，东西太多，放不下呀。（V₁了又V₂，V₂了又V₁）

5. A：你怎么还看书呢？快走啊，咱们一起去歌厅吧！
   B：我不爱唱歌，＿＿＿＿＿＿＿＿＿＿＿＿＿＿＿。（你V/Adj你的，我V/Adj我的）

6. A：房子是父母留给他和两个弟弟的，他怎么能一个人处理！
   B：＿＿＿＿＿＿＿＿＿＿＿＿＿＿＿＿＿。（爱怎么V就怎么V）

## 六、用所给的词语或格式改写句子

1. 有人觉得农民工的劳动合同有没有都没关系。
   ＿＿＿＿＿＿＿＿＿＿＿＿＿＿＿＿＿＿＿＿＿＿＿＿＿＿（可……可……）

2. 朋友之间不要没有根据地怀疑对方。
   ＿＿＿＿＿＿＿＿＿＿＿＿＿＿＿＿＿＿＿＿＿＿＿＿＿＿（轻易）

3. 他对孩子说打就打，真让人受不了，他根本不配做父亲。
   ＿＿＿＿＿＿＿＿＿＿＿＿＿＿＿＿＿＿＿＿＿＿＿＿＿＿（看不下去）

4. 这套房子不是我买的，我收入太少，就是一辈子不吃不喝也买不起。
   ＿＿＿＿＿＿＿＿＿＿＿＿＿＿＿＿＿＿＿＿＿＿＿＿＿＿（凭）

5. 一位教师听说后感到非常惊讶，紧接着就写文章批评那种不文明的行为。
   ＿＿＿＿＿＿＿＿＿＿＿＿＿＿＿＿＿＿＿＿＿＿＿＿＿＿（随即）

6. 他不停地把写出的句子擦掉，写了一晚上，作文也没写几句。
   ＿＿＿＿＿＿＿＿＿＿＿＿＿＿＿＿＿＿＿＿＿＿＿＿＿＿（V₁了又V₂，V₂了又V₁）

## 七、根据记忆，试着补出下面课文中没有出现的词语

她常说，减法生活就是丢掉生命以外（①　　　　）的东西，不（②　　　　）欲望左右，让我们生活得更真实，更自然，更宁静。

后来她结婚了，还是没有改掉减法生活的习惯。电冰箱里从没有隔夜的剩饭剩菜，因为吃剩的东西，她（③　　　　）会及时倒进垃圾桶里。节约了（④　　　　）的婆婆（⑤　　　　），说了她几次，她嘴上答应得好好儿的，但还是（⑥　　　　）。婆婆一气之下，跑回自己家中，（⑦　　　　）。老公因为这件事，很久都没有理她。

一次，朋友约她去喝茶，正好那天她有私人的事情要处理，就说去不了。朋友（⑧　　　　）约了她两次，正好她都有事，于是朋友非常生气，很久都没有再给她打电话。她也有些难过。老公说："你给她打电话解释一下就（⑨　　　　）了。"她不肯，说："如果是真的朋友，不会因为这点儿事情就生气；如果不是，（⑩　　　　），失去了也没有什么（⑪　　　　）的。"

## 八、根据课文（一）内容、下面的表达方式和提示完成对话

表示知道：听说过　　从电视上看过……　　不太了解

表示怀疑：这是真的吗　　不会吧

表示评价：挺……的　　……极了

表示同意、赞成：……说的一点儿也不错　　我也这么看

A：你听说过农民工子弟学校吗？

B：① _____，城里农民工的子弟很多吗？

　　　　　　　　　　　　　　　　　　　　（表示知道一点儿）

A：光北京市的农民工就有三四百万，他们的子女上学是个很大的问题。

B：② _____，北京有那么多的中小学呢。（表示怀疑）

A：说来挺复杂的，农民工子弟学校的事情先不说了，咱们说说送花的小男孩儿吧。

B：③ _____

　　　　　　　　　　　（表示评价，没有钱却能带给人快乐）

A：是啊，他很可爱，可爱在能用那么特别的方式为大家制造快乐。

B：④ _____

　　　　　　（表示赞同，说明为什么那些女老师也是懂得快乐的人）

A：其实，不要轻易说生活多么没意思，快乐你随手可以得到。比如，出门前你的家人给你一个温暖的拥抱；你收到感动自己的邮件随即转发给同事和好友……

B：⑤ _____

　　　　　　　　　　（继续举例说出得到快乐的简单方式）

A：说得不错。人的一生到底是什么？我听有人这么形容：生命是一个括号（kuòhào,

parentheses），括号左边是出生，括号右边是死亡，我们要做的事情就是用好心情把括号填满。这样一来，快乐就把我们包围了。

B：⑥_____（表示赞同）

九、在课文（二）里，作者使用了"最初""后来""渐渐地"等表示时间的词语来叙述"我的朋友"的经历。这是一种常见的按照时间顺序讲故事的方法。请根据下面一段话的提示，说出你要讲的故事（150字左右）

　　最初我们是在一座公园里偶然见面，后来我们成为无话不说的朋友。渐渐地，他成为我心中的白马王子（Prince Charming），我们终于在北京有了属于我们自己的家。……

十、阅读短文，回答问题

　　一位医生曾经帮助一位盲人重新看见光明。当老太太睁开眼睛时，女儿上来喊了一声"妈"，老太太顿时愣住了，仔细打量了半天，突然说："女儿，你怎么变得这么老了？"逗得在场的人全都笑了。老太太看不见东西已经十几年，虽然母女俩天天在一起，但她心中女儿的样子，却依然停留在从前。

　　医生看到这一情景，眼泪差点儿流下来："那种快乐……"他说不下去了。

　　也许，那种快乐，根本就无法用语言来形容。其实，当你亲眼看到，因为自己的帮助而改变一个人一辈子的命运时，你的成就感也一定会把心填得满满的，还有那种说不出的快乐会有多么纯粹（chúncuì，pure）。

　　志愿者永远是最快乐的人。他们把做公益（gōngyì，public good）当成人生中最大的光荣，他们的一生，都将在快乐中度过。

　　你快乐吗？如果不快乐，不如去做点儿公益。打开你心中的窗户，阳光才能照进心里。当你伸出双手，把温暖送出去的时候，最先灿烂的，一定是自己。

1. 在课文（二）里我们学过动词"失去"，人看不见东西，失去视力（shìlì，vision）叫做"失明"，这个词书面语中常用。想一想，如果重新看见光明，恢复视力，叫"～明"？请根据提示改写下面两句话。

　　（1）老太太看不见东西已经十几年。（失明）

　　_____

　　（2）一位医生曾经帮助一位盲人重新看见光明。（～明）

　　_____

2. 从短文中找到和"一辈子"意思差不多的词：_____

3. 在"当你伸出双手，把温暖送出去的时候"这句话中的"温暖"是什么意思？它和"现在极为寒冷的地区，也曾经有过很温暖的气候"中"温暖"的意思有什么不同？

4. 在"最先灿烂的,一定是自己"这句话中的"灿烂"是什么意思?它和"这一天,北京阳光灿烂"中"灿烂"的意思有什么不同?

5. 让老太太重新看见光明的医生为什么激动得说不下去了?

6. 你快乐吗?为什么?

7. 请给短文加一个恰当的标题:_____

## 十一、说一说,写一写

用下面给出的词语介绍你的快乐生活(100～150字)。注意叙述的时间顺序。

养成　习惯　最初　温暖　可……可……　后来　信任　一辈子　渐渐地　开心

## 十二、走出课堂,拓展学习

1.下面是一些名人对快乐的看法,你觉得他们说的有道理吗?为什么?

(1)人生所有的欢乐是创造的欢乐:爱情、天才、行动——全靠创造这一团烈火迸射（bèngshè, to burst out）出来。

(2) 真正的快乐是内在（nèizài, inner）的，它只有在人类的心灵（xīnlíng, soul）里才能发现。

(3) 所谓内心的快乐，是一个人过着健全的、正常的、和谐的生活所感到的快乐。

(4) 没有一回的快乐是无烦扰（fánrǎo, disturbed）的。

(5) 牙齿痛（tòng, to ache）的人认为世界上有一种人最快乐，那就是牙齿不痛的人。

2. 采访一个人，问他觉得最快乐的事情是什么，下次上课时讲给大家听。

(1) 有礼貌地打招呼。

(2) 询问他觉得最快乐的事情是什么。

(3) 询问他生活中遇到烦恼时，怎么保持快乐的心情。

(4) 让他用一句话概括什么是快乐。

(5) 结束谈话，表示感谢。

3. 伸出你的双手，把温暖送给需要帮助的人，体验一下快乐的滋味。

(1) 为就要回国的朋友送行，祝他一路平安。

(2) 给心情不好的同学打个电话，想办法帮他高兴起来。

(3) 在街上为陌生人指路，告诉他到达的具体路线。

(4) 给班级或学校提出建议，帮助他们开展活动或改正错误。

(5) 在互联网上发个帖子（tiězi, post），把你的经验和网友分享。

……

# 2 测试你的生存技巧

## 题 解

生活里有温暖，有阳光，有风雨，也有灾难。当危机出现的时候，你还能保持清醒的头脑吗？只有作出正确选择，生命之火才会依旧灿烂。

## 词语学习

01

| 1. | 灾难 | zāinàn | 名 | calamity |
| 2. | 生存 | shēngcún | 动 | to survive |
| 3. | 技巧 | jìqiǎo | 名 | skill |
| 4. | 地震 | dìzhèn | 名 | earthquake |
| 5. | 毫无 | háo wú | | not in the least |
| 6. | 危机 | wēijī | 名 | crisis |
| 7. | 万分 | wànfēn | 副 | very much |
| 8. | 紧急 | jǐnjí | 形 | urgent |
| 9. | 具备 | jùbèi | 动 | to possess, to have |
| 10. | 伤 | shāng | 动 | to wound |
| 11. | 后果 | hòuguǒ | 名 | (negative) consequence |
| 12. | 难以 | nányǐ | 动 | to be hard to |
| 13. | 假设 | jiǎshè | 动 | to suppose |
| 14. | 提供 | tígōng | 动 | to provide |
| 15. | 逃生 | táoshēng | 动 | to escape with one's life |
| 16. | 此 | cǐ | 代 | this |
| 17. | 剧烈 | jùliè | 形 | voilent |
| 18. | 摇晃 | yáohuàng | 动 | to sway, to shake |

| | | | | |
|---|---|---|---|---|
| 19. | 结实 | jiēshi | 形 | solid |
| 20. | 柜子 | guìzi | 名 | armoire |
| 21. | 以免 | yǐmiǎn | 连 | in order to avoid |
| 22. | 砸 | zá | 动 | to pound, to crush |
| 23. | 承重 | chéngzhòng | 动 | to bear load |
| 24. | 与其 | yǔqí | 连 | (usu. used with "不如") rather than |
| 25. | 宁可 | nìngkě | 连 | (oft. preceded by "与其" or followed by "也不") would rather |
| 26. | 除非 | chúfēi | 连 | (usu. used correlatively with "才", "否则", "不然", etc.) only if, unless |
| 27. | 废墟 | fèixū | 名 | ruins |
| 28. | 冷静 | lěngjìng | 形 | calm |
| 29. | 发出 | fāchū | 动 | to send out |
| 30. | 信号 | xìnhào | 名 | signal |
| 31. | 烟雾 | yānwù | 名 | smoke |
| 32. | 着火 | zháo huǒ | 动 | to catch fire |
| 33. | 弄 | nòng | 动 | to make, to do |
| 34. | 叠 | dié | 动 | to fold (a quilt, paper, etc.) |
| 35. | 有害 | yǒuhài | 形 | harmful |
| 36. | 气体 | qìtǐ | 名 | gas |
| 37. | 导致 | dǎozhì | 动 | to lead to, to result in |
| 38. | 火灾 | huǒzāi | 名 | fire disaster |
| 39. | 姿势 | zīshì | 名 | posture, gesture |
| 40. | 清 | qīng | 形 | clear |
| 41. | 场地 | chǎngdì | 名 | location, site |
| 42. | 电源 | diànyuán | 名 | power supply |
| 43. | 投 | tóu | 动 | to throw oneself into (a river, fire, etc. to commit suicide) |
| 44. | 游 | yóu | 动 | to swim |
| 45. | 山坡 | shānpō | 名 | hillside |
| 46. | 转移 | zhuǎnyí | 动 | to transfer, to evacuate |

| 47. | 顺 | shùn | 动 | to be in the same direction as |
| 48. | 避 | bì | 动 | to avoid |
| 49. | 不至于 | búzhìyú | 连 | cannot go so far |
| 50. | 不止 | bùzhǐ | 动 | to be more than |
| 51. | 八成 | bāchéng | 副 | eighty per cent, most probably |
| 52. | 尊重 | zūnzhòng | 动 | to respect |

## 走进课文

### 测试你的生存技巧

生活不总是充满阳光，地震、大火、水灾等往往不请自来，把毫无准备的人类推到危机的面前。在万分紧急的情况下[1]，如果人们具备处理危机的知识和生存技巧，就有可能保护自己，减少死伤。相反，后果则难以想象。

下面，我们就假设几种紧急情况，并提供两种不同的逃生方法让你选择，以此来考考你的生存知识和生存技巧。

一、地震刚刚发生的时候，建筑大约要剧烈摇晃一分钟左右，如果你正待在家里，正确的做法是：

> 1. "不请自来"在这里是什么意思？
> 2. "相反"在这里指的是什么意思？"后果"是什么样的结果？

---

1. 在……情况下：这个结构表示事情发生的条件，后面的话则表示由这个条件引出的结果。例如：在这种情况下，病人不能移动。

☐A 赶快钻进比较结实的桌子下、床下或者高大的柜子里面躲起来，以免被高处掉下来的东西和倒下来的家具砸伤。

☐B 迅速跑到承重墙[2]的墙角、厕所等比较小的房间里，或者躲在较低、结实的家具旁边保护自己。

二、在地震暂时停止或发现高层楼房快要倒下去的时候，正确的做法是：

☐A 用最快的速度跑到楼梯、电梯间里，找到逃生路线后及时离开危险的地方；或者抱着被子从窗户往下跳，以免被倒下的楼房埋起来。

☐B 如果住在高层，与其跑楼梯被撞伤、摔死，或者因为乘电梯被困，宁可留下来，找个安全的地方躲起来。等首次地震过去后再迅速离开。如果住在低层，除非能在第一时间跑到外面，你才下决心往外跑。跑出来后，千万别站在楼房旁边，以免被落下的东西砸伤。

三、如果已经被困在楼房里或埋在废墟下，短时间内找不到支援的人，正确的做法是：

☐A 大声地喊叫，不住地敲打身边可以发出声音的东西，除非这样，才可以很快让前来支援的人听到，否则，就会失去活着出去的机会。

☐B 尽可能让自己保持冷静，闭着眼睛好好儿休息；必要时用石头敲打能发出声音的东西，向外发出求救信号，等待救援的人前来帮助。

---

3. A和B两个选择有什么不同？

4. 在一分钟逃生时间内，你会选择哪一种方式保护自己？为什么？

5. 用最快的速度逃生或跳楼逃生会产生什么后果？

6. 作者在"与其"和"宁可"的句子里提出两种逃生方式，作者选择的是什么？

7. 作者的意思是什么时候可以下决心往外跑？

8. "除非"后面的"这样"，告诉人们应该做什么？这里的"否则"是什么意思？

---

2. 承重墙：在楼房中承受着上部楼层重量的墙，比较结实。

四、在办公楼上班的时候，楼内突然起火、烟雾很大时，正确的做法是：

☐A　立刻脱下衣服，放在鼻子和嘴上，迅速穿过烟雾区，逃离着火的地方。多停一秒钟，也许就会为烟雾所困，甚至被烧死。

☐B　立刻脱下衣服或找到毛巾，弄湿后多折叠几层，放在鼻子和嘴上，以免在逃生时吸进烟雾中的有害气体，导致不能呼吸而死去。

五、火灾发生后在逃离烟雾区的时候，正确的身体姿势应该是：

☐A　为了看清前进的道路，必须直起身子、大步往前跑。与其少吸进有害气体，不如早点儿跑出去更安全。

☐B　尽量低头弯腰往前跑，烟雾太大时，可以在地上爬行，虽然逃生的速度不快，但是可以避免大量吸进有害气体，争取更长的逃生时间。

六、当半夜意外起火、人已被烟雾和大火包围起来、需要立即选择逃生路线的时候，正确的做法是：

☐A　向着有光亮的地方跑，因为有光亮的地方，一定离着火场地的出口不远了。早一秒钟接近出口，就有可能冲出着火的地方。

☐B　不能朝有光亮的地方跑，因为着火后，电源很可能已被切断。有光亮就说明那里有大火正在燃烧，冲过去等于自投火海。

七、无论在家还是在宾馆，碰到发大水，正确的逃生办法应该是：

☐A　如果自己会游泳，要拼命地游出危险

9. 放在鼻子和嘴上的东西，弄湿和不弄湿、折叠还是不折叠，对帮助人逃生作用一样吗？为什么？

10. "导致"这个词用来说明引起的结果是什么样的？请举个例子说明。

11. 在"与其""不如"句子中，作者告诉人们要做什么？

12. 如果你碰到火灾，你会用什么姿势逃离烟雾区？为什么？

13. 你会怎样选择逃生路线？为什么？

14. "自投火海"是什么意思？

区。不会游泳，就爬到高的地方，防止大水把自己冲走。

☐B 迅速向山坡、高地、楼房转移，耐心等待大水退下去或者支援的人前来帮助。

八、当出门在外碰到发大水，正确的逃生方向是：

☐A 顺着大水下来的方向跑，借着水流的速度，把自己带到安全的地方去。

☐B 朝着水流的两边跑，只有很快避开大水，才不至于被大水冲走。

……

经验证明，在A与B两种方法中，B的选择更正确，因此也最容易逃生成功。生活里的紧急情况远不止这八种，在你的一生中八成[3]会遇到这样或那样的危机。请问，你具备这些生存知识和逃生技巧吗？相信你一定会想办法了解和学会的，因为人的生命太宝贵了，需要永远尊重和珍惜它。

15. 在A和B两种逃生方式中，你会选择哪一种？为什么？

16. A和B这两种逃生方式的结果一样吗？为什么？

17. "至于"和"不至于"是意思相反的词吗？为什么？

18. "八成"原意是80%，因此也表示"很有可能"。"七成""九成"等可以表示"很有可能"吗？为什么？

## 综合注释

1. 赶快钻进比较结实的桌子下、床下或者高大的柜子里面躲起来，以免被高处掉下来的东西和倒下来的家具砸伤。

"以免"，书面语，意思是"为了避免"，使用在目的复句中。"以免"前的句子表示应该采取的某种措施；"以免"后的句子表示可能发生的不好的事情。例如：

① 不要轻易打开陌生人的邮件，以免电脑染上病毒。

---

3. 八成："成"是量词，十分之一是一成，"八成"就是十分之八。例如：米饭现在也就是八成熟，还得再蒸一会儿。课文里的"八成"表示估计，意思是"很有可能"。例如：他八成不会来了。

② 海关提醒游客，不要违反规定带大量货币出入境，以免造成不必要的损失。
③ 他们训练时不许记者观看，以免过早让对手了解自己的实力。

▶ 试一试：用"以免"完成句子
（1）下雪后，老人和小孩儿出门最好有人陪着，＿＿＿＿＿＿＿＿＿＿＿＿＿＿＿＿＿。
（2）出门前要仔细检查煤火、电源等，＿＿＿＿＿＿＿＿＿＿＿＿＿＿＿＿＿。
（3）＿＿＿＿＿＿＿＿＿＿＿＿＿＿＿＿＿，以免给他们增加麻烦。
（4）＿＿＿＿＿＿＿＿＿＿＿＿＿＿＿＿＿，以免发生交通事故。

2. 如果住在高层，与其跑楼梯被撞伤、摔死，或者因为乘电梯被困，宁可留下来，找个安全的地方躲起来。

"与其……宁可/不如……"构成选择复句。"与其"后面的部分表示在比较之后不选择的一项；"宁可"、"不如"则引出选择的对象。例如：
① 与其速度快而质量差，宁可速度慢一些，也一定保证质量。
② 年轻人与其待在家里靠父母吃饭，不如早点儿出去找工作干。
③ 与其说大话，不如多花点儿时间和金钱给老百姓办实事。

▶ 试一试：用所给的提示和"与其……宁可/不如……"完成对话
（1）A：他要为你画一张人像，可以吗？
　　B：＿＿＿＿＿＿＿＿＿＿＿＿＿＿＿＿＿。（去照相馆）
（2）A：我们去外面吃烤鸭吧！
　　B：天气太冷，＿＿＿＿＿＿＿＿＿＿＿＿＿＿＿＿＿。（吃火锅）
（3）A：现在病人家属可以通过电视观看整个手术过程了？
　　B：是啊，＿＿＿＿＿＿＿＿＿＿＿＿＿＿＿＿＿。（在手术室外等待）
（4）A：跳水运动员跳水技术重要还是心理素质（sùzhì）重要？
　　B：在比赛时，＿＿＿＿＿＿＿＿＿＿＿＿＿＿＿＿＿。
　　　　　　　　　　　　　　　　　　　　（比技术　比心理素质）

3. 如果住在低层，除非能在第一时间跑到外面，你才下决心往外跑。

"除非……才……"是一个条件复句。"除非"表示唯一的条件，和"只有"的意思差不多。后面的"才"引出结果。整个句子可以只有一个主语，也可以有两个不同的主语。例如：
① 除非中国队战胜了对手，才能继续参加比赛。
② 除非你不听话，我才批评你。
③ 除非太阳打西边出来，我才相信你说的是真话。

▶ 试一试：用所给的提示和"除非……才……"完成对话

（1）A：外边的雨下得那么大，你还能去吗？
　　　B：＿＿＿＿＿＿＿＿＿＿＿＿＿＿＿＿＿＿。（雨停了）

（2）A：我总是看见他忙这忙那的。
　　　B：对，＿＿＿＿＿＿＿＿＿＿＿＿＿＿＿＿＿＿。（睡着了）

（3）A：我们为什么不能知道他的手机号码？
　　　B：＿＿＿＿＿＿＿＿＿＿＿＿＿＿＿＿＿＿。（他同意）

（4）A：你要是有孩子，会让他做他自己不喜欢的事情吗？
　　　B：＿＿＿＿＿＿＿＿＿＿＿＿＿＿＿＿＿＿。（有兴趣）

4. 除非这样，才可以很快让前来支援的人听到，否则，就会失去活着出去的机会。

"除非……否则……"是一个条件复句，常用在书面语中。"除非"表示唯一的条件；"否则"的意思是"如果不这样"，后面是推论出的结果。例如：

① 除非公鸡会下蛋，否则就别想说服我。
② 除非你亲自试过，否则你不会真正理解。
③ 除非提前一个小时到达机场，否则来不及托运行李。

▶ 试一试：用所给的提示和"除非……否则……"完成句子

（1）除非涨工资，否则＿＿＿＿＿＿＿＿＿＿＿＿＿＿＿＿＿＿。（买房子）
（2）除非他是一块石头，否则＿＿＿＿＿＿＿＿＿＿＿＿＿＿＿＿＿＿。（受感动）
（3）除非＿＿＿＿＿＿＿＿＿＿＿＿＿＿＿，否则不要发出临时的会议通知。
　　　　　　　　　　　　　　　　　　　　　　　　　　　　　（紧急）
（4）除非＿＿＿＿＿＿＿＿＿＿＿＿＿＿＿，否则应该保证八小时睡眠。（特别忙）

5. 多停一秒钟，也许就会为烟雾所困，甚至被烧死。

"为……所……"表示被动，是古汉语被动句式，现代汉语书面语中也常用。例如：

① 这个秘密不为他人所知。
② 对外开放就是要引进国外先进的技术、设备、资金，为我所用。
③ 地球有71%的表面为海洋所覆盖（fùgài, to cover）。

有时，"为……所……"可以放在名词或名词词组前做定语。例如：

④ 他是个不为金钱所动的好官。

▶ 试一试：用"为……所……"句式改写句子

（1）坏人欺骗不了我。
　　　＿＿＿＿＿＿＿＿＿＿＿＿＿＿＿＿＿＿＿＿＿＿＿＿＿＿＿＿

（2）他死后几十年，人们还怀念着他。

（3）观众接受了他们的表演方式。

## 综合练习

一、参考注释，理解新词，然后选词填空

1. 火灾　　灾：灾难。"灾"字由两部分组成，上面的"宀"代表房子，房子下面着火了，本义就是由大火引起的灾难。后来，由地震、发大水、大风、害虫等引起的灾难也叫"灾"，可以分别构成"震灾、水灾、风灾、虫灾"等词语。请试着选择合适的词填到括号里。

（1）由于有些人吸烟不注意，引发了无数起大小（　　　）。

（2）（　　　）突然到来，他们的300亩蔬菜大棚一下子都被刮倒。

（3）他们正在设计更加坚固的房子，要在（　　　）之后重建家园。

（4）一连下了七天大雨，河水上涨，给这里造成严重（　　　）。

2. 电源　　源：最早的意思是水流起头的地方，后来可以用在很多方面，表示事物的"来源"。例如，火灾开始的地点叫"火源"；地球内部发生震动的地方叫"震源"；发光的物体叫"光源"；货物的来源叫"货源"，等等。请试着选择合适的词填到括号里。

（1）装运工人在不停地发送啤酒，保证市场（　　　）充足。

（2）照明灯利用第四代绿色（　　　），具有节能、环保等特点。

（3）据报道，此次（　　　）位于海底43.3公里处。

（4）气温高，空气干燥，更应该加强对野外（　　　）的管理。

二、把下面左边带有"～灾"、"～源"的词语和右边对词语的解释连线

1. 雪灾　　　　　　a. 钱财的来源

2. 虫灾　　　　　　b. 害虫对农作物造成的灾害

3. 生源　　　　　　c. 大雪造成的灾害

4. 财源　　　　　　d. 学生的来源

三、选择课文中学过的下列词语填空

　　毫无　　紧急　　难以　　提供　　冷静　　不止　　八成　　不至于

1. 除非坚持锻炼，中年以后才（　　　）发胖。

2. 一般人都不愿意干那种工作，这就为我（　　　）了工作机会。

3. 他一句话也不说，脸上（　　　）表情。
4. 大约（　　　）以上的孩子都能说出在火灾发生后应该怎样自救。
5. 他对自己要求很高，因此，对自己的期望绝（　　　）这些。
6. 我到现在还（　　　）相信拍摄30秒钟的广告要花那么长的时间。
7. 大多数网民都能（　　　）地看待这个问题。
8. 在高速公路两边设有（　　　）停车带。

## 四、选词填空并朗读

1. 具备　有
（1）（　　　）什么别（　　　）病，没什么别没钱。
（2）海南省已经（　　　）了加快旅游业发展的基础条件。

2. 紧急　紧张
（3）有些人因为精神过度（　　　）导致大量掉头发。
（4）学校已经发出（　　　）通知，请学生暂时不要外出。

3. 结果　后果
（5）如果地球气候继续变暖，（　　　）将是万分严重的。
（6）这是一个大家都满意的（　　　）。

4. 尊重　尊敬
（7）充分（　　　）民意，反映百姓心声。
（8）（　　　）的女士们、先生们，晚上好！

## 五、用所给的词语或格式完成对话

1. A：你什么时候才向别人借钱？
   B：_____（在……情况下）

2. A：火灾发生后，他去哪儿了？
   B：_____（第一时间）

3. A：他为什么把帽子戴得那么低？
   B：_____（以免）

4. A：我们到底去四川还是去云南？
   B：_____（与其……宁可/不如……）

5. A：你平时去歌厅唱歌吗？
   B：_____（除非……才……）

6. A：他不愿意让步，你们还想谈下去吗？
   B：_____（除非……否则……）

7. A：我现在才发现自己错了，是不是太晚，没办法改变了？
   B：_____（不至于）
8. A：他为什么在火灾中吸进了大量有害气体？
   B：_____（导致）

## 六、用所给的词语或格式改写句子

1. 那个网吧人多门小，窗户又少，发生火灾后，缺少逃离危险环境的通道。
   _____（逃生）
2. 在这样缺水的环境里，几乎不存在生命。
   _____（难以）
3. 如果能在第一时间跑到外面，你就下决心往外跑。
   _____（除非……才……）
4. 买又好又便宜的衣服比花很多钱买名牌更好。
   _____（与其……不如……）
5. 在朋友的生日晚会上，大家谁也没有想到他也会来。
   _____（不请自来）
6. 建立小家庭成为人们的普遍愿望，世界人口飞快增长的情况不会出现。
   _____（不至于）

## 七、读下面的句子，然后判断哪些选项与句子的意思一致（有的可选择多项）

1. 现在这么多八成新的衣服说卖就卖了？（      ）
   A. 要卖的衣服还很新。　　　　　　　　B. 说话人想问该不该卖掉衣服。
   C. 说话人认为卖掉衣服有些可惜。
2. 头七天内主要喂碎米饭，把碎米煮成七八成熟。（      ）
   A. "七八"的意思是78%。　　　　　　　B. "七八"的意思是70%或80%。
   C. 说话人认为不要把碎米完全煮熟。
3. 网络新闻的用户目前已经超过网民的八成。（      ）
   A. 网络新闻的用户占网民数量的80%还多。　　B. 网民人数超过80%。
   C. 80%以上的网民通过网络了解新闻。
4. 他八成会在第一时间赶到。（      ）
   A. 他很有可能在事情发生后的最早时间到达。　　B. 他很可能第一个到达。
   C. 他马上就到达。

5. 与其在这里等待，还不如先回宿舍看书。（　　）

　　A. 说话人想在这里等待。　　　　　　　　B. 说话人想回宿舍看书。

　　C. 说话人只是在考虑怎么办，还没开始行动。

6. 除非一个人交了足够的费用，否则是不会允许他拿走东西的。（　　）

　　A. 他交了足够的费用，但是他没能拿走东西。

　　B. 他只有交了足够的费用，才能拿走东西。

　　C. 他不交足够的费用是不能拿走东西的。

7. 假设这种汽车是下金蛋的鸡，那家公司也不至于急忙把它卖掉。（　　）

　　A. 把汽车比喻成下金蛋的鸡，意思是这种汽车很值钱。

　　B. 那家公司要把这种汽车卖掉。

　　C. 那家公司已经把这种汽车卖掉了。

8. 公车私用造成很大浪费，甚至导致成为社会反映强烈的问题。（　　）

　　A. "公车私用"的意思是把公家的车当成自己的车使用。

　　B. "公车私用"现象引起社会不满。

　　C. 社会不满意浪费行为。

## 八、根据记忆，试着补出下面课文中没有出现的词语

　　生活不总是充满阳光，地震、大火、水灾等往往（① 　　），把（② 　　）准备的人类推到（③ 　　）的面前。在万分（④ 　　）的情况下，如果人们（⑤ 　　）处理危机的知识和生存技巧，就有可能保护自己，减少死伤。相反，（⑥ 　　）则（⑦ 　　）想象。

　　下面，我们就（⑧ 　　）几种紧急情况，并（⑨ 　　）两种不同的逃生方法让你选择，以（⑩ 　　）来考考你的生存知识和生存技巧。

## 九、根据课文内容、下面的表达方式和提示完成对话

　　表示否定：没有+V　　从来没+V

　　表示承认：我承认……　　我是……

　　表示说明：说实在的　　以免

　　表示估计：我想（不）会吧　　八成

　　A：你亲身经历过地震、火灾或水灾吗？

　　B：① _____（表示否定）

　　A：听说你胆子（courage）很小，要是你碰到地震什么的，肯定吓坏了。

　　B：② _____

　　　　　　　　　　　　　　　　　　　　　　（表示承认，但只承认一部分）

　　A：既然你说地震真的来了，你就不害怕了，你能说说该怎么办吗？

B：③ _____
（开始说明：看过地震知识的书，了解一些逃生方法）
A：看来你还知道不少生存技巧呢。
B：④ _____
（继续说明：知道碰到火灾时该怎么逃生）
A：你说得倒不错，只是不知道灾难真来了，你是不是就会乱了手脚？
B：⑤ _____
（表示估计：逃生是紧急的事，应该第一时间逃出去）
A：希望咱们都不是"纸上谈兵"（discussing stratagems on paper）的人。
B：⑥ _____（表示同意）

## 十、阅读短文，回答问题

第一，假设你在高速公路（gāosù gōnglù，superhighway）上开着汽车时，突然翻车了，正确的逃生办法应该是哪一种？

☐ A 在第一时间逃离汽车。在汽车里多待一分钟，就会多增加一分危险，因为汽车随时有可能发生意外。

☐ B 首先关掉发动机（fādòngjī，engine），切断汽车的油源。发动机停止工作，才可以避免意外，以免引起火灾。

第二，在逃离汽车的过程中，正确的做法是什么？

☐ A 以最快的速度钻出汽车，否则汽车再出问题或者身体长时间受到压迫，会让事故发展到毫无办法收拾的程度。

☐ B 先观察一下再钻出汽车，以免被来往的其他汽车再次撞伤。

第三，如果车门因为改变形状或其他原因打不开，应该考虑从车窗逃生。假设汽车的窗户紧紧地关着，正确的做法应该是什么？

☐ A 很快找到一个工具，马上敲碎前挡风玻璃的一角，因为前挡风玻璃离驾驶员最近，面积又大，有利于迅速钻出去。

☐ B 用专业的或者可以找得到的合适工具，用力敲碎后车窗玻璃的一角。由于前挡风玻璃的构造是双层的，里面有特殊的物质，因此难以用一般工具敲碎。

1. 你会开车吗？你在高速公路上开过车吗？

2. 为什么汽车出事时，必须先关掉发动机后再逃生？

3. 出事后想逃生时，为什么不能以最快的速度逃出汽车？

4. 逃生时应该敲碎哪个地方的车窗玻璃？为什么？

5. 你还听说过哪些关于汽车出事以后正确的逃生办法？

6. 总结一下你所了解的汽车出事后的逃生办法。

7. 请给短文加一个恰当的标题：_____

## 十一、说一说，写一写

用下面给出的词语介绍发生火灾后该怎么逃生（100~150字）。

着火　　烟雾　　毛巾　　以免　　有害气体　　导致　　身体姿势
与其……不如……　　爬行　　光亮　　场地出口　　电源　　火海

## 十二、走出课堂，拓展学习

1. 假设你和一个朋友打算去人很少的山区旅行一个星期，请回答下列问题：

   （1）穿什么样的鞋最适合登山？篮球鞋、网球鞋、跑鞋还是特制的户外鞋？

   （2）如果带爬山用的绳子，绳子多长才够用又最省钱？5米、20米还是40米？为什么？

   （3）如果你和朋友走散了，近距离联系的最好办法是什么？打手机、大声喊叫还是吹哨子（shàozi，whistle）？为什么？

   （4）找不到饭馆，需要自己生火做饭时，你会用什么方法引火？火柴、打火机还是其他可以引火的工具？为什么？

   （5）断水后找不到水源，人最多可以活几天？为避免没水喝，应该带什么？

   （6）野外求生方法可以分为下面九种：一、求生意志；二、求生计划；三、卫生与急救；四、方向判定；五、了解困难地形；六、饮水食物的获得及处理；七、一般生活要领；八、紧急避难所的构筑；九、通信与联络。说说你了解哪些求生方法。

2. 假如你不小心掉进河里，你应该怎么做？说说为什么。

   （1）☐ A. 双手高举，脚下用力，争取把头露出水面，让别人看见自己。
   ☐ B. 手脚不能用力动，否则身体就会很快沉下去。

   （2）☐ A. 掉进水里后，要穿着鞋，以免双脚被碰伤。
   ☐ B. 掉进水里后，想办法踢掉鞋，可以让身体变轻，容易升到水面。

   （3）☐ A. 在水里肚子朝下，头往左边或右边转，可以让嘴呼吸到空气。
   ☐ B. 在水里最好肚子朝上，让鼻子露出水面呼吸。

   （4）☐ A. 想办法把整个头伸到水面以外。
   ☐ B. 最好自然放松，保持正常呼吸。

   （5）☐ A. 当救助者出现时，要在第一时间抓住他的手或身体。
   ☐ B. 要听救助者的话，让他带着你游上岸。

# 3 乖乖回家之路

## 题 解

狗是人类最忠实的朋友。"乖乖"丢失后被贾俊一家人收养,十九天后重新回家。这个故事很感人,它让人们看到了人与动物之间的亲密关系——简单又充满了爱。

## 词语学习

| 1. | 乖 | guāi | 形 | well-behaved |
| 2. | 待 | dāi | 动 | to stay |
| 3. | 浑身 | húnshēn | 名 | from top to toe |
| 4. | 神情 | shénqíng | 名 | expression, look |
| 5. | 趴 | pā | 动 | to lie face down |
| 6. | 家伙 | jiāhuo | 名 | domestic animal |
| 7. | 犹豫 | yóuyù | 动 | to hesitate |
| 8. | 招呼 | zhāohu | 动 | to say hello to |
| 9. | 懂事 | dǒngshì | 形 | sensible, understanding |
| 10. | 驾驶 | jiàshǐ | 动 | to drive |
| 11. | 撒娇 | sā jiāo | 动 | to act like a spoiled child |
| 12. | 般 | bān | 助 | kind, sort, way |
| 13. | 特意 | tèyì | 副 | specially |
| 14. | 罐 | guàn | 名 | pot |
| 15. | 狼吞虎咽 | láng tūn hǔ yàn | 成 | to devour ravenously |
| 16. | 卫生间 | wèishēngjiān | 名 | toilet |
| 17. | 足 | zú | 形 | enough |
| 18. | 亲热 | qīnrè | 形 | warmhearted, affectionate |

| | | | | |
|---|---|---|---|---|
| 19. | 收养 | shōuyǎng | 动 | to adopt, to take into one's family |
| 20. | 特地 | tèdì | 副 | specially |
| 21. | 预防 | yùfáng | 动 | to take precautions against |
| 22. | 以致 | yǐzhì | 连 | so that, as a result (*oft. negative*) |
| 23. | 容许 | róngxǔ | 动 | to permit |
| 24. | 吵架 | chǎo jià | 动 | to quarrel |
| 25. | 赶忙 | gǎnmáng | 副 | hurriedly |
| 26. | 信息 | xìnxī | 名 | message |
| 27. | 老婆 | lǎopo | 名 | wife |
| 28. | 格外 | géwài | 副 | especially |
| 29. | 用心 | yòngxīn | 形 | attentive |
| 30. | 显示 | xiǎnshì | 动 | to show |
| 31. | 教养 | jiàoyǎng | 名 | breeding, education |
| 32. | 攻击 | gōngjī | 动 | to attack |
| 33. | 动画片 | dònghuàpiàn | 名 | animated cartoon |
| 34. | 欢乐 | huānlè | 形 | happy, merry |
| 35. | 老家 | lǎojiā | 名 | old home |
| 36. | 认 | rèn | 动 | to recognize |
| 37. | 属于 | shǔyú | 动 | to belong to |
| 38. | 值 | zhí | 动 | to be worth |
| 39. | 宝贝 | bǎobèi | 名 | treasured object |
| 40. | 假如 | jiǎrú | 连 | if, supposing |
| 41. | 踏实 | tāshi | 形 | at peace, free from anxiety |
| 42. | 暗暗 | àn'àn | 副 | secretly, inwardly |
| 43. | 盼 | pàn | 动 | to yearn for |
| 44. | 救援 | jiùyuán | 动 | to rescue |
| 45. | 今后 | jīnhòu | 名 | from now on, in the days to come |
| 46. | 祸 | huò | 名 | misfortune, disaster |
| 47. | 丢失 | diūshī | 动 | to lose |

| 48. | 手机 | shǒujī | 名 | mobile phone |
| 49. | 查看 | chákàn | 动 | to look over, to check |
| 50. | 证件 | zhèngjiàn | 名 | credentials |
| 51. | 报酬 | bàochou | 名 | remuneration |
| 52. | 心意 | xīnyì | 名 | kindly feelings |
| 53. | 好受 | hǎoshòu | 形 | to feel good |
| 54. | 至今 | zhìjīn | 副 | so far |
| 55. | 衷心 | zhōngxīn | 形 | heartfelt |
| 56. | 祝愿 | zhùyuàn | 动 | to wish |
| 57. | 团圆 | tuányuán | 动 | to reunite |

## 走进课文

### 乖乖回家之路

　　2009年春节刚过，在四川<sup>1</sup>东南部一条公路上，一个名叫贾俊的农村医生开着车回家。突然，从路边的杂草中冒出一条大狗，看样子是母的，不像当地的狗。由于在寒冷的天气中待了一夜，它冻得浑身发抖，眼睛里充满害怕的神情。它似乎在等谁，趴在路边，不知道该怎么办才好。

　　贾俊觉得这条狗像是走丢的小孩儿，很可怜它。可是，看见它是个结结实实的大家伙，有什么脾气也不知道，又有些犹豫。只见那条狗慢慢地爬起来，尾巴摇晃得特别可爱，没有一点儿想咬人的意思。于是，贾俊举起手招呼它："来，来，来！谁不要你了？跟我走，我带你回家。"

1. 什么时候、在哪儿贾俊发现了一条大狗？

2. 狗被发现时是什么样子？

3. 发现狗的时候，贾俊是什么心情？

4. 那条狗当时表现得怎么样？

---

1. 四川（Sìchuān）：省名，在中国西南部。

那条狗很懂事，一下子跳上车。贾俊让它坐在副驾驶座位上。汽车开动了，它透过挡风玻璃往前看，有时，还撒娇般地把头靠在贾俊身上，贾俊高兴得不住地叫它"乖乖"。

到家后，贾俊首先要为乖乖弄顿好饭吃。他特意为乖乖煮了一大罐肉，乖乖狼吞虎咽地吃了一顿。贾俊又在卫生间给乖乖洗了澡。吃饱喝足、洗过澡的乖乖立刻变得精神起来，对贾俊特别亲热。贾俊蹲下，乖乖就趴在他的腰上；贾俊站起，乖乖就抱住他的腿。贾俊高兴得什么似的。

当贾俊的妻子抱着孩子回家的时候，乖乖像个主人似的跑过去迎接，吓了她一大跳。贾俊把事情经过告诉妻子，还说打算收养它，妻子一听就生气了。她忘不了，她的腿在半年前曾经被山上的一条狗咬得血流不止，她特地打了预防针，以致刚刚半岁的女儿连妈妈的奶都不能吃了。她担心自己的孩子也被这条大狗咬伤，因此不容许这个大家伙留在家里。她和贾俊大吵了一架，抱着孩子离家而去。贾俊赶忙用手机给妻子发了信息："老婆，对不起，我不想因为狗破坏我们的幸福家庭。等两天看看，要是能留下乖乖，就把它留下；如果不行，再送走它。"妻子看见贾俊的信息，心软²了，同意暂时把乖乖留在家里。

贾俊对乖乖格外用心，他发现，这条狗好像懂人话。只要给它解开绳子，它自己就会钻进厕所，像人那样蹲着"方便"。乖乖长得和桌子一样高，肉什么的放在桌子上，它嘴一伸，就可以

5. 贾俊为什么要把那条狗带回家？
6. 贾俊为什么给狗取名叫"乖乖"？
7. 到家后，贾俊为乖乖做了哪些事？
8. 吃饱喝足的乖乖怎样对待贾俊？
9. 贾俊的妻子看见乖乖是什么态度？
10. 妻子为什么不容许贾俊收养乖乖？
11. 吵完架后，贾俊做了什么事情？
12. 贾俊的妻子改变态度了吗？为什么？

---

2. 心软：表示被感动后产生可怜或同情别人的一种心理。

够到，但是不叫它吃，它从来不自己吃，显示出乖乖有着良好的"教养"。

一岁的女儿也喜欢乖乖，总去摸它。一次，女儿坐在学步车³里跑，一下子撞到了乖乖的腿，它没有生气，更没有去攻击孩子，还用头顶着学步车跟女儿玩儿。有时，乖乖还和女儿一起看动画片，一动不动地看很长时间。贾俊的妻子看在眼里，也越来越喜欢乖乖，不再反对丈夫养狗了。乖乖给贾俊的家庭带来了欢乐，一家人觉得和乖乖在一起非常快乐。有时，乖乖也会情绪不好，似乎是想念老家和主人了。为了让乖乖高兴，贾俊常常带着它出去散步，乖乖走路时挺胸抬头的样子，让路上的人看见好不羡慕。有个人认出乖乖属于拉布拉多犬⁴，是值很多钱的宝贝。这时，贾俊想："才几天呀，乖乖就对我这么好，它对原来的主人肯定比对我更好。假如我要了乖乖，心里总是会不踏实的。它原来的家在哪里？我得把它还给人家，乖乖应该回到它原来主人的身边。"于是，贾俊开始打听，还请朋友帮助到处去找。贾俊很矛盾，他既想知道它的主人是谁，又怕找到了它的主人，就留不住乖乖了。他暗暗盼着今后的努力不会有结果，这样，乖乖就可以不走了。

不愿意发生的事情终于出现了。贾俊的朋友

13. 为什么说乖乖有着良好的"教养"？

14. 为什么贾俊的女儿也喜欢乖乖？

15. 贾俊的妻子对乖乖态度好了吗？为什么？
16. 乖乖为什么有时候情绪不好？

17. 有个人认出乖乖是只什么样的狗？
18. 贾俊知道乖乖很值钱后，产生了什么样的想法？

19. 贾俊心里为什么很矛盾？

---

3. 学步车：帮助小孩子学习走路的车子。
4. 拉布拉多犬：原产地在加拿大的一种狗，个子比较大，但性情温和，聪明听话，对主人忠实。常用来为盲人引路或进行救援等活动。

告诉他，在二百里外有一个救援队，前些日子丢了两只救援犬，其中一只和乖乖长得特别像。为什么救援犬会在贾俊的家乡丢了呢？原来，救援队在山里训练时出了车祸，名叫"淑娴"和"班克"的两只狗不知道跑到哪儿去了。贾俊捡到乖乖的时间和"淑娴"丢失的时间差不多，狗长的样子也对得上。贾俊又用手机发去了乖乖的照片，救援队回电话告诉贾俊：乖乖确实就是走丢的"淑娴"。

当救援队队长来领乖乖时，正好是它到贾俊家的第十九天。贾俊担心有人错领走乖乖，还查看了队长的证件。救援队队长知道，乖乖已经当了妈妈，再过一个多月就要生产了。看到乖乖被照顾得好好的，他就要给贾俊报酬表示感谢。贾俊拒绝了队长的心意，他说："如果一切要用钱来计算的话，我可以把乖乖卖掉，那样能换更多的钱。我只想让乖乖回家，回到需要它的地方去。"尽管失去乖乖的心情很不好受，但是，贾俊一家还是同意让乖乖跟着救援队队长回家去。

对于给了自己温暖和照顾的地方，乖乖显得难舍难离。被带走时，它不断地回头。它知道是谁救了它。乖乖不肯自己上车，贾俊只好把它抱上了车。乖乖的"丈夫"班克至今还不知道在什么地方，贾俊决定通过自己的努力想办法去找，他衷心祝愿乖乖和它"丈夫"早点儿团圆。

（选自中央电视台《讲述》栏目）

20. 乖乖是从哪里跑出来的？是怎样丢失的？

21. 贾俊为什么用手机发乖乖的照片？

22. 来领乖乖的是谁？贾俊为什么感到有些担心？

23. 救援队长为什么要给贾俊报酬？贾俊为什么拒绝了队长的心意？

24. 乖乖愿意离开贾俊吗？为什么？

25. 送走乖乖后，贾俊还有什么愿望？

## 综合注释

1. 它透过挡风玻璃往前看，有时，还撒娇般地把头靠在贾俊身上。

   "般"是一个书面语中使用的助词，意思是"（像）……一样"。"般"前面多数情况下出现名词，有时也可以出现动词或短句子等成分，用来表示比喻。"般"在句子中可以有两种形式：一是"……般的+N"，做定语，修饰名词；另一种形式是"……般地+V/Adj"，做状语，修饰动词或形容词。例如：
   ① 两国人民之间有着兄弟般的友谊。
   ② 我完全被如诗如画般的田园风光所吸引。
   ③ 丢失了三个月的手机又奇迹般地找回来了。
   ④ 水乡的姑娘们一个个长得仙女般地漂亮。

   ▶ 试一试：用"……般的+N"或"……般地+V/Adj"格式完成句子
   （1）他一夜成名，以_____速度成为人人都知道的大明星。
   （2）下飞机后，我们都被这里_____的风景迷住了。
   （3）他像家里人似地照顾我，让我感受到_____温暖。
   （4）早年，青霉素的发明使人类有了一个杀菌的好帮手，它奇迹般地_____无数病人。

2. 贾俊高兴得什么似的。

   "V/Adj+得+什么似的"是一个口语格式，表示程度高得难以形容。例如：
   ① 一想起那件事，他就后悔得什么似的。
   ② 飞机被黑云包围着，机上的乘客都紧张得什么似的。
   ③ 周围的人吓得什么似的，他自己倒一点儿也不害怕。

   ▶ 试一试：根据提示，用"V/Adj+得+什么似的"完成句子
   （1）老人们玩儿得特别开心，_____。（高兴）
   （2）他的房间摆满了东西，_____。（乱）
   （3）要做的事情太多了，我_____。（忙）
   （4）我怎么也找不到住的旅馆了，_____。（急）

3. 她特地打了预防针，以致刚刚半岁的女儿连妈妈的奶都不能吃了。

   "以致"是连词，连接前后两个句子。"以致"后面的句子所表达的意思是由上文引起的结果，结果多是不好的。例如：

① 考试前他大病一场，没时间复习，以致有两门考试不及格。
② 睡觉时手放在胸前，就可能梦见大石头压在身上，以致喘不过气来。
④ 他的发言遭到大家一致反对，以致会场气氛十分紧张。

▶ 试一试：用"以致"完成句子
（1）他后悔对孩子教育不够，＿＿＿＿＿＿＿＿＿＿＿＿＿＿＿＿＿＿＿＿。
（2）夫妻俩争吵越来越激烈，＿＿＿＿＿＿＿＿＿＿＿＿＿＿＿＿＿＿＿＿。
（3）一个农民在河边走时不小心滑倒，＿＿＿＿＿＿＿＿＿＿＿＿＿＿。
（4）他写汉字时总是马马虎虎，＿＿＿＿＿＿＿＿＿＿＿＿＿＿＿＿＿＿。

4. 不叫它吃，它从来不自己吃。

"不……不/别……"是一个口语中常用的固定结构，表示双重否定，意思相当于"只有A，才B"。例如：
① 他是个足球迷，不看完球赛不睡觉。
② 她常说，女人得化妆，不好好儿打扮不漂亮。
③ 告诉你多少次了，东西不好就别买。

▶ 试一试：用"不……不/别……"格式改写句子
（1）学车要动动脑子，只有动脑子才能学好开车。
    ＿＿＿＿＿＿＿＿＿＿＿＿＿＿＿＿＿＿＿＿＿＿＿＿＿＿＿＿＿＿＿＿＿＿
（2）她每天必须吃完早饭才上班。
    ＿＿＿＿＿＿＿＿＿＿＿＿＿＿＿＿＿＿＿＿＿＿＿＿＿＿＿＿＿＿＿＿＿＿
（3）她不好意思在大家面前说话，问她她才说。
    ＿＿＿＿＿＿＿＿＿＿＿＿＿＿＿＿＿＿＿＿＿＿＿＿＿＿＿＿＿＿＿＿＿＿
（4）你听着，洗完脸再睡觉。
    ＿＿＿＿＿＿＿＿＿＿＿＿＿＿＿＿＿＿＿＿＿＿＿＿＿＿＿＿＿＿＿＿＿＿

5. 不叫它吃，它从来不自己吃，显示出乖乖有着良好的教养。

"有着"意思是"存在着"、"具有"。宾语可以是具体名词，也可以是抽象名词，如习惯、目的、爱好、感情、痛苦、联系、气质、风度等，宾语前必须带有修饰成分，至少三个音节。多用于书面语。例如：
① 叶子表面有着大大小小的气孔。
② 教授家里有着数以万计的藏书。
③ 他心里有着说不出的痛苦。
④ 大家虽然相处不久，彼此之间却有着很深的感情。

▶ 试一试：在"有着"后面加上宾语完成句子

（1）北京是一座古城，有着_____。

（2）这个儿童乐园里有着_____。

（3）他毕业后找不到工作，内心有着_____。

（4）遇到如此知名的专家，对他的写作有着_____。

## 综合练习

一、参考注释，理解新词，然后选词填空

1. 卫生间　　"～间"是房间（room）的意思。"间"前面汉字的意思表示房间的用途或类型。例如：工作间/衣帽间/酒吧间/洗手间/单人间/双人间/里间/外间。试着选择合适的词填到括号里。

   （1）我帮您把大衣挂到（　　　　）。

   （2）每到周末，他总要和朋友去（　　　　）约会。

   （3）我院留学生公寓住宿标准：（　　　　）人民币160元/天；（　　　　）人民币120元/天。

   （4）他提醒记者赶紧预订大会会场内的（　　　　）。

2. 浑身　　"～身"是人的身体（body）的意思。"身"前面加上动词可以构成特定的动作，例如：转身/动身/挺身/翻身；加上形容词，意思是"使身体……"，例如：强身/瘦身/健身。有时，"身"前面加上名词还可以指物体的中间部分或主要部分，例如：机身/车身/船身/河身。试着选择合适的词填到括号里。

   （1）婚后第二天，他便以工作为由（　　　　）去了外地。

   （2）调查还显示，（　　　　）也是当今年轻人追求的活动之一。

   （3）市内的机动车道将被（　　　　），以鼓励步行和骑自行车出行。

   （4）风大浪急，（　　　　）不停地摇晃，几乎把人翻到河里。

二、把下面左边带有"～间"、"～身"的词语和右边对词语的解释连线

1. 里间　　　　　　a. 企业内部用于生产的房子

2. 洗手间　　　　　b. 带在身上或跟在身旁

3. 车间　　　　　　c. 车辆用来载人或装货的部分

4. 随身　　　　　　d. 站起来向主人说"再见"

5. 车身　　　　　　e. "厕所"的另外一种说法

6. 起身告别　　　　f. 一套房子里靠里面的房间

## 三、选择课文中学过的下列词语填空

浑身　　犹豫　　预防　　亲热　　赶忙　　格外　　属于　　似的

1. 经济发展的成果应当由人民共同享受，而不是（　　　）少数人。
2. 突然，门外跑来了（　　　）上下湿淋淋的一个人。
3. 今年入冬以来的两场大雪，让城里的人（　　　）开心。
4. 孩子们一次又一次地让他留下，他有些（　　　）了。
5. 老人洗完澡，他（　　　）把老人扶进换衣间。
6. 要让更多的人了解交通安全的重要性，宣传（　　　）车祸的方法。
7. 看到多年不见的老朋友，他激动得跟什么（　　　）。
8. 他从儿媳妇手里接过小孙子，（　　　）地招呼着："叫爷爷，叫爷爷。"

## 四、选词填空并朗读

1. 收养　教养
   （1）她常常不满意自己的丈夫在吃饭时做出缺乏（　　　）的动作。
   （2）他从小被人（　　　），至今都想找到亲生父母。

2. 亲热　亲切
   （3）一家人（　　　）地在一起，天南海北地聊个没完。
   （4）他的这个形象让"粉丝"们感到（　　　）可爱。

3. 以致　以至
   （5）有了这张天气图，就能对全国、亚洲（　　　）整个北半球的天气作出预报。
   （6）他没有好好儿查看地图，（　　　）驾驶汽车多跑了300公里路。

4. 容许　允许
   （7）这种坏天气不（　　　）司机有丝毫的大意。
   （8）我们珍惜每一个人的生命，决不（　　　）伤害他人的人身安全。

5. 欢乐　快乐
   （9）多帮助别人做点儿好事，这就是我最大的（　　　）。
   （10）几乎整座城市都被（　　　）的气氛包围着。

6. 丢失　失去
   （11）如果教师只会照着书本讲课，就会（　　　）对学生的吸引力。
   （12）他不小心在旅游时（　　　）了护照。

## 五、用所给的词语或格式完成句子

1. 快过春节了，＿＿＿＿＿＿＿＿＿＿＿＿＿＿＿＿＿＿＿＿＿＿＿。（特意）

2. 他拉着病人的手，亲切地＿＿＿＿＿＿＿＿＿＿＿＿＿＿＿＿＿＿＿＿＿。（祝愿）

3. ＿＿＿＿＿＿＿＿＿＿＿＿＿＿＿，咱们再到别的商店去看看。（不……不……）

4. 即使到了夏天，这里也是＿＿＿＿＿＿＿＿＿＿＿＿＿＿寒冷。（……般地）

5. 他总觉得别人看不起他，＿＿＿＿＿＿＿＿＿＿＿＿＿＿＿＿＿＿＿。（以致）

6. 西安和北京一样＿＿＿＿＿＿＿＿＿＿＿＿＿＿＿＿＿＿＿＿＿＿＿。（有着）

7. 全班同学＿＿＿＿＿＿＿＿＿＿＿＿＿＿＿＿＿＿＿＿＿。（时间/地点/对象+座谈）

8. 以前我不愿意早起床，＿＿＿＿＿＿＿＿＿＿＿＿＿＿＿＿＿。（今后）

### 六、用所给的词语或格式改写句子

1. 他不为别的，就是到南京寻找帮助过他的那位志愿者。
＿＿＿＿＿＿＿＿＿＿＿＿＿＿＿＿＿＿＿＿＿＿＿＿＿＿＿＿＿。（特地）

2. 这孩子玩儿电脑游戏着了迷，连吃饭喝水都忘了。
＿＿＿＿＿＿＿＿＿＿＿＿＿＿＿＿＿＿＿＿＿＿＿＿＿＿＿＿＿。（以致）

3. 人应该像爱护自己的眼睛一样爱护自己的名声。
＿＿＿＿＿＿＿＿＿＿＿＿＿＿＿＿＿＿＿＿＿＿＿＿＿＿＿。（……般地）

4. 只有这样做，才能明确自己努力的方向。
＿＿＿＿＿＿＿＿＿＿＿＿＿＿＿＿＿＿＿＿＿＿＿＿＿。（不……不……）

5. 看到那么多人舍不得他走，他忍不住流下眼泪，改变了原来的想法。
＿＿＿＿＿＿＿＿＿＿＿＿＿＿＿＿＿＿＿＿＿＿＿＿＿＿＿。（心软）

6. 在最忙的时候，有人打来电话闲聊，有谁知道他多么着急。
＿＿＿＿＿＿＿＿＿＿＿＿＿＿＿＿＿＿＿＿＿＿＿＿＿＿＿。（暗暗）

### 七、根据记忆，试着补出下面课文中没有出现的词语

贾俊觉得这条狗像是走丢的小孩儿，很可怜它。可是，看见它是个结结实实的大（①＿＿＿＿），有什么脾气也不知道，又有些（②＿＿＿＿）。只见那条狗慢慢地爬起来，尾巴摇晃得特别可爱，没有一点儿想咬人的意思。于是，贾俊举起手（③＿＿＿＿）它："来，来，来！谁不要你了？跟我走，我带你回家。"那条狗很（④＿＿＿＿），一下子跳上车。贾俊让它坐在副（⑤＿＿＿＿）座位上。汽车开动了，它透过挡风玻璃往前看，有时，还（⑥＿＿＿＿）般地把头靠在贾俊身上，贾俊高兴得不住地叫它"乖乖"。

到家后，贾俊首先要为乖乖弄顿好饭吃。他（⑦＿＿＿＿）为乖乖煮了一大（⑧＿＿＿＿）肉，乖乖（⑨＿＿＿＿）地吃了一顿。贾俊又在卫生间给乖乖洗了澡。吃饱喝足、洗过澡的乖乖立刻变得精神起来，对贾俊特别（⑩＿＿＿＿）。贾俊蹲下，乖乖就趴在他的腰上；贾俊站着，乖乖就抱住他的腿。贾俊高兴得什么似的。

## 八、根据课文内容、下面的表达方式和提示完成对话

表示比较：像……一样　　……般的/地　　跟……相比……　　没有……那么……

表示列举：第一，第二……　　一是，二是……

表示转述：听说　　有……介绍说　　据……介绍/记载

表示请对方重复：对不起，我没听清楚，请再说一遍

A：你喜欢乖乖吗？

B：① _____

（先肯定回答，举例说明为什么）

A：救援队队长带乖乖走时，它为什么不断地回头？

B：② _____

（转述课文的内容）

A：你觉得乖乖走后，会想念贾俊一家人吗？

B：③ _____

（肯定回答，说明为什么）

A：我觉得狗比猫忠诚，贾俊对它好，它就舍不得离开他们家。

B：④ _____

（转述：狼狗比一般的狗更忠诚）

A：这我倒没听说过。我知道中国有句俗话，叫"子不嫌母丑，狗不嫌家贫"。

B：⑤ _____

（请对方重复那句俗话的内容）

A：我说的是"子不嫌母丑，狗不嫌家贫"。

B：⑥ _____

（解释那句俗话的意思）

A：你说得不错。乖乖对贾俊一家好，不是因为他们家有钱。

B：⑦ _____

（概括说明乖乖对贾俊一家好的原因）

## 九、阅读短文，回答问题

有一次，我带家中的狗去看医生，坐上了一辆出租车。

由于狗咳嗽得很厉害，吸引了司机的注意，转身问我："狗感冒了吗？"

"是呀！从昨晚就咳个不停。"我说。

话匣子一打开，司机就说起他养狗的痛苦经历：很多年前，他养了一条大狼狗，长得太大了，饭量惊人，叫声格外大，吵得人难以安静。有一天，他觉得负担太重，不想养了。他把狼狗放在布袋里，开车去把他放掉。为了避免它跑回家，他特地开了一百

多公里，放到大山中。放了狗，他加速逃回家，狼狗在后面追了几公里就消失了。

过了一个星期，一天半夜，他听到有人用力敲门，开门一看，原来是那只大狼狗回来了，样子又干又瘦，显然是经过长时间的奔跑和寻找。司机虽然十分惊奇，但是他二话不说，又把狼狗装入布袋，再次带出去放掉。这一次，他开车跑了很远很远，一路听到狼狗低声号哭的声音。

到山区后，他把布袋打开，发现满布袋都是血，血还继续从狼狗的嘴角流出来。他把狗嘴拉开，发现狼狗的舌头断成了两段。原来，狼狗咬断舌头自杀了。

司机说完这个故事，车里静得一点儿声音也没有，我从照后镜里看到司机那通红的眼睛。

过了一会儿，他才说："我每次看到别人的狗，都会想到那只咬舌自杀的狗。这件事会使我痛苦一辈子，我真是连一只狗都不如呀！"

（选自《读者》，作者：林清玄）

1. 出租车司机转身问乘客什么？他为什么问乘客这个问题？
2. 出租车司机为什么不想养他的那条狼狗了？
3. 出租车司机第一次扔掉狼狗时，狼狗是怎样跑回他家的？
4. 出租车司机再一次扔掉狼狗时，发生了什么事情？
5. 你能想象出那个出租车司机发现狼狗自杀时的心情吗？
6. 出租车司机为什么觉得自己不如一只狗？

## 十、说一说，写一写

用下面给出的词语介绍乖乖回家的故事（100~150字）。

家伙　犹豫　招呼　特意　收养　不容许　用心　欢乐　老家　不好受　祝愿

### 十一、走出课堂,拓展学习

1. 除了拉布拉多犬以外,你还知道哪些种类的狗?请上网查一查,介绍一种你最喜欢的狗。
2. 你家养狗吗?是什么样的狗?观察一下你家或你邻居家的狗,讲一个你所了解的狗的故事。
3. 汉语里有许多关于狗的成语、俗语,你了解吗?请找到至少三条这样的词语,上课时介绍给老师和同学。
4. 你听说过吗?很多城市为了救助被扔掉的小动物,建立了"流浪动物救助中心",工作人员像贾俊对待乖乖那样对待没有人照顾的小动物。设法给他们打个电话或登门拜访一下,了解更多感人的故事。

# 桑兰的微笑

## 题 解

有些人，虽然身体健康，精神却是残疾的；有些人，虽然身体残疾了，却有着比正常人更多的勇气和力量。桑兰，就是中国残疾人中最优秀的代表之一。

## 词语学习

01

| 1. | 体操 | tǐcāo | 名 | gymnastics |
| 2. | 活力 | huólì | 名 | vitality |
| 3. | 一生 | yìshēng | 名 | all one's life |
| 4. | 治疗 | zhìliáo | 动 | to treat, to cure |
| 5. | 架子 | jiàzi | 名 | frame |
| 6. | 固定 | gùdìng | 动 | to fix |
| 7. | 仪器 | yíqì | 名 | instrument |
| 8. | 绝望 | juéwàng | 动 | to feel hopeless |
| 9. | 当众 | dāngzhòng | 副 | in the presence of all |
| 10. | 康复 | kāngfù | 动 | to recuperate, to be restored to health |
| 11. | 笑容 | xiàoróng | 名 | smiling expression, smile |
| 12. | 艰难 | jiānnán | 形 | difficult |
| 13. | 勉强 | miǎnqiǎng | 形 | managing with an effort |
| 14. | 轮椅 | lúnyǐ | 名 | wheelchair |
| 15. | 甚至 | shènzhì | 连 | (to go) so far as to, even |

| 16. | 简直 | jiǎnzhí | 副 | simply, just |
| 17. | 地面 | dìmiàn | 名 | floor, ground |
| 18. | 客厅 | kètīng | 名 | living room |
| 19. | 如此 | rúcǐ | 代 | like this |
| 21. | 战胜 | zhànshèng | 动 | to triumph over |
| 22. | 画家 | huàjiā | 名 | painter, artist |
| 23. | 毛驴 | máolú | 名 | donkey |
| 24. | 股 | gǔ | 量 | used for gas, smell or strength, etc. |
| 25. | 幅 | fú | 量 | used for cloth or paintings, etc. |
| 26. | 人物 | rénwù | 名 | personage |
| 27. | 杂志 | zázhì | 名 | magazine |
| 28. | 评 | píng | 动 | to assess, to appraise |
| 29. | 年度 | niándù | 名 | year |
| 30. | 英雄 | yīngxióng | 名 | hero |
| 31. | 授予 | shòuyǔ | 动 | to confer |
| 32. | 不曾 | bùcéng | 副 | never |
| 33. | 受伤 | shòushāng | 动 | to be wounded |
| 34. | 界 | jiè | 名 | walks of life, circles |
| 35. | 成千上万 | chéng qiān shàng wàn | 成 | tens of thousands of |
| 36. | 支付 | zhīfù | 动 | to pay (money) |
| 37. | 日夜 | rìyè | 名 | day and night |
| 38. | 回报 | huíbào | 动 | to repay |
| 39. | 残疾 | cánjí | 名 | deformity, handicap |
| 40. | 企业 | qǐyè | 名 | enterprise |
| 41. | 捐 | juān | 动 | to donate |
| 42. | 青少年 | qīng-shàonián | 名 | juvenile persons, youngsters |
| 43. | 基金 | jījīn | 名 | fund |
| 44. | 贫穷 | pínqióng | 形 | poor, impoverished |
| 45. | 认养 | rènyǎng | 动 | to adopt and bring up |

| 46. | 早日 | zǎorì | 副 | at an early date, soon |
| 47. | 慰问 | wèiwèn | 动 | to express sympathy and solicitude |
| 48. | 应邀 | yìngyāo | 动 | to accept sb's invitation |
| 49. | 奥运会 | Àoyùnhuì | 名 | Olympic Games |
| 50. | 爱心 | àixīn | 名 | love, compassion |
| 51. | 味 | wèi | 名 | taste |
| 52. | 辣 | là | 形 | pungent, hot |
| 53. | 疲倦 | píjuàn | 形 | tired, weary |

## 走进课文

### 桑兰[1]的微笑

1998年7月，桑兰到美国参加第四届友好运动会。作为国家体操队运动员，她已经多次获得过跳马冠军，因此，她对即将开始的比赛充满信心。

谁也没想到，意外发生了：在赛前练习时，她头朝下，重重地摔到地上，伤得非常严重，双手、胸部以下什么感觉都没有了。只短短的几秒钟，一切都改变了。刚刚还是健康、充满活力的运动员，不幸却一下子落到她的头上来。7月21日，成为桑兰一生中永远不愿意再提起也永远不可能忘记的一天。

1.意外发生在什么时候？什么地方？

2.发生了什么样的意外？

3.为什么桑兰不愿意再提起7月21日这一天？

---

1. 桑兰（Sāng Lán）：1981年6月出生，浙江宁波人，原中国女子体操队队员。

她立即被送到纽约²一家医院。六天后，在治疗中心接受了七个小时的手术。当桑兰重新出现在大家面前时，人们发现，虽然她的头被铁架子固定着，鼻子里、手上挂满了治疗用的仪器，但是她依然在笑，笑得那么甜，那么自然，那么灿烂！

遇到这样大的打击，难道她就没害怕过吗？桑兰后来告诉记者，刚刚从手术中醒过来的那一刻，她绝望过，"我真的感觉很痛苦。想动也动不得，想翻身也翻不得，一夜一夜地睡不着。"然而，桑兰从来不叫疼，更不会当众流眼泪。桑兰在不幸面前露出的微笑，感动了所有看到她的人。为她治病的医生说："从这个小姑娘身上，我看到了勇气。"很多人都相信：她一定会走出这场可怕的灾难！

十个月后，桑兰从美国回到中国继续进行康复。时间如流水，十一年过去了。桑兰的微笑仍然挂在脸上，笑容仍然那么灿烂。人们也许会问，在她伤后这十年里，那微笑的背后究竟还藏着什么？

微笑背后当然有平常人不能了解的艰难。桑兰从一个每天只参加训练的运动员，变成了随时都要考虑"自己未来怎么生活下去"的人。手术虽然让桑兰活了下来，但是到现在，她全身80%的地方仍然没有感觉，失去了大部分的活动能力。她的双手改变了形状，右手勉强摸到头顶。

4. 桑兰最初是在哪家医院治疗的？
5. 治疗时和治疗后的情况怎么样？

6. 桑兰刚从手术中醒来时告诉记者什么？

7. 桑兰受伤后表现得怎么样？

8. 人们怎样评价桑兰的表现？

9. 桑兰回国后一直到现在，她的情绪好吗？

10. 在桑兰微笑的背后，首先碰到什么问题？请举例说明。

---

2. 纽约（Niǔyuē）：New York，城市名，在美国东海岸。

**她想靠自己翻身，却翻不得；想靠自己的力气从轮椅里移到床上，却移不得。** 她的手指还是不能动，甚至手被热水烫坏了她都不知道。**日常生活的小事随时跟她过不去。** 就拿在家来说吧，正常高矮的电灯开关，在桑兰看来简直太高了，根本够不着。厨房的地面比客厅低，轮椅进去就出不来，用力过大，轮椅就有可能向后翻过去……在家如此，出门坐火车、乘飞机、住旅馆、上大学，要完成这些复杂的活动该有多么艰难就可想而知了。对于桑兰来说，她每天需要战胜的困难，都是在平常人看来再容易不过的小事情。

微笑背后肯定有勇气。回国后，桑兰不愿意像病人般地待在家里，一直坚持康复训练。现在，她手上戴上工具，可以自己吃饭、洗脸、刷牙、穿衣服，还学会了使用电脑。她选择到北京大学学习新闻，一学就是五年。她最喜欢的生日礼物是一位画家送给她的一幅画，那是一只很可爱的小毛驴，脸上透着一股倔劲。她之所以喜欢这幅画，就因为喜欢小毛驴的性格。她说："永不放弃是一种精神。我就不信我活不出个美丽的明天。"正由于桑兰的坚强和勇气，就在她受伤的当年，被美国最有影响的《人物》和《生活》杂志评为"年度英雄"，还接受过《妇女体育》杂志授予她的"勇敢奖"。

微笑背后有大爱，也有责任。桑兰不曾忘记过，在她受伤后，她得到过社会各界成千上万人的关心和照顾。受伤以后，桑兰觉得给她支持最大的人是谢晓红女士。她不仅为桑兰支付了在国

11. "翻不得"、"移不得"是什么意思？
12. "跟她过不去"是什么意思？
13. 桑兰在日常生活中到底遇到了什么样的困难？

14. 桑兰坚持康复训练后，她能自己做什么？

15. 她最喜欢的生日礼物是什么？她为什么喜欢这个礼物？

16. 桑兰在受伤的当年获得过什么奖励？

17. 在桑兰的微笑背后还有什么？请举例说明。

内治疗和教育用的全部费用，而且当她最困难的时候，他们一家人日夜照顾她。桑兰觉得应该把自己得到的一切回报给社会，尤其是要为8700万中国残疾人多做一些事情。1999年回国时，桑兰把企业送给她的价值100多万元的治疗仪器，全部捐给了一家医院。她每年都要跟着中国青少年发展基金会[3]到贫穷地区，去帮助那里的孩子们。她认养了一只名叫"同同"的母熊猫，希望它早日生出熊猫宝贝。四川"5·12"大地震[4]后，她马上去慰问受灾的希望小学[5]。她还应邀为北京2008年奥运会做了很多事情。桑兰是多家爱心基金会的负责人，她把第一笔10万元钱寄给了刚成立不久的"桑兰基金会"。

18. 你听说过中国青少年发展基金会吗？你们国家有类似的组织吗？
19. 你听说过四川"5·12"大地震吗？简单介绍一下你所了解的情况。
20. 你了解"希望小学"吗？请介绍一下你知道的情况。

28岁的桑兰仍然坐在轮椅中，她的微笑始终挂在脸上。当她回忆十来年走过的道路时，就像打翻了五味瓶[6]一样，甜酸苦辣各种味道都有。她觉得，无论多么艰难，总有一种精神在支持着她，"一直向前，永不疲倦"。正是这些，让她变得更加坚强。

在伤后又一个十年来到时，她想的是该用什么样的方式来超过从前，超过自己。她要回报国

21. "好像打翻了五味瓶一样"这句话是什么意思？
22. 什么精神在支持着桑兰？
23. 在桑兰受伤后第二个十年来到时，桑兰有哪些想法？

---

3. 中国青少年发展基金会：China Youth Development Foundation（CYDF），1989年3月成立，主要责任是：通过资助服务、利益表达和社会倡导，帮助青少年提高能力，改善青少年成长环境。
4. 四川"5·12"大地震：Wenchuan Earthquake，2008年5月12日发生在四川汶川等地的8级地震。
5. 希望小学：Hope School，是1990年以来，通过汇集来自社会各界支援的资金、物资等，为经济落后的农村建立的小学。
6. 打翻五味瓶（dǎ fān wǔwèi píng）："五味"指甜、酸、苦、辣、咸五种滋味。"打翻五味瓶"比喻一种既复杂又难受的心情。例如：回忆起几十年的风风雨雨，他的心里就像打翻了五味瓶，甜酸苦辣，什么都有。

家、回报朋友，为体育事业、为残疾人的利益、为实现心中的理想继续作更多的贡献。

（选自新浪网）

24. 你对桑兰有什么评价？

## 综合注释

1. 刚刚还是健康、充满活力的运动员，不幸却一下子落到她的头上来。

"V到……头上来"是一个固定格式，表示通过某种动作，让事情发生在某人身上，发生的事情多是不好的，显示出说话人不满意的态度或不理解的疑问。"V到"后面出现的宾语多为人称代词、名词等。例如：

① 我没找你算账，你倒先找到我头上来了。
② 他们丢了东西，查来查去倒查到小孩子头上来了。
③ 你谁都欺负，现在竟然欺负到他头上来了。

▶ 试一试：用"V到……头上来"完成句子
（1）你急什么？万一有事，找谁_____。
（2）怪来怪去，最后_____。
（3）他们调查就调查吧，现在倒好，_____。
（4）你为什么把所有的坏事都_____？

2. 想动也动不得，想翻身也翻不得，一夜一夜地睡不着。

"$V_1$也$V_1$不得，$V_2$也$V_2$不得"是一个固定格式，表示说话人想做的事情都做不成。"$V_1$"或"$V_2$"是不同的单个动词，两种动作意义相关或者相反，交替出现，带有强调的意思。"V不得"意思是"不能V"。例如：

① 他这个慢性子，让人急也急不得，恼也恼不得。
② 听了他的话，大家觉得哭也哭不得，笑也笑不得。
③ 对你这种人呀，爱也爱不得，恨也恨不得。

▶ 试一试：用"$V_1$也$V_1$不得，$V_2$也$V_2$不得"完成句子
（1）现在的孩子，_____，真不好管。
（2）电梯突然停电了，弄得大家_____。
（3）雨下得这么大，旅馆又没床位，真是_____。
（4）这辆破车，_____。

3. 她想靠自己翻身，却翻不得，想靠自己的力气从轮椅里移到床上，却移不得。

"V不得"是可能补语的一种否定形式，表示由于某种原因而不能做某事，和"V得"意义相反。例如：

① 这盘剩菜已经放了好几天了，吃不得了。
② 他太大意了，这件事弄得我哭笑不得。
③ 谁知道这种做法要得要不得。

▶ 试一试：用"V得"或"V不得"完成句子
（1）水果坏了就_____。
（2）这是公共财产，_____。
（3）刀子会伤人的，小孩子_____。
（4）你闻闻，这么臭的东西_____还是_____？

4. 日常生活的小事随时跟她过不去。

"A跟B过不去"是一个口语格式，意思是某人或某种情况让另外的人或团体感到为难。"跟"也可以换成"和"，"跟"后面可以是人称代词，也可以是名词或名词词组。例如：

① 快乐是一种心情，自己可以把握，别总跟自己过不去。
② 请放心，他不会跟你过不去的。
③ 这家小报的记者总是和那家公司过不去。

▶ 试一试：用"A跟B过不去"完成句子
（1）你都闯红灯了，该罚，怎么能说是_____呢？
（2）老师是在讲道理，并不是_____。
（3）差不多就行了，为什么_____？
（4）人在寒冷的冬天容易生病，这坏天气_____。

5. 她还应邀为北京2008年奥运会做了很多事情。

"应邀"是一个动词，意思是"接受邀请"。使用中"应"和"邀"中间常插进名词、名词短语或代词，变成"应……（的）邀请"或"应……之邀"，表示"接受某人或某个团体的邀请"。例如：

① 11月，他将应邀访问中国。
② 他应科学院的邀请，作了一场科学报告。
③ 王教授应南方一所大学之邀前去讲学。

▶ 试一试：用"应邀"、"应……（的）邀请"完成对话

（1）A：桑兰也为奥运会做事情了吗？
　　　B：当然了，_____。

（2）A：听说他已经去美国了。
　　　B：对，他_____。

（3）A：哎呀，多漂亮的花！打算送给谁呀？
　　　B：_____，是送给朋友的。

## 综合练习

一、参考注释，理解新词，然后选词填空

1. 各界　　"~界"指一些有着相同专业、工作或性别等的社会成员的总体。例如：*体育界/文艺界/教育界/出版界/工商界/企业界/新闻界*。试着选择合适的词填到括号里。

（1）这些人都是（　　　）的知识分子。
（2）1米70这样的身体条件在（　　　）不算高。
（3）部分作者带着他们的作品，到会场和（　　　）的同事交流。
（4）通过（　　　）的努力，环境保护产业将有很大发展。

2. 当众　　"众"这个汉字由三个"人"字组成，意思是许多人。在"众"字前面加上不同的动词或其他修饰语，可以组成新词，意思是"（做）……的一群人"。例如：*听众/观众/民众/群众/公众/工农大众*。试着选择合适的词填到括号里。

（1）这些博物馆、纪念馆今年共免费接待（　　　）1800万人次。
（2）这家电台用40多种语言向全世界播出新闻，估计有一亿多（　　　）。
（3）作为（　　　）人物，体育明星也表示一定要尽到必要的社会责任。
（4）对占人口绝大多数的（　　　）来说，还是觉得有钱应该省着花。

二、把下面左边带有"~界"、"~众"的词语和右边对词语的解释连线

1. 科学界　　　　　　a. 书法绘画作品
2. 三八妇女节　　　　b. 歌唱演员
3. 文艺界　　　　　　c. 国际劳动妇女节
4. 美术界　　　　　　d. 从事科学研究工作
5. 众所周知　　　　　e. 许多人说同样的话
6. 人多势众　　　　　f. 饭做得很难适合每一个人的口味
7. 众口一词　　　　　g. 大家全都知道
8. 众口难调　　　　　h. 人多力量大

## 三、选择课文中学过的下列词语填空

绝望　　早日　　勉强　　如此　　不曾　　成千上万　　简直　　疲倦

1. 我认为你不必（　　　）艰难地继续做下去。
2. 18世纪之前，世界上（　　　）的植物没有统一的名称。
3. 这个时期的青少年应该严格要求自己，争取（　　　）成长起来。
4. 高明的治疗技术使许许多多（　　　）的人再次得到健康。
5. 在原始社会，人类靠打猎得到食物，只能（　　　）活着。
6. 他像个铁人，做起事来永远不知道（　　　）。
7. 听这样的音乐太让人伤心，（　　　）就是和自己过不去。
8. 他照样上班，好像任何事（　　　）发生过一样。

## 四、选词填空并朗读

1. 康复　恢复

   （1）祝两国早日（　　　）外交关系。
   （2）残疾儿童有5.14万人得到（　　　）训练。

2. 艰难　困难

   （3）（　　　）都是暂时的，只要有梦想，就不怕梦想无法实现。
   （4）是分手还是和好，他们俩都面临（　　　）的选择。

3. 如此　这样

   （5）如果听我的，也不会出现（　　　）后果。
   （6）他不怕死，他就是（　　　）的一个人。

4. 授予　给予

   （7）要从资金、人才、信息等方面（　　　）支持。
   （8）对有特别贡献的项目，经批准可（　　　）特等奖。

5. 股　条

   （9）大家一（　　　）心，一定要完成这项工作。
   （10）大家一（　　　）劲，都想争第一。

6. 疲倦　疲劳

   （11）千万不要（　　　）驾驶，以免发生交通意外。
   （12）他以学者的身份，不知（　　　）地向海内外读者介绍这部作品。

五、读下面的句子，然后判断哪些选项与句子的意思一致（有的可选择多项，对的画√）

1. 刚刚还是健康、充满活力的运动员，不幸却一下子落到她的头上来。（    ）

   A. 她以前很健康，充满活力。

   B. 不幸的是有东西掉到她的头上了。

   C. 不幸的事情来得很快。

2. 桑兰后来告诉记者，刚刚从手术中醒过来的那一刻她绝望过。（    ）

   A. 桑兰告诉记者她绝望了。

   B. 桑兰告诉记者她刚醒过来的时候绝望了，后来改变了。

   C. 无论多么坚强的人，有时候也会绝望。

3. 永不放弃是一种精神。我就不信我活不出个美丽的明天。（    ）

   A. 桑兰说的精神就是"永不放弃"。

   B. 桑兰说我不相信我能活出美丽的明天。

   C. 桑兰说我不相信我不能活出美丽的明天。

4. 桑兰觉得应该把自己得到的一切回报给社会，尤其是要为8700万中国残疾人多做一些事情。（    ）

   A. 中国一共有8700万残疾人。

   B. 桑兰认为应该用自己得到的一切感谢社会给她的帮助。

   C. 桑兰特别要为中国的残疾人多做事情。

5. 当她回忆十来年走过的道路时，就好像打翻了五味瓶一样，甜酸苦辣咸各种味道都有。

   （    ）

   A. "五味"除了甜、酸、苦、辣以外，还有一味是"咸"。

   B. 桑兰在回忆过去发生的事情时，不小心打翻了五味瓶。

   C. 桑兰在回忆过去发生的事情时，觉得自己尝到了生活的各种味道。

六、用所给的词语或格式完成对话

1. A：他们俩长得像不像？

   B：_____（简直）

2. A：我一直肚子疼，一点儿也不想吃东西。

   B：_____（勉强）

3. A：你说说，他是一个什么样的人？

   B：_____（多项定语）

4. A：桑兰受伤后，她能像正常人那样生活吗？

   B：_____（艰难）

5. A：周末你打算去干什么？
   B：＿＿＿＿＿＿＿＿＿＿＿＿＿＿＿＿＿＿＿＿＿＿（应……（的）邀请）

6. A：他这样说了，你就得相信吗？
   B：＿＿＿＿＿＿＿＿＿＿＿＿＿＿＿＿＿＿＿＿＿＿（V得/V不得）

7. A：我非要把他做的坏事都告诉大家不可。
   B：算了吧，＿＿＿＿＿＿＿＿＿＿＿＿＿＿＿＿＿＿（跟……过不去）

8. A：他不负责任，你怎么也不负责任？
   B：唉，＿＿＿＿＿＿＿＿＿＿＿＿＿＿＿＿＿＿＿＿（V到N头上来）

9. A：你得好好儿管管你的孩子啦！
   B：＿＿＿＿＿＿＿＿＿＿＿＿＿＿＿＿＿＿＿＿＿＿（$V_1$也$V_1$不得，$V_2$也$V_2$不得）

## 七、用所给的词语或格式改写句子

1. 我是在为你说话呢，你为什么骂我？
   ＿＿＿＿＿＿＿＿＿＿＿＿＿＿＿＿＿＿＿＿＿＿（V到N头上来）

2. 他已经很努力了，可是命运仍然在为难他。
   ＿＿＿＿＿＿＿＿＿＿＿＿＿＿＿＿＿＿＿＿＿＿（跟……过不去）

3. 腿摔坏了以后，他不能走也不能站，只好躺在床上。
   ＿＿＿＿＿＿＿＿＿＿＿＿＿＿＿＿＿＿＿＿＿＿（$V_1$也$V_1$不得，$V_2$也$V_2$不得）

4. 我接受他的邀请去他的家乡做客。
   ＿＿＿＿＿＿＿＿＿＿＿＿＿＿＿＿＿＿＿＿＿＿（应邀）

5. 桑兰一直记得她受伤后，得到过社会各界成千上万人的关心和照顾。
   ＿＿＿＿＿＿＿＿＿＿＿＿＿＿＿＿＿＿＿＿＿＿（不曾）

6. 那是一只很可爱的小毛驴，看得出脸上有一股倔劲。
   ＿＿＿＿＿＿＿＿＿＿＿＿＿＿＿＿＿＿＿＿＿＿（透出）

## 八、根据记忆，试着补出下面课文中没有出现的词语

她的双手改变了形状，右手（① ＿＿＿）摸到头顶。她想靠自己翻身，却（② ＿＿＿），想靠自己的力气从（③ ＿＿＿）里移到床上，却（④ ＿＿＿）。她的手指还是不能动，（⑤ ＿＿＿）手被热水烫坏了她都不知道。日常生活的小事随时跟她（⑥ ＿＿＿）。就拿在家来说吧，正常高矮的电灯开关，在桑兰看来（⑦ ＿＿＿）太高了，根本够不着。厨房的地面比客厅的低，轮椅进去就出不来，用力过大，轮椅就有可能向后翻过去……在家（⑧ ＿＿＿），出门坐火车、乘飞机、住旅馆、上大学，要完成这些复杂的活动该有多么（⑨ ＿＿＿）就可想而知了。

## 九、根据课文内容、下面的表达方式和下面的提示完成对话

表示不能肯定：不知道　说不好　说不准　恐怕

表示担心：为……担心　要是……怎么办　让……担心

表示相信：相信　错不了　会……的

表示希望：希望　恨不得　……能……就好了

A：如果你是桑兰，只能一辈子坐在轮椅里，你还笑得出来吗？

B：① _____

_____

（不能肯定地回答，说明为什么）

A：是啊。桑兰伤得那么严重，该有多痛苦啊！

B：② _____

_____

（表示担心：命运　跟……过不去）

A：十一年过去了，事实证明桑兰确实很有勇气。

B：③ _____

_____

（表示同意，提到桑兰的表现和"小毛驴的倔劲"有关系）

A：我觉得桑兰在今后的日子里会越来越坚强。

B：④ _____

_____

（表示相信）

A：咱们都是年轻人，会不会也碰到什么意外？

B：⑤ _____

_____

（不能肯定地回答，假设出现意外，说明自己的态度）

A：希望你能说到做到。

B：⑥ _____

_____

（假设A出现意外，表示自己对A的希望）

## 十、阅读短文，回答问题

在写我的传记的过程中，第一次让我认真地从1998年一点一滴地开始回忆。一直到今天才发现，我上了自己的当。于是，我责备自己，本来已经过去的11年，干吗非要把它捡回来？难道想起1998年7月21日这一天，你的心就不疼吗？

我只能给自己算算前面的账，1年365天，每天10粒药，一年=3650粒药，从1998年受伤到现在总共11年零5个月，总共服用了4万多粒药。假如用药瓶装起来，总共要用掉750个药瓶子。未来的账还没有算过，假如还有3个11年，也许我会吃掉一个药店全年存的治疗我这种病的药。

传记从第一个字到最后一个字，那写的都是一种成长，但也不难看出，自己已经把一些东西放下了。其实放下很难，尤其是已经获得的一切。

当我的传记即将出版的时候，我总结了这么多年指引我的希望——坚强，这个词被广泛地解释为"永不放弃"。但，我又总结出，这么多年也有一个词支撑着我的信念（xìnniàn，faith）——"放下"：放下了运动场，放下了冠军梦，放下了健全的身体，放下了许多本该属于自己的东西。

（选自桑兰博客）

1. 桑兰完成了一部什么样的书？
2. 她愿意回忆1998年7月21日发生的事情吗？
3. 桑兰算了一笔什么账？
4. 在桑兰坚强的后面你又看到了什么？
5. 和"坚强"意思差不多的词语是什么？
6. 桑兰所说的"放下"是什么意思？
7. 请给短文加一个恰当的标题：_____

## 十一、说一说，写一写

用下面给出的词语介绍桑兰（100～150字）。

体操　治疗　绝望　康复　笑容　艰难　轮椅　毛驴　英雄　回报　爱心

### 十二、走出课堂，拓展学习

1. 用搜索的方式在网上查找桑兰的博客，了解更多桑兰的想法和她的生活状况。
2. 你看过残疾人表演的舞蹈《千手观音》吗？请找来这个舞蹈的视频（video）看一看，了解一下更多像桑兰一样坚强的中国残疾人。
3. 你听说过"中国残疾人联合会"这个组织吗？如果想了解更多关于中国残疾人的情况，可以采访一些中国朋友，也可以搜索这个组织的网站进一步了解情况。
4. 把你了解到的上述三个方面的情况带回课堂，向老师和同学介绍介绍。

# 再平凡也可以活成一座丰碑

## 题 解

这是一个真实的故事：一位贫穷的老人，花了十年的时间，喂养和照顾了千千万万只红嘴鸥。活着，他平凡得几乎没人知道；死后，他永远活在了人们心中。

## 词语学习

01

| 1. | 平凡 | píngfán | 形 | ordinary |
| 2. | 丰碑 | fēngbēi | 名 | monument |
| 3. | 退休 | tuìxiū | 动 | to retire |
| 4. | 迟疑 | chíyí | 形 | hesitant |
| 5. | 撒 | sǎ | 动 | to spread, to strew |
| 6. | 感受 | gǎnshòu | 名/动 | feeling; to feel |
| 7. | 依依不舍 | yīyī bù shě | 成 | to be reluctant to part |
| 8. | 生育 | shēngyù | 动 | to give birth to |
| 9. | 开销 | kāixiāo | 名 | expense |
| 10. | 粥 | zhōu | 名 | porridge |
| 11. | 树枝 | shùzhī | 名 | twig, branch |
| 12. | 燃料 | ránliào | 名 | fuel |
| 13. | 如期而至 | rúqī ér zhì | | to come on schedule |
| 14. | 预料 | yùliào | 动 | to anticipate, to expect |
| 15. | 日益 | rìyì | 副 | increasingly, day by day |
| 16. | 佝偻 | gōulóu | 动 | to stoop |
| 17. | 照看 | zhàokàn | 动 | to look after |
| 18. | 伤害 | shānghài | 动 | to harm |

| | | | | |
|---|---|---|---|---|
| 19. | 几乎 | jīhū | 副 | almost |
| 20. | 眨 | zhǎ | 动 | to blink, to wink |
| 21. | 游客 | yóukè | 名 | tourist |
| 22. | 导游 | dǎoyóu | 名 | tour guide |
| 23. | 雪白 | xuěbái | 形 | snow-white |
| 24. | 飞舞 | fēiwǔ | 动 | to dance in the air |
| 25. | 和谐 | héxié | 形 | harmonious |
| 26. | 乐趣 | lèqù | 名 | joy |
| 27. | 融洽 | róngqià | 形 | on good terms |
| 28. | 摄影 | shèyǐng | 动 | to take a photograph |
| 29. | 嬉戏 | xīxì | 动 | to frolic |
| 30. | 镜头 | jìngtóu | 名 | shot, scene |
| 31. | 看望 | kànwàng | 动 | to see, to visit |
| 32. | 吃惊 | chījīng | 动 | to be taken aback |
| 33. | 去世 | qùshì | 动 | to pass away, to die |
| 34. | 发布 | fābù | 动 | to issue, to release |
| 35. | 凄厉 | qīlì | 形 | (of sound) sad and shrill, heartrending |
| 36. | 吊唁 | diàoyàn | 动 | to mourn the dead and offer condolences to the bereaved |
| 37. | 情景 | qíngjǐng | 名 | scene |
| 38. | 主动 | zhǔdòng | 形 | initiative |
| 39. | 免费 | miǎn fèi | 动 | to be free of charge |
| 40. | 协会 | xiéhuì | 名 | association |
| 41. | 青铜 | qīngtóng | 名 | bronze |
| 42. | 雕像 | diāoxiàng | 名 | statue |
| 43. | 自发 | zìfā | 形 | spontaneous |
| 44. | 提议 | tíyì | 动 | to suggest, to propose |
| 45. | 品德 | pǐndé | 名 | moral character |

## 走进课文

### 再平凡也可以活成一座丰碑

他是一个称得上可怜的老头儿。他一生无儿无女,从一家工厂退休后,一个人住在昆明[1]城外,生活十分贫穷,家里没有一件像样的东西。因为退休了,有的是[2]时间,有时候他也会到市中心的翠湖公园走走、看看。

1985年11月的一天,老人在翠湖边上碰到了一群从没见过的"客人"——一群从西伯利亚[3]飞来的鸟儿,它们的嘴和脚都是红色的,身长多在31~40厘米之间。平时就喜欢花鸟的老人知道,这是红嘴鸥[4],由于北方的冬天太冷,它们才来到这里。老人毫不迟疑,马上从商店里买来了一些饼干等食品,撒向鸟群……鸟儿随着老人的手起手落而上下飞舞,享受着美食。这一天,老人从鸟儿快乐的飞舞中感受到了从来没有过的开心和快乐。

这一年,6000多只红嘴鸥在昆明一待就是几个月,直到来年的3月才依依不舍地离去。那时,北方已经春暖花开、食物充足,更何况,它们还要回到那儿生育儿女。这几个月,老人不管刮风

1. 为什么说他是一个可怜的老头儿?
2. 说说他退休以后的生活情况。

3. 老人什么时候、在哪儿碰到了谁?
4. 红嘴鸥长什么样子?从哪儿来?它们为什么飞到昆明?

5. 老人见到红嘴鸥以后做了什么事情?他的心情怎么样?

6. 红嘴鸥什么时候来到昆明?什么时候离开?

---

1. 昆明(Kūnmíng):云南省省会,因四季如春,又叫"春城"。城里有一座环境优美的翠(Cuì)湖公园。
2. 有的是(yǒudeshì):放在名词前后,强调很多(不怕用完)。例如:我不急,以后有的是机会。/他有的是钱,却从不乱花。
3. 西伯利亚(Xībólìyà):俄罗斯境内的一大片土地。
4. 红嘴鸥(Hóngzuǐ'ōu):英文名字叫black-headed gull,是中国南方冬季常见的一种鸟,大小跟鸽子差不多,头大,嘴小而红。

下雨，每天都用一个大大的布包带着喂鸟的食物来到湖边，他给鸟儿们喂食，和鸟儿们一起开心地玩儿……

红嘴鸥不来，老人的生活还可以，它们一来，老人的开销突然就大了起来，总共300多块钱的退休工资月月用得一分不剩。

红嘴鸥走了，老人的日子就过得"小气"起来：一个馒头一碗粥，没什么菜，这就是他的一顿饭；他从来舍不得坐公共汽车，无论到哪儿，无论有多远，他都坚持走路；而每次出门，他都背着一个破布包，为的是沿路捡一些干树枝什么的拿回家当燃料……邻居问他为什么这么小气，他笑笑说："来年红嘴鸥还会来，而且会来得更多，不存点儿钱，我怕养不起它们呢。"

第二年，第三年……红嘴鸥如期而至，而且，如老人预料的那样，鸟儿日益增多。老人每天佝偻着背，走两三个钟头的路来到翠湖边喂养它们、照看它们，不让任何人伤害它们。他自己却这也舍不得吃，那也舍不得吃。用旧瓶子装的茶水和两个干馒头就是老人用来填饱肚子的饭，几乎每天都是这样。但四五块钱一斤的饼干，他一买就是一大布袋，眼睛都不眨一下[5]。给红嘴鸥吃的饼干，他从来都不吃一块。有时候，没有钱买饼干或者想给红嘴鸥换换口味的时候，老人干脆就亲自给鸟儿们做好吃的东西。一天又一天，

7. 红嘴鸥为什么不继续住在昆明？（回答时请在第三个理由前用上"更何况"）
8. 红嘴鸥来昆明前后，老人的生活发生了什么样的变化？

9. 红嘴鸥飞走后，老人怎么过日子？
10. 老人为什么这么节省？

11. 第二年、第三年发生了什么事？
12. 老人怎样预料飞回昆明的红嘴鸥数量？事实又是怎样？
13. 老人每天为红嘴鸥做什么事情？
14. 老人每天自己吃什么？给红嘴鸥吃什么？

---

5. **眼睛都不眨一下**：原意指看东西非常专心，这里表示不用多想，毫不犹豫地做事。例如：他一直看着那张画儿，眼睛都不眨一下。/他花钱大方，买东西时眼睛都不眨一下。

一年又一年,红嘴鸥认识了这个佝偻着背的老人,只要老人一来,鸟儿们就会围绕着他好久不肯散去。

慢慢地,外地游客在冬、春两个季节来昆明游览时,到翠湖去看红嘴鸥成了导游首推的美丽风景——红嘴鸥胸部雪白,成群飞起来时就像无数的雪片在天上飞舞,这让一批又一批游客感受到了人与鸟儿和谐相处的乐趣。游客们为人与自然的融洽感动着,甚至来不及去注意这群鸟儿为什么总是围着一位老人来回飞舞。直到1995年冬天,当地的一位摄影家跟在老人后面,拍到了老人大声叫着鸟儿的名字嬉戏的一个个镜头……

有一天,摄影家发现老人有好几天没来喂红嘴鸥了。他开车来到老人的家看望,却吃惊地发现老人已经去世了。摄影家在老人经常喂鸟的地方发布了老人去世的消息,把老人喂鸟的照片摆在那儿。没想到,照片一摆上,无数的红嘴鸥就开始在老人照片的上空来回飞舞。它们凄厉地叫着,好像一群被老人丢下的儿女,很久很久都不愿离去……

"鸟儿为人吊唁"的情景在昆明人中间一传十,十传百[6],很快,全城的人都知道了这位叫吴庆恒的"海鸥老人"。吴庆恒老人去世后,不少人担心,没有人喂鸟,春城昆明就没有"人鸟共戏"的特别美景了。于是,他们自发地接了他

15. 红嘴鸥和老人的关系怎么样?

16. 外地游客在翠湖可以看到什么样的美丽风景?

17. 外地游客看到美丽风景后感受到了什么?

18. 有一天,摄影家发现了什么?
19. 老人为什么没有喂红嘴鸥?
20. 老人去世后,摄影家做了什么?他发现红嘴鸥怎样对待老人?

21. 昆明人听说老人去世后,他们最担心什么?

---

6.一传十,十传百:形容消息、名声等传播得非常快。例如:他下水救人的事情一传十,十传百,人们都被他的行为感动了。/这家企业的好名声一传十,十传百,很多厂家找上门来做生意。

的"班",每年坚持自费买吃的东西给鸟儿们喂食。听说红嘴鸥的"口粮"不足,一家企业的老板主动要求每年拿出10万元给昆明爱鸟协会,让他们生产鸟食,供大家免费喂养红嘴鸥;而昆明市政府也把临时到这儿过冬的红嘴鸥当做"自己养的鸟",拨出专门的钱给红嘴鸥做面包……为了纪念吴庆恒老人,人们还把他喂养红嘴鸥的故事写进了课本。吴庆恒老人生前都想不到的是,他去世10年后,又回到了鸟儿们的中间:他坐在水边,面带微笑,一只手捧满鸟食伸向空中。在他的手上、身上,停满了他最爱的红嘴鸥……这是一座青铜雕像,雕像是昆明人民在老人去世10周年时自发提议和捐钱建造的。

22. 昆明人为红嘴鸥做了哪些事情?为老人做了哪些事情?

一座雕像把人、鸥和谐相伴的美景永远地留在了翠湖边上,同时也向人们明白地表示:追求和谐,是树立在每一个热爱自然、热爱生命的人心中的丰碑!而一个人只要能坚持美好的品德和到死也不改变的付出,哪怕他再平凡、再普通,也可以活成人们眼中的丰碑!

23. 纪念老人的雕像表示什么样的意思?

(选自《读者》,作者谢胜瑜)

## 综合注释

1. <u>再</u>平凡<u>也</u>可以活成一座丰碑。

"再……也……"是一个常用格式，表示不管在什么情况或条件下，结果都不会改变。"再"后面常跟形容词或带有形容词的名词词组，有时也可以跟动词或动词词组，表示任何情况或条件；"也"后面是动词或动词词组，表示不会改变的结论。例如：

① 你<u>再</u>忙<u>也</u>得给父母打个电话。
② 如果用不着，<u>再</u>便宜的东西<u>也</u>不应该买。
③ 他<u>再</u>想家，<u>也</u>不能没放假就回去。

▶ 试一试：用"再……"或"也……"完成句子

（1）外面的雨下得再大，＿＿＿＿＿＿＿＿＿＿＿＿＿＿＿＿。
（2）再聪明的人，如果不努力，＿＿＿＿＿＿＿＿＿＿＿＿＿＿＿＿。
（3）只要我喜欢的东西，＿＿＿＿＿＿＿＿＿＿＿＿＿＿＿＿我也要买。
（4）＿＿＿＿＿＿＿＿＿＿＿＿＿＿＿＿＿，那个女孩子也不愿意嫁给他。

2. 那时，北方已经春暖花开、食物充足，<u>更何况</u>，它们还要回到那儿生育儿女。

"何况"连接前后两个或更多小句，构成递进复句，常用于书面语。后面的小句表示更进一层，常用来补充说明理由。"何况"前有时可以加上"更"、"又"，强调比较或增加。例如：

① 我喜欢聪明的男孩儿，<u>何况</u>他长得还这么帅。
② 坐在电视机前看球也不错，<u>更何况</u>，这样还可以省下路费和门票钱。
③ 自己是男子汉，有足够的能力，<u>又何况</u>，她很少求人办事，我为什么不去帮她呢？

▶ 试一试：按照提示，用"何况"完成对话

（1）A：他都退休了，还买得起大房子吗？
    B：＿＿＿＿＿＿＿＿，何况＿＿＿＿＿＿＿＿，当然买得起。
    　　　　　　　　　　　　　　　　　　　　（有存款　儿女们帮助）

（2）A：你为什么又不想出国留学了？
    B：＿＿＿＿＿＿，＿＿＿＿＿＿，又何况＿＿＿＿＿＿。
    　　　　　　　　　　　　　（父母年纪大　身体不好　没有奖学金）

（3）A：你为什么选择这种车？
    B：＿＿＿＿＿＿，＿＿＿＿＿＿，更何况＿＿＿＿＿＿，是辆好车。
    　　　　　　　　　　　　　　　　　　　　（颜色　样子　省油）

（4）A：游客为什么都喜欢到北京旅游？

B：＿＿＿＿＿＿＿＿＿＿，＿＿＿＿＿＿＿＿＿＿，何况＿＿＿＿＿＿＿＿＿＿＿＿。

（古迹　现代建筑　好吃的饭菜）

3. 红嘴鸥<u>不</u>来，老人的生活还可以，它们<u>一</u>来，老人的开销突然就大了起来。

"不V……，一V……"是一个固定格式，表示前后两种情况形成鲜明的对比。"不"和"一"后面使用相同的动词，也可以是动词词组。例如：

① <u>不</u>比不知道，<u>一</u>比吓一跳，原来，这里的问题还真不少呢。

② 他<u>不</u>说话还好，<u>一</u>说话把我气得要死。

③ 我<u>不</u>想这些事不生气，<u>一</u>想这些事就睡不着觉。

▶ 试一试：用"不V……，一V……"格式完成句子

（1）不听（这坏消息）还可以，＿＿＿＿＿＿＿＿＿＿。

（2）不学还不知道（自己错在哪儿），＿＿＿＿＿＿＿＿＿＿。

（3）＿＿＿＿＿＿＿＿＿＿，一看报才知道大风降温了。

（4）＿＿＿＿＿＿＿＿＿＿，一养狗就喜欢上了。

4. 他自己却<u>这也</u>舍<u>不</u>得吃，<u>那也</u>舍<u>不</u>得吃。

"这/那也不……，那/这也不……"是一个固定格式，"这"和"那"分别代表不同的事物或行为；"不"后面经常跟着单个动词、形容词，或者在"这也"、"那也"后面分别加上"V不……"格式，表示否定。说话人多带有不满意的态度，常用在口语中。例如：

① 他<u>这也不</u>借，<u>那也不</u>借，显得特别小气。

② 家长急了以后什么都说，骂孩子<u>这也不</u>行，<u>那也不</u>行，结果伤害了孩子的自尊心。

③ 他挑选了半天，还是觉得<u>这也不</u>好，<u>那也不</u>好，竟没有一个看得上的。

④ 你<u>这也</u>干<u>不</u>了，<u>那也</u>干<u>不</u>了，我想知道你到底能干什么？

▶ 试一试：根据语境，用"这/那也不……，那/这也不……"完成句子

（1）他们总是喜欢说＿＿＿＿＿＿＿＿＿＿＿＿＿＿＿＿，就是不说怎么做才对。

（2）出那么远的门得多带点儿东西，可是＿＿＿＿＿＿＿＿＿＿＿＿＿＿，到时候你用什么呀？

（3）那孩子吃东西挑来挑去，＿＿＿＿＿＿＿＿＿＿＿＿，我看当父母的该想想办法了。

（4）＿＿＿＿＿＿＿＿＿＿＿＿，那你到底能干什么呢？

5. 没有人喂鸟，春城昆明就没有"人鸟共戏"的特别美景了。

"没有A就没有B"是一个固定格式，"A"指一种事物或情况存在的前提，"B"表示结果。有了A，才能有B。例如：

① 没有水，就没有这座城市，因此我提议：人人都要爱护这条河。
② 没有想象，也就没有创造。
③ 没有改革开放政策，就没有今天中国社会的大发展。

▶ 试一试：根据语境，用"没有A就没有B"完成语段

（1）对于先有鸡还是先有蛋，一直有不同的看法。有的人说：_____
_____；有的人说，_____。你怎么看呢？

（2）商店里的东西太多了，我都不知道买什么好。朋友告诉我，好好比较一下，再作出选择。我觉得他说得对。_____。

（3）青年人是最有生命力的，他们是人类的希望和未来。_____
_____。

（4）全球化使移民现象日益增多，移民工人为全球经济的发展作出了重要的贡献。
_____。

## 综合练习

一、参考注释，理解新词，然后选词填空

1. 食品　　"~品"指物品、东西（article, thing）。例如：用品/纪念品/礼品/奖品。试着选择合适的词填到括号里。

（1）新年快到了，你给朋友准备好（　　　　）了吗？
（2）这是你的办公（　　　　），请收好。
（3）他比赛得了第一，（　　　　）是一台电脑。

2. 食物　　"~物"指东西（thing）。例如：公物/文物/废物。试着选择合适的词填到括号里。

（1）这些古字画是珍贵的（　　　　）。
（2）（　　　　）不全是没有用的东西，有的还可以再利用。
（3）这是（　　　　），不能破坏。

二、根据新学的语素"品"和"物",把下列词语归一归类

1. 香蕉　香肠　苹果　冰淇淋　牛肉　鸡　蛋糕　橘子

    肉食品:

    果品:

    甜品:

2. 商代青铜器　羊　花草　字画　红嘴鸥　老虎　玉米　麦子　秦兵马俑

    文物:

    动物:

    植物:

三、选择课文中学过的下列词语填空

　　平凡　　开销　　小气　　日益　　和谐　　免费　　吃惊　　主动

1. 一杯咖啡的钱都不肯花,你也太(　　　)了吧?
2. 天下没有(　　　)的午餐,只有靠自己的努力才能过上好日子。
3. 他一生都在做(　　　)而伟大的工作。
4. 我真的很(　　　),我简直不敢相信这个不幸的消息。
5. 他又抽烟又喝酒,每个月的(　　　)很大。
6. 等机会不如(　　　)去找机会。
7. 他兴趣广泛,能与人(　　　)相处。
8. 面对地球(　　　)严重的人口压力,人类应当引起重视。

四、选词填空并朗读

1. 平常　　平凡

    他在(　　　)的岗位上成就了伟大的事业。

2. 日益　　更

    做鱼时放一点儿酒,口味(　　　)好。

3. 照看　　照顾

    他去世前一天还在(　　　)自己的小杂货店。

4. 兴趣　　乐趣

    人造滑雪场给游客带来了节日的(　　　)。

5. 访问　　看望

    父亲生病的时候,他一星期总要(　　　)父亲几次。

6. 自发　主动

　　喝完茶，他（　　　　）邀请我到翠湖公园去喂鸟。

## 五、用所给的词语或格式完成句子

1. 放假了，_____，打算去趟昆明。（有的是）
2. 逛街是很多女孩子最喜欢做的事，_____。（更何况）
3. 朋友_____，我还有时间学习；_____。
　　　　　　　　　　　　　　　　　　　　　　　　　（不V……，一V……）
4. 除了我，全班_____。（几乎）
5. 游客们觉得口味相当好，_____，结果，
　　来这家饭馆_____。（一传十，十传百）
6. 他是给我带来好运的人，_____。
　　　　　　　　　　　　　　　　　　　　　　　　　（没有……就没有……）

## 六、用所给的词语或格式改写句子

1. 即使生活贫穷，他照样愿意为需要帮助的人捐钱。（再……也……）
　　_____
2. 他不喜欢运动，不喜欢看书，不喜欢摄影，只喜欢睡大觉。
　　　　　　　　　　　　　　　　　　　（这/那也不…，那/这也不……）
　　_____
3. 他本来就小气，更何况昨天又丢了钱，你就别拿他开心了。（再说）
　　_____
4. 以前我对此事一无所知，听他说完后我才知道。（不V……，一V……）
　　_____
5. 颜色是人类生活不可缺少的东西。有了色彩，才有美丽的生活。
　　　　　　　　　　　　　　　　　　　　　　　（没有……就没有……）
　　_____
6. 人生中存在很多有乐趣、有意义的事物。（有的是）
　　_____

## 七、根据记忆，试着补出下面课文中没有出现的词语

　　这一年，6000多只红嘴鸥在（①　　　　）一待就是几个月，直到来年的3月才（②　　　　）地离去。因为那时，北方已经春暖花开、食物充足，更（③　　　　），它们还要回到那儿（④　　　　）儿女。这几个月，老人不管刮风下雨，每天都用一个大大的布包带着喂鸟的（⑤　　　　）来到湖边，他来给鸟儿们喂

食，和鸟儿们一起开心地玩儿……红嘴鸥（⑥　　　），老人的生活还可以，它们（⑦　　　），老人的（⑧　　　）突然就大了起来，（⑨　　　）300多块钱的退休工资月月用得一分不剩。

八、看图片，根据课文内容、下面的表达方式和提示完成对话

表示肯定：是　　对　　当然了
表示知道：听说　　……告诉我　　从……看到/听到
表示同意、赞成：是啊　　我也这么看　　你说的一点儿也不错
提出建议：我们是不是……　　我有个主意　　……，好吗

A：这就是昆明人自发提议给那位老人捐钱制造的雕像吗？
B：①_____
　　　　　　　　　（肯定回答，说明制造雕像的时间）

A：这座雕像就在昆明翠湖公园的湖边吗？
B：②_____
　　　　　　（表示知道，说明这是老人曾经喂养红嘴鸥的地方）

A：那些红嘴鸥多可爱呀！
B：③_____
　　　（表示赞同，描述红嘴鸥的外形，介绍它们从哪儿来、为什么到昆明）

A：这些鸟儿真像是老人的儿女，它们好像争着和老人聊天儿似的。
B：④_____
　　　　　　　　（说明红嘴鸥为什么和老人那么亲近）

A：没有人喂鸟，春城昆明就没有"人鸟共戏"的美景，你想去昆明喂鸟吗？
B：⑤_____
　　　　　（肯定回答，提议去昆明，建议去的时间和去的方式）

A：好，就照你说的办。

九、阅读短文，回答问题

　　听到老人去世的消息，我们把他最后一次喂鸟儿的照片放大，带到了翠湖边。想

不到的事情发生了——一群红嘴鸥突然飞来，围着老人的遗像飞舞盘旋，连声叫着，叫声和姿势与平时大不一样，像是发生了什么大事。我们急忙从老人的照片旁退开，为鸟儿们让出了一片空地。

红嘴鸥拍打着翅膀（chìbǎng，wing），一只挨一只飞到老人遗像前的空中，像是前来吊唁的亲属。照片上的老人注视着与他相伴了多少个冬天的"儿女"们。过了一会儿，它们纷纷落地，竟在老人遗像前后站成了两行。它们一动不动，像是在为老人守灵（shǒulíng，to stand guard at the bier）。

当我们不得不去收起遗像的时候，红嘴鸥们一下子朝遗像扑过来。它们大声叫着，翅膀扑得那样近，我们好不容易才从鸟群中脱出身来。

在为老人举行的葬礼（zànglǐ，funeral ceremony）上，我们抬着那幅遗像慢慢走着。老人背着那个蓝布包，好像还在呼唤着鸟儿们。他的心里，一定是飞翔的红嘴鸥。

（选自邓启耀《老人与海鸥》）

1. 红嘴鸥刚一看到老人的照片后做了什么？为什么？
2. 红嘴鸥怎样吊唁吴庆恒老人？
3. 请给短文加一个恰当的标题：_____

## 十、说一说，写一写

用下面给出的词语介绍吴庆恒老人（100~150字）。

退休　贫穷　毫不迟疑　撒　开心　小气　舍不得　照看　美好　平凡　丰碑

## 十一、走出课堂，拓展学习

1. 在中国地图上找到云南昆明的位置，在互联网上找一找昆明的风景照片，了解更多关于昆明的情况。

2. 问问中国六年级以上的学生，是不是知道吴庆恒老人的故事。

   （1）自己或请别人帮忙找一个六年级以上的学生。
   （2）打电话给他或者和他见面。
   （3）询问他是不是学过关于吴庆恒老人和海鸥的课文。
   （4）询问他学习后的感想。
   （5）根据这个学生的介绍再提出一个问题。
   （6）结束谈话，表示感谢。

   上课的时候，把和这个学生交流的情况告诉老师和同学。

3. 把吴庆恒老人和红嘴鸥的故事讲给别人听，听听他们的感受。

   （1）选择一个讲述的对象：朋友、家里人、中学同学……
   （2）告诉他们，自己听到了吴庆恒老人和红嘴鸥的故事后很感动。
   （3）把故事的主要内容讲出来。
   （4）记住听故事的人有什么看法。

   上课的时候，把讲故事的情况告诉老师和同学。

# 语言点小结（一）

**补语（1）**

1. 结果补语

    这本书我早就学完了。

    酒都被我们喝光了。

    老师说的话我都能听懂。

2. 趋向补语

    你能自己走过来吗？

    这事得赶快定下来，不然来不及了。

    我开车把你送回家去吧。

# 从"鸡毛换糖"到"世界超市"

## 题 解

义乌——古代以孝顺得名；如今，又以"小商品海洋，购物者天堂"的称号闻名天下。30年，在历史长河中极其短暂，义乌人千辛万苦走过这30年后，奇迹般地点亮了中国农民追求幸福的希望。

## 词语学习

1. 超市　　chāoshì　　名　　supermarket
2. 建　　　jiàn　　　动　　to build
3. 商人　　shāngrén　　名　　businessman
4. 优势　　yōushì　　　名　　superiority
5. 批发　　pīfā　　　　动　　to sell by wholesale
6. 奇迹　　qíjì　　　　名　　wonder, miracle
7. 之　　　zhī　　　　助　　*used between an attribute and the word it modifies*
8. 所谓　　suǒwèi　　　形　　what is called
9. 担子　　dànzi　　　　名　　carrying pole and the loads on it
10. 肥料　　féiliào　　　名　　fertilizer
11. 普及　　pǔjí　　　　动　　to popularize
12. 亩　　　mǔ　　　　　量　　a Chinese unit of area (≈666.7 square meters)
13. 只能　　zhǐ néng　　　　　cannot but
14. 守　　　shǒu　　　　动　　to abide by, to adhere
15. 本地　　běndì　　　　名　　this locality
16. 甘蔗　　gānzhe　　　　名　　sugarcane

| 17. | 户 | hù | 名 | family, household |
| 18. | 流动 | liúdòng | 动 | (*as opposed to "fixed"*) to go from place to place |
| 19. | 末 | mò | 名 | end |
| 20. | 沉重 | chénzhòng | 形 | heavy |
| 21. | 遭受 | zāoshòu | 动 | to suffer |
| 22. | 一心 | yìxīn | 副 | wholeheartedly |
| 23. | 把 | bǎ | 量 | *added to such measure words as* 百, 千, 万, 里, 丈, 顷, 斤, 个 *to indicate the approximate number* |
| 24. | 担 | dàn | 量 | *used for things carried on a shoulder pole* |
| 25. | 独自 | dúzì | 副 | alone |
| 26. | 赚 | zhuàn | 动 | to make a profit, to earn |
| 27. | 以便 | yǐbiàn | 连 | so that |
| 28. | 疙瘩 | gēda | 名 | lump |
| 29. | 信念 | xìnniàn | 名 | faith |
| 30. | 团聚 | tuánjù | 动 | (oft. of family members) to reunite |
| 31. | 绝 | jué | 副 | (*usu. used in the negative*) absolutely |
| 32. | 吃苦 | chī kǔ | 动 | to bear hardships |
| 33. | 挣 | zhèng | 动 | to earn |
| 34. | 准确 | zhǔnquè | 形 | exact, accurate |
| 35. | 废品 | fèipǐn | 名 | waste, junk |
| 36. | 竟 | jìng | 副 | unexpectedly, aetually |
| 37. | 依据 | yījù | 介 | according to |
| 38. | 经营 | jīngyíng | 动 | to manage, to operate, to run |
| 39. | 资金 | zījīn | 名 | capital, fund |
| 40. | 种类 | zhǒnglèi | 名 | kind, type |
| 41. | 随着 | suí zhe | | along with, following |
| 42. | 摊 | tān | 名 | stall, booth |

| 43. | 聚集 | jùjí | 动 | to get together, to gather |
| 44. | 整 | zhěng | 形 | whole |
| 45. | 天下 | tiānxià | 名 | land under heaven, country, world |
| 46. | 唯一 | wéiyī | 形 | only |
| 47. | 额 | é | 名 | specified number, sum or amount |
| 48. | 盏 | zhǎn | 量 | used for lamps, etc. |
| 49. | 追求 | zhuīqiú | 动 | to seek, to pursue |

## 走进课文

### 从"鸡毛换糖"到"世界超市"

义乌[1]是一座建在市场上的城市，每天有30万中外商人在这里谈生意，10万吨商品从这里流向215个国家和地区，义乌被人们称为"世界超市"。但是，让很多经济学家不明白的是，义乌既不靠着江海，也无资源优势，更没享受国家特殊政策，却在短短30年间，从一个小小的县城，发展成中国甚至是世界的小商品批发超市。义乌人是怎样创造的这个奇迹呢？

走进这个城市，你就会看到一座雕像，名叫"鸡毛换糖"：一位手摇拨浪鼓[2]的生意人似乎在介绍，义乌这个"鸡毛换糖"之乡，究竟是怎样发展成为"世界超市"的？所谓"鸡毛换糖"，就是挑着担子换杂物。那时，义乌人不这样干就

> 1. 义乌为什么被人们叫做"世界超市"？
> 
> 2. 让很多经济学家不明白的事情是什么？
> 3. 什么是小商品？
> 
> 4. 走进义乌，人们会看到一座什么样的雕像？
> 5. 什么叫做"鸡毛换糖"？

---

1. 义乌（Yìwū）：城市名，在浙江省的东部。
2. 拨浪鼓（bōlanggǔ, drum-shaped rattle）：带把儿的小鼓，小鼓两旁有系在绳子上的鼓槌，拿在手里来回转动时，鼓槌敲打鼓面，发出声音。常用做玩具。这里卖货人用来招呼别人买东西。

没有活路。为什么？因为自然环境太差了，到处是山，土地缺肥，农民一直靠天吃饭。为了能吃饱，他们想办法提高粮食产量。在化学肥料没有普及的年代，义乌人发现，用杀鸡洗毛的水可以让土地高产。他们算过，平均一斤鸡毛能让亩产量提高三斤。

由于义乌地少人多，单靠自己的鸡毛提高产量，还是解决不了吃饱肚子的问题，人们只能想办法多找鸡毛、多增加肥料以提高产量。可是，到哪儿去找那么多鸡毛呢？义乌人知道，与其守着贫穷，不如用"义乌青"去换鸡毛。所谓的"义乌青"，是用本地生产的甘蔗做成的红糖。义乌人生产红糖，却舍不得自己吃，而是挑着担子，翻山过河，到每家每户用红糖去换鸡毛，去换任何可以卖钱的旧杂货。到后来，他们不仅用红糖，也用从别的地方买来的针线做生意。鸡毛换糖的担子逐渐变成了流动的小商店。

到了20世纪70年代末，义乌人的双脚已经走遍了浙江、江苏、安徽、江西[3]四省，翻过千山万水。挑着沉重的担子，常常使他们遭受其他人不能想象的痛苦。老金，这个义乌的农民，永远也忘不了40年前那次"鸡毛换糖"的经历。那是他结婚后的第一个春节，他一心想让家里过个好年。在那时，百把块钱就能让家里过个好年，但他却两手空空。当别人都从外边赶回家过年时，他却挑着一担红糖独自上路了。

6. 义乌人为什么要用鸡毛换糖？
7. 用糖换来的鸡毛有什么用处？

8. 义乌人为什么要找到更多的鸡毛？

9. 义乌人后来又用什么东西去换鸡毛？他们怎样去换的？
10. "鸡毛换糖"的生意后来发生了什么样的变化？

11. 到20世纪70年代末，义乌人已经去过哪些地方？
12. "鸡毛换糖"是件容易的事情吗？为什么？
13. "百把块钱"是不到100块钱还是100多块钱？
14. "两手空空"是什么意思？

---

3. 浙江、江苏、安徽、江西：省名，在中国东南部，长江下游一带。

当过年需要的钱赚得差不多，往回走到江西山区时，天下起了大雪，老金却一心要回家。一位当地人劝他说："下这么大的雪，连我们山里人都不敢走，更何况你一个平原人呢？"他回答得很干脆："走也得走，不走也得走，家里人都等着我过年呢！"说完，他挑着担子往回赶，以便早点儿到家。雪越下越大，他的鞋很快冻成了冰疙瘩。他干脆脱了鞋，光脚往前走。

刚开始双脚还有感觉，针扎似的疼，后来什么感觉也没有了。他只有一个信念："不管走到几时，总要回去过年的！"当他一步一滑走到山顶时，由于疲劳、寒冷加上肚子饿，他眼前一黑，连人带货摔倒在雪地上……三天后，老金回到义乌，终于和一家人团聚了。

有这样经历的义乌人绝不止老金一个！

为什么义乌人宁可吃苦，仍然愿意到处鸡毛换糖呢？要知道，当时义乌人每天只挣两毛四，一年下来，也就能挣六七十块钱。而外出换鸡毛，两个月就能赚到两三百。

由于长期从事以货换货的小生意，义乌人练就了快而准确的计算能力。他们能很快算出不同数量、不同质量的鸡毛能换多少颗糖，别人拿来不同的废品可以换几根针、几条线。这中间价格的小小差别，他们竟可以计算得一点儿不差。

在那个特殊年代，农民们被严格限制在土地上，是不许随便做生意的。但是在义乌，即使生产队的土地，也需要用鸡毛来提高粮食产量。依

15. 老金为什么说"走也得走，不走也得走"？
16. 老金为什么在雪地里把鞋脱掉？
17. 你能想象得出光着脚在雪地里走路是什么感觉吗？

18. 是什么信念支持他往家走的？结果发生了什么事情？
19. 老金是什么时候和家人团聚的？

20. 义乌人明知鸡毛换糖的生意很苦，为什么还要去换？

21. 义乌人为什么具有快而准确的计算能力？简单介绍一下他们的计算能力。

22. 在那个特殊的年代，不许农民做什么？

据义乌当时的土政策[4]，人们可以为生产队到外面去换鸡毛，但是要带着经过允许的"鸡毛换糖"证。证明上要严格限制出去的时间、经营的资金和换货的种类。

1978年，随着"文革"[5]的结束，一些原来鸡毛换糖的农民不再游走四方，他们放下担子，开始摆摊叫卖。后来，做生意的人大量聚集在县政府附近，买货的和卖货的人很快挤满了整条街道。

1982年6月23日，义乌的领导明确表示："天下的事再大，也大不过老百姓要吃饱饭。我们没有工业，也没有资源，市场是义乌唯一的优势。我们为什么不能利用这个优势，为义乌找一条新的发展道路呢？"三个月后，在一条宽6米、长200米的被填平的旧河道上，义乌第一代小商品市场正式开放了。在不到两年的时间里，市场贸易额增长了近40倍，小商店也从最初的300个增加到1000多个，为以后义乌的大发展写下了重要的一笔。

如今，义乌已经成为全球最大的小商品批发市场，这个"世界超市"正像一盏明亮的灯，点亮了中国农民追求幸福的希望。

（选自中央电视台《走遍中国》栏目）

23. 义乌人为什么可以出去换鸡毛？

24. 什么时候义乌的农民不再游走四方？他们开始做什么？

25. 在什么时候义乌的领导明确表示了什么想法？

26. 义乌第一代小商品市场是什么样子的？它的发展情况怎样？

27. 义乌这个"世界超市"的出现包含什么样的意思？

---

4. 土政策：指某个地区或部门为了自己的利益而制定的规定和办法。例如：这些土政策早就应该废除了。
5. 文革："文化大革命"的简称，指1966年5月～1976年10月发生在中国的一场政治运动，它给中国带来了严重的灾难。

## 综合注释

1. 人们只能想办法多找鸡毛、多增加肥料<u>以</u>提高产量。

   "以"，连词，表示目的；为的是。多用于书面语。例如：
   ① 缩小贫富差别，*以*促进社会和谐发展。
   ② 走之前，我必须了解具体情况，*以*作出最后的决定。
   ③ 我们要不断努力，*以*提高企业的竞争力。

   ▶ 试一试：用所给的提示和"以"完成句子
   （1）我们要不断提高产品质量，＿＿＿＿＿＿＿＿＿＿市场占有率。（扩大）
   （2）大力普及教育，＿＿＿＿＿＿＿＿＿＿。（素质）
   （3）＿＿＿＿＿＿＿＿＿＿，以提高产品的知名度。（宣传）
   （4）＿＿＿＿＿＿＿＿＿＿，以促进农业的现代化。（普及……知识）

2. 义乌人的双脚已经走遍了浙江、江苏、安徽、江西四省，<u>翻过千山万水</u>。

   "千山万水"是一个成语，指非常遥远的路程。这里的"千"和"万"不是实际的数量，只是形容事物多。在"千……万……"这个格式里，还可以用其他名词（言语、差别）、动词（该、变化）或形容词（错、好、难、险、真、确、奇怪），构成新的词语，形容非常多或表示强调。例如：
   ① 他常说："一张图片胜过*千言万语*。"
   ② 我知道，这件事让你很伤心，*千错万错*都是我的错。
   ③ 孩子们天真好奇，面对*千变万化*的事物，会提出各种各样的问题。
   ④ 实际上，石油也是从*千奇百怪*的小生物变来的。

   ▶ 试一试：用所给的提示和"千……万……"格式完成句子
   （1）他们有说不完的感想，＿＿＿＿＿＿＿＿＿＿＿＿＿＿＿＿＿＿＿＿。
   　　　　　　　　　　　　　　　　　　　　　　（言语　两个字"谢谢"）
   （2）＿＿＿＿＿＿＿＿＿＿＿＿＿＿＿＿＿＿＿＿，伤害人的感情最不该。（不该）
   （3）＿＿＿＿＿＿＿＿＿＿＿＿＿＿＿＿＿＿＿＿，也要把温暖带给千家万户。
   　　　　　　　　　　　　　　　　　　　　　　（宁愿　辛苦）
   （4）＿＿＿＿＿＿＿＿＿＿＿＿＿＿＿＿＿＿＿＿，没有改革开放，就没有农民的今天。
   　　　　　　　　　　　　　　　　　　　　　　（好　是改革开放的政策）

3. 在那时，<u>百把块钱</u>就能让家里过个好年。

"百把块钱"的意思是"将近100块钱"。其中的"把"是量词，常放在数词"百、千、万"后面和"个、块"等量词前面，表示接近某个数量。需要注意的是，"百、千、万"和"把"的前面不能再加其他的数词，而量词后面，可以加适当的名词。例如：

① 我把这些蛋一个一个捡起来，存到如今，已经有<u>百把个</u>了。

② 在山里走了一天，也没见到<u>个把</u>人。

③ 他东借西借，也只借到<u>万把块</u>钱。

▶ 试一试：用所给的提示和"'百/千/万'+'把'+量词"格式完成句子

（1）他开了家小店，卖点儿农民常用的东西，干了一年，_____。（赚　块）

（2）她并没有写过什么了不得的大文章，只在_____。（发表　字）

（3）一两亩油菜花不足以吸引游客，_____。（种　亩）

（4）人家是管_____的大学校的校长。（个　学生）

4. <u>走也得走，不走也得走</u>，家里人都等着我过年呢！

"V也得V，不V也得V"是一个固定格式，这个格式里的"V"是完全相同的四个单个动词或动词词组，构成肯定、否定两种形式，表示无论条件或情况怎么不好，无论人愿意还是不愿意，必须要做某事，表现出说话人的态度非常坚决。例如：

① 不干就没有出路，所以咱们干<u>也得</u>干，<u>不干也得</u>干。

② 我告诉你，你同意<u>也得</u>同意，不同意<u>也得</u>同意。

③ 这个人不错，你要<u>也得</u>要，不要<u>也得</u>要。

④ 错事是你做的，你承认<u>也得</u>承认，<u>不承认也得</u>承认。

▶ 试一试：用所给的提示和"V也得V，不V也得V"格式完成对话

（1）A：谁说外语是21世纪的通行证？我非要学吗？

　　　B：_____（学）

（2）A：我身体挺好的，有必要打预防针吗？

　　　B：_____（打）

（3）A：这些日子我特别忙，不想去见她。

　　　B：_____（想见）

（4）A：唉，我千方百计想睡觉，还是睡不着。

　　　B：_____（睡得着）

5. 依据义乌当时的土政策，人们可以为生产队到外面去换鸡毛，但是要带着经过允许的"鸡毛换糖"证。

　　介词"依据"和"根据"意思和用法一样，后面常跟着"条件、特点、情况、事实、理论、政策、原则、法律"等词语，表示下面引出的结论存在的前提或说话、做事应有的基础。和"根据"相比，"依据"更常用在书面语中。例如：

① 这些社会团体都依据法律独立自主地开展活动。

② 依据不同的标准，总结可以分为这几类。

③ 我们要依据得票数量的多少来评选出谁是年度第一名。

▶ 试一试：用所给的提示和"依据"完成句子

（1）＿＿＿＿＿＿＿＿＿＿＿＿＿＿＿＿＿，发生车祸的责任应该由双方共同承担。

（公平原则）

（2）＿＿＿＿＿＿＿＿＿＿＿＿＿＿＿＿＿，我们认为这家超市多收了万把元。

（收费标准）

（3）新闻界的记者在发布此类消息时，应当＿＿＿＿＿＿＿＿＿＿＿＿＿＿＿＿＿。

（事实　报道）

（4）买不买商品房，＿＿＿＿＿＿＿＿＿＿＿＿＿＿＿＿＿。

（经济条件　决定）

## 综合练习

一、参考注释，理解新词，然后选词填空

1. 超市　　"~市"意思是市场（market）。"市"前面加上名词或形容词可以构成新词语，表示市场的种类或营业的时间。例如：菜市/花市/米市/收市/早市/夜市。试着选择合适的词填到括号里。

（1）一些市民赶在休市之前到（　　　）购买新鲜的黄瓜和西红柿。

（2）我们可以去（　　　）挑选自己喜爱的玫瑰和迎春花等。

（3）按照目前的（　　　）来看，国产粮食的价格变化不大。

（4）这里有新的购物中心、小商品市场和灯光（　　　）。

2. 每家每户　　"户"最早的意思是"门"。"门当户对"里的"门"和"户"意思一样，后来指"人家，家庭（family）"。"户"前面加上名词、动词或形容词可以构成新词语，表示家庭的种类。例如：农户/住户/困难户/低收入户/富户/单身户/暴发户。试着选择合适的词填到括号里。

（1）对于原住房面积小的（　　　），政府还制定政策，给予帮助。
（2）一些地方对残疾人（　　　）提供资金帮助。
（3）他至今没结婚，成了35岁以上的（　　　）。
（4）他在那笔生意中大挣了一笔钱，一下子成为（　　　）。

二、把下面左边带有"~市"、"~户"的词语和右边对词语的解释连线

1. 早市　　　　　　　a. 门口和院子里热闹得像市场一样
2. 上市　　　　　　　b. 只在早晨营业的市场
3. 收市　　　　　　　c. 季节性的商品开始在市场上卖
4. 门庭若市　　　　　d. 市场停止营业
5. 农户　　　　　　　e. 有钱的人家
6. 小户　　　　　　　f. 在……地方安家长期居住
7. 落户　　　　　　　g. 过去指地位低的人家
8. 富户　　　　　　　h. 从事农业生产的人家

三、选择课文中学过的下列词语填空

　　　特殊　　普及　　本地　　流动　　遭受　　独自　　准确　　追求

1. 有了电脑的帮助，（　　　）法律知识就会更加方便。
2. 这样就可以不经过（　　　）商人而直接把产品卖到外地。
3. 大水先后淹没了房屋土地，使当地人民（　　　）了严重的水灾。
4. 你必须靠自己努力，我没有（　　　）关系帮助你上大学。
5. 他高速（　　　）的计算能力让数学家非常吃惊。
6. 他为什么不敢大胆地（　　　）他的爱情？
7. 他是个不爱说话的孩子，做什么事情都喜欢（　　　）一人。
8. 社区现有总人口8506人、3524户，其中（　　　）人口2763人。

四、选词填空并朗读

1. 之　的
（1）他说："你们把钱捐给教师（　　　）家吧。"
（2）那就是教师们（　　　）家。

2. 普及　普遍
（3）由于电子计算机的（　　　），计算很大的数量不再是难事。
（4）在老百姓还没（　　　）富起来的今天，省着花钱还很有必要。

3. 以　以便

（5）图书馆延长了借书时间，（　　　）学生们更好地学习。

（6）他们增加资金制造货运飞船，（　　　）保证国际空间站正常运转。

4. 挣　赚

（7）我是（　　　）固定工资的，钱够花就行了。

（8）他做食品批发生意（　　　）了钱，买了房子，还买了车。

5. 随　随着

（9）（　　　）时间的推进，他从一个群众演员变成了大明星。

（10）独自在外工作，想家的感觉并不会（　　　）距离远近而变淡。

6. 额　钱

（11）我必须支付全（　　　）机票。

（12）我必须自己支付往返机票（　　　）。

### 五、用所给的词语或格式完成句子

1. 今后要节约开支，＿＿＿＿＿＿＿＿＿＿＿＿＿＿＿＿＿＿＿＿＿＿＿＿。（以）

2. ＿＿＿＿＿＿＿＿＿＿＿＿＿＿＿＿＿＿＿＿，但两国人民的心却离得很近。（千山万水）

3. ＿＿＿＿＿＿＿＿＿＿＿＿＿＿＿＿＿＿＿＿就是"文化大革命"的简称。（所谓）

4. 他一个月挣不了多少钱，＿＿＿＿＿＿＿＿＿＿＿＿＿＿＿＿＿＿。（只能）

5. ＿＿＿＿＿＿＿＿＿＿＿＿＿＿＿，买货的和卖货的人很快挤满了整条街道。（随着）

6. 他父亲开始做＿＿＿＿＿＿＿＿＿＿＿＿，后来变成全村的富户。（两手空空）

7. 人是铁，饭是钢，一顿不吃饿得慌。＿＿＿＿＿＿＿＿＿＿＿＿＿＿＿＿＿＿。

（V也得V，不V也得V）

8. ＿＿＿＿＿＿＿＿＿＿＿＿＿＿＿＿＿＿，我是跟几个朋友一起去的。（独自）

### 六、读下面的短文，找出可以用"'百/千/万'＋'把'＋量词"改写的数字，然后改写

中国是个大家庭，在校的中学生就有两亿多人，这个家庭是个大户，每天有22000个新娘要出嫁，44000个小宝宝出生。改革开放以来，中国人的伙食大为改善，每天要吃掉160万头猪、2400万只鸡。管理好这样的大家庭实在不容易。中国的政府不仅要让年轻人有书读、让成年人有事干，还要照顾好2000万幼儿园的小朋友和1200多万80岁以上的老人。

＿＿＿＿＿＿＿＿＿＿＿＿＿＿＿＿＿＿＿＿＿＿＿＿＿＿＿＿＿＿＿＿＿＿＿＿＿＿＿＿

＿＿＿＿＿＿＿＿＿＿＿＿＿＿＿＿＿＿＿＿＿＿＿＿＿＿＿＿＿＿＿＿＿＿＿＿＿＿＿＿

## 七、根据记忆，试着补出下面课文中没有出现的词语

那是他结婚后的第一个春节，（① ）想让家里过个好年。过个好年，在那时不过（② ），但他却（③ ）。当别人都从外边赶回家过年时，他却挑着一（④ ）红糖（⑤ ）上路了。当过年需要的钱（⑥ ）得差不多、往回走到江西山区时，天下起了大雪。老金却一心要回家。一位当地人劝他说："下这么大的雪，连我们山里人都不敢走，更（⑦ ）你一个平原人呢？"他回答得很干脆："（⑧ ），家里人都等着我过年呢！"说完，他挑着担子往回赶，（⑨ ）早点儿到家。……他只有一个（⑩ ）："不管走到几时，总要回去过年的！"当他一步一滑走到山顶时，由于疲劳、寒冷加上肚子饿，他眼前一黑，连人带货摔倒在雪地上……三天后，老金回到义乌，终于和一家人（⑪ ）了。

## 八、根据课文内容、下面的表达方式和提示完成对话

表示怀疑：我也怀疑 （某人、某事）怎么这么…… 能做（办/成为）……

表示解释：……其实…… ……实际上…… ……意思是说…… 所谓……就是指……

表示称赞：真了不起/棒 真让人佩服 竟有这么（这样）能……

表示否认：没…… 从没…… 连听说（见）都没听说（见）过

A：以前我经常买小商品，却不知道最大的小商品批发市场在义乌。

B：① _____

（表示怀疑：小小的义乌 世界超市）

A：世界上只有想不到的，没有做不到的。你信也得信，不信也得信。

B：② _____

（解释：不是不信……，是指……）

A：义乌人用鸡毛换糖的经历太艰难了！

B：③ _____

（表示称赞：吃苦 聪明）

A：是啊！除了能吃苦、聪明以外，义乌人还有勇气，敢做天下没有人做过的事情。

B：④ _____

（询问愿意到处鸡毛换糖的原因）

A：还不是因为过去义乌人太穷了，穷才特别想改变。
B：⑤ _____

（表示同意）

A：你知道有个"中国义乌小商品网"吗？
B：⑥ _____

（表示否认）

A：我告诉你，你在地址栏输入"中国义乌小商品网"这8个字，就可以打开这个网址，去义乌之前，先上网看一看吧。
B：⑦ _____

（表示感谢和同意）

## 九、看图、阅读短文，回答问题

从1995年起，义乌人开始举办"中国义乌国际小商品博览会"，到现在已经举办14届了。左边的画面是义乌博览会的标志（biāozhì，logo）。整个画面看起来像汉字"义"，它告诉人们博览会举办的地点在中国东南部的义乌市。仔细看，还可以发现"CIE"三个字母，那是China International Expo的英文缩写，意思是"中国国际博览会"。红、黄、蓝这三条带子的颜色非常漂亮，好像三只凤凰（fènghuáng，phoenix）正张开翅膀向东方飞来，说明义乌博览会具有很强的吸引力。图上面的那颗红球代表着全世界人民的家——地球，显示出义乌博览会具有国际性。整个画面还像中国传统的宝贝——如意（rúyì，a jade product, also meaning "to comply with one's wishes"），包含着盼望"幸运"的美好祝愿。画面右边两条蓝色的飘带像大海的波浪，告诉人们义乌有成千上万种小商品，那里就像一座看不到边的小商品的海洋。

（选自义乌博览会"会标及创意说明"）

1. "中国义乌国际小商品博览会"从哪年开始举办？到现在为止举办了多少届了？
2. 义乌博览会的标志像哪个汉字？表示什么意思？
3. 义乌博览会的标志上面三个英文字母是什么词语的缩写？
4. 红、黄、蓝三条带子像什么动物？意味着什么？
5. 整个画面像中国传统的宝贝"如意"，含义是什么？
6. 请用自己的话把义乌博览会的标志介绍给别人。

### 十、说一说，写一写

用下面给出的词语介绍"鸡毛换糖"的故事（100~150字）。

拨浪鼓　生意人　靠天吃饭　亩产量　提高　义乌青　换鸡毛　吃苦　赚钱

### 十一、走出课堂，拓展学习

1. 到离你最近的小商品市场去逛一逛：

   （1）问问卖货的生意人，他们的小商品是从哪里批发来的。

   （2）问问他们知道不知道"义乌"这个地方，他们去过那里没有。

   （3）看一看小商品市场里都卖什么东西，再概括一下什么叫小商品。

   （4）你觉得小商品市场的产品价格和产品质量怎么样？

2. 登录"中国义乌小商品网"网站：

   （1）看看那里有没有你感兴趣的商品。

   （2）那里有没有你想知道的更多的事情？

   （3）了解一下你们国家的商人有没有和义乌人做生意的，问问他们参加过"中国义乌国际小商品博览会"没有。

# 7 彩 票

## 题 解

彩票是什么？是运气？是机会？是希望？还是你根本不关心的东西？你相信"人的命，天注定"这句话吗？你愿意过"坐等好运来"这样的生活吗？其实，与其等着天上掉馅饼，不如做一个行动家，用自己的聪明和勤奋，去创造一个又一个属于自己的好运。

## 词语学习

| | | | | |
|---|---|---|---|---|
| 1. | 彩票 | cǎipiào | 名 | lottery ticket |
| 2. | 接连 | jiēlián | 副 | one after the other |
| 3. | 陌生 | mòshēng | 形 | strange, unfamiliar |
| 4. | 毕竟 | bìjìng | 副 | after all |
| 5. | 好奇 | hàoqí | 形 | curious |
| 6. | 目光 | mùguāng | 名 | look, gaze |
| 7. | 福利 | fúlì | 名 | well-being, welfare |
| 8. | 上网 | shàng wǎng | 动 | to surf the Internet |
| 9. | 彩民 | cǎimín | 名 | lottery buyer |
| 10. | 富翁 | fùwēng | 名 | moneybag, rich man |
| 11. | 发行 | fāxíng | 动 | (of currency, bonds, books, periodicals, films or lottery tickets, etc.) to issue |
| 12. | 销售 | xiāoshòu | 动 | to sell |
| 13. | 刺激 | cìjī | 名 | excitement |
| 14. | 坦率 | tǎnshuài | 形 | outspoken |
| 15. | 大款 | dàkuǎn | 名 | moneybag, tycoon |

| 16. | 命运 | mìngyùn | 名 | fate, destiny |
| 17. | 神秘 | shénmì | 形 | mysterious |
| 18. | 运气 | yùnqi | 名 | fortune, luck |
| 19. | 顺手 | shùnshǒu | 副 | without extra trouble, in passing |
| 20. | 居然 | jūrán | 副 | unexpectedly |
| 21. | 据 | jù | 介 | according to |
| 22. | 统计 | tǒngjì | 动 | to add up |
| 23. | 电脑 | diànnǎo | 名 | computer |
| 24. | 发财 | fā cái | 动 | to get rich |
| 25. | 其实 | qíshí | 副 | in fact |
| 26. | 实话 | shíhuà | 名 | truth |
| 27. | 空难 | kōngnàn | 名 | air disaster |
| 28. | 愈 | yù | 副 | (used in duplicates) the more… the more… |
| 29. | 游戏 | yóuxì | 名 | recreation |
| 30. | 纳税 | nà shuì | 动 | to pay taxes |
| 31. | 收藏 | shōucáng | 动 | to collect and store |
| 32. | 本身 | běnshēn | 代 | (usu. of a group, unit or matter) oneself |
| 33. | 上升 | shàngshēng | 动 | (of grade, degree or quantity, etc.) to rise |
| 34. | 此外 | cǐwài | 连 | furthermore |
| 35. | 舍得 | shěde | 动 | to be willing to part with or give up |
| 36. | 白白 | báibái | 副 | in vain |
| 37. | 亲人 | qīnrén | 名 | kinsfolk |
| 38. | 兴办 | xīngbàn | 动 | to initiate, to set up |
| 39. | 敬老院 | jìnglǎoyuàn | 名 | home for the aged |
| 40. | 老年 | lǎonián | 名 | old age |
| 41. | 公寓 | gōngyù | 名 | apartment, flat |
| 42. | 精神 | jīngshén | 名 | mental |
| 43. | 社区 | shèqū | 名 | community |
| 44. | 岗位 | gǎngwèi | 名 | post, job, station |
| 45. | 购买 | gòumǎi | 名 | to buy, to purchase |

## 走进课文

### 彩 票

改革开放以来,中国接连不断地出现新鲜事。彩票,就是让20世纪80年代的中国人感到陌生的东西。毕竟,彩票已经在中国消失了几十年。当它重新出现的时候,自然就吸引了人们好奇的目光。

1987年7月27日,当第一套中国福利彩票出现在中国人面前时,人们还说不清楚彩票到底是什么,也不知道它究竟会对中国人的生活产生什么影响。22年过去了,和彩票有关的词汇大量出现,在报纸上、广播里、电视上,甚至收手机短信或上网时,人们不断看到"彩民、福利彩票、体育彩票、中奖、富翁"等词,而中国彩票的发行和销售,跟着成为一种事业,像芝麻开花——节节高[1]。

究竟是谁在买彩票?当然是彩民。他们是一群喜欢新鲜事、爱追求刺激的人。至于人们买彩票的目的、买彩票的心情,却又各不相同。

有的人很坦率:"我不过是个普通人,没有当大款的父母,也不比别人聪明。别人可以用知识改变命运,我只能靠一种神秘的力量改写我的一生。花百把块钱不算多,也许就能成为幸运

1. 20世纪80年代的中国人对什么感到陌生?
2. 彩票重新出现的时候,为什么吸引了人们好奇的目光?
3. 第一套中国福利彩票是什么时候出现的?当时的人了解它吗?
4. 和彩票有关系的词语有哪些?它们经常出现在什么地方?
5. 作者怎么比喻彩票事业的发展?
6. "芝麻开花"和"节节高"在意思上有什么联系?
7. 彩民是一群什么样的人?
8. 这些说话坦率的人为什么要买彩票?
9. "幸运儿"是什么样的人?

---

1. 芝麻开花——节节高:这是一个歇后语,前半句用芝麻开花来比喻事业的成功,"节节高"用芝麻开花时的样子说明成果一个接着一个,一个比一个好。例如:这几年的日子,真像是芝麻开花——节节高。

儿²。"于是，他们掏钱去买彩票，等着天上掉馅饼³。彩民中确实存在有运气的人。一位从河北⁴到北京打工的农民，天天干的是脏活、累活，后来得了一场大病。就在回家的前一天，他顺手买了一张彩票，居然中了500万元大奖。当他和老父亲一起领奖时，父子俩激动得抱头大哭。要不是中了大奖，也许他早就活不成了，更不要说改变他家贫穷的命运了。

据统计，自从2000年北京开始通过电脑销售彩票以后，在4年多的时间里，某个体育彩票就产生了169个百万富翁。

这种让人一夜之间变成富翁的例子具有极大的号召力，把那些想碰碰运气⁵的人聚集到销售彩票的地方。再加上，人们每天都能从报纸上看到刺激人的新闻，"中了500万，圆了买车梦⁶""一天开走6辆汽车""天上掉下来106万大奖"……，这些话像一把把大火，烧得那些想发财的人吃不好，睡不着，一次又一次把手里的钱换成了彩票。

其实，真中大奖的能有多少人呢？有人说了

10. "等着天上掉馅饼"是什么意思？

11. 那个河北的农民想到他能中500万大奖了吗？为什么？

12. 那个农民中了大奖，对他和他的家庭生活有什么影响？

13. 北京从什么时候开始通过电脑销售彩票？

14. "让人一夜之间变成富翁"还有更简单的说法吗？

15. 为什么有那么多的人要去碰运气？

16. 能中大奖的人多不多？为什么？

---

2. 幸运儿：幸运的人。例如：你还不是幸运儿？一下子就找到了那么满意的工作！
3. 天上掉馅饼：馅饼从天而降，比喻不花力气而得到想要的东西。例如：有付出才会有收获，天上是不会掉馅饼的。
4. 河北：省名。
5. 碰运气：试着找到好机会或幸运的事。例如：这样做到底行不行，我们总得碰碰运气。
6. 圆梦：这里指让梦想变成现实。例如：他是山村里的第一个大学生，是他圆了全村人的大学梦。

一句大实话:"中奖的机会比空难还少。"绝大多数人难以实现发财梦,原因很简单:如果花两块钱买一张彩票,中奖的可能性只有五千万分之一。从好的方面看,花钱愈多,中奖的机会就愈大。从坏的方面看,花钱愈多,失望也就愈大。

有的人把买彩票当成一种游戏。上街买东西的时候,顺便买几张,要是得了奖,哪怕只赢了几块钱,他们也会高兴得合不上嘴,把这当成"微笑纳税"。买彩票选号的时候,有人总是选1314257。问他为什么?回答说:"1314257的意思就是一生一世爱我妻[7]"。这些人觉得中奖不中奖没关系,却把爱妻子、爱儿女、爱父母的感情和买彩票、碰运气的快乐看得十分重要。

有的人买彩票是为了收藏。据统计,到2009年,中国收藏彩票的人数已经达到1000多万。他们收藏彩票,首先重视彩票本身特殊的经济价值。人们看到,近年来彩票收藏品的价格一直在上升。此外,现在老百姓有钱了,追求美的愿望也就愈来愈强烈,因此,喜欢收藏的人也就越来越多了。

当然,还有很多人不关心彩票,也不想买彩票。工作忙的人说:"我每天忙个不停,哪儿有那个闲工夫!"有钱人说:"叫你买彩票,你还真买呀?花小钱、中大奖,不是我们这些人干的事。"而那些靠卖力气、辛辛苦苦挣钱的人,怎么舍得把钱白白扔掉呢?有人不想买彩票,甚至

---

17. 是不是花钱越多,中奖的机会就越大?为什么?

18. 把买彩票当成一种游戏的人为什么不中奖也高兴?

19. 为什么有人总是选"1314257"这个号码?

20. 为什么有些人为了收藏去买彩票?

21. 彩票收藏品的价格是变高了还是变低了?

22. 有哪些人不关心彩票,也不想买彩票?为什么?

---

7. "1314257"的意思就是"一生一世爱我妻":这是汉语中常见的谐音(xiéyīn, homophonic)现象,"1314257"的发音听起来和"一生一世爱我妻"差不多,要说的意思是一辈子都爱我的妻子。

是因为害怕，害怕中了大奖却失去平静的生活。他们看多了由此产生的一件件不愉快的事情，害怕看到朋友变敌人、亲人变成陌生人的事情出现。

对于个人来说，喜欢不喜欢彩票、买不买彩票，那都是个人的自由，但是对于国家和社会来说，发行彩票却是大有好处的。有人可能问，卖彩票得到那么多钱，除了交给国家、分给中奖的幸运儿，其他钱到哪儿去了呢？

从统计资料看，卖福利彩票得到的钱主要用在兴办福利事业上了，其中包括建立城市和农村的敬老院、儿童福利院、老年公寓、精神病人福利院；兴办社区服务中心和老年大学、老年活动站；帮助福利企业进行技术改造，为残疾人提供更多工作岗位，等等。

随着中国经济的发展和社会文明的进步，中国将成为世界彩票大国。社会上需要帮助的人，正从销售彩票的收入中得到更多的好处，是彩票把他们和买彩票的好心人连在了一起。以后，彩票事业还要有更快更大的发展，更多的人将从销售彩票和购买彩票中得到好处，找到快乐。

23. 个人不喜欢彩票、不买彩票可以吗？为什么？

24. 国家、社会不发行和不销售彩票行吗？为什么？

25. 卖彩票的钱都用来干什么了？

26. 彩票事业将会怎样发展？

## 综合注释

1. <u>要不是</u>中了大奖，也许他早<u>就</u>活不成了，更不要说改变他家贫穷的命运了。

"要不是……（就）……"是一个假设复句，"要不是"意思是"如果不是"，提出假设的条件，后半句是由上述假设条件引出的结果。如果假设条件是正面的、积极的，结果就是不好的，多表示说话人对避免某种不好的结果而感到幸运。这种句子可以转换为"多亏……才……"。如果假设条件是反面的、消极的，结果就是好的，多表示说话人对没有出现好的结果而感到遗憾。这种句子不能转化为"多亏……才……"。例如：

① <u>要不是</u>他的帮助，我家<u>就</u>没能力供女儿上学。
② 我<u>要不是</u>亲眼看到，绝不会相信那是真的。
③ 现在想来还有点儿害怕，<u>要不是</u>他及时想办法，真不知道后果会怎样。
④ <u>要不是</u>堵车，我早就到学校了。

▶ 试一试：用"要不是……（就）……"完成句子
（1）要不是别人发现得早，_____。
（2）_____，他们早就被大火烧死了。
（3）我要不是一直感冒、发烧，_____。
（4）_____，我已经买房买车了。

2. <u>据统计</u>，自从2000年北京开始通过电脑销售彩票以后，在4年多的时间里，某个体育彩票就产生了169个百万富翁。

"据统计"是书面语中常出现的介词短语，"据"意思是"根据"，后面也可以加上宾语，表示进行统计的人员或部门。"据统计"的后面可以是某种人或者事物的总数，可以是某种事物或现象出现的比例，也可以是两种数量的比较。例如：

① <u>据统计</u>，在154个国家和地区有约1.4亿多篮球运动员。
② 近年来，鸟类资源遭到破坏，<u>据</u>有关部门<u>统计</u>，已有90种鸟从地球上消失。
③ <u>据统计</u>，在树木中过冬的害虫，95%都将被啄木鸟消灭。
④ <u>据</u>教育部<u>统计</u>，今年全国报考硕士研究生的人数比去年增加13%。

▶ 试一试：说明下列各句中所统计的数字的种类（总数、比例、数字比较），试着在"据"和"统计"之间加上统计者
（1）据统计，地球上的植物大约有50多万种。
_____
（2）据统计，中国现有儿童3.6亿人，占世界儿童总数的六分之一。
_____

（3）据统计，到去年9月底，中小企业达1023.1万户，超过企业总户数的99%。
_____

（4）据统计，2010年中央国家机关公务员考试总报考人数达到146万余人，和去年相比增加了40余万。
_____

3. 从好的方面看，花钱愈多，中奖的机会就愈大。从坏的方面看，花钱愈多，失望也就愈大。

"愈……愈……"和"越……越……"意思、用法一样。多用于书面语。
① 关于那个小道消息，越传越多，愈说愈奇。
② 红队不但没灰心，反而愈战愈强。
③ 小说内容愈刺激，看小说的人愈兴奋。
④ 吃药的时间愈长，效果愈明显。

▶ 试一试：用"愈……愈……"格式完成句子
（1）_____，快得几乎没人听得清楚。
（2）_____，近得几乎后车撞上前车。
（3）表演的时候千万别紧张，_____。
（4）雪已经下了一天了，而且_____。

4. 工作忙的人说："我每天忙个不停，哪儿有那个闲工夫！"

"忙个不停"是由"V+个+不/没+停/完/够"构成的状态补语形式，表示某个动作连续不断。"个"是量词，放在动词和补语之间。除了"V个不够"可以有肯定形式"V个够"外，用"停"和"完"做补语的时候只能用否定形式。"V个够"的意思是做某事直到尽兴为止。例如：
① 电话铃响个不停，一屋子人居然没一个敢去接电话。
② 她走到哪儿，都拿着照相机拍个没完。
③ 再不能见什么好吃、就吃个没够，要不然，你还得拉肚子。
④ 要是高兴了，他就一晚上拿着话筒唱个够。

▶ 试一试："V+个+不/没+停/完/够"格式完成句子
（1）这几天我累坏了，_____。
（2）他第一次进城，东瞧瞧，西望望，_____。
（3）他们总喜欢到一块儿闲聊，_____。
（4）他一下午都坐在电脑前打字，_____。

5. 有钱人说:"叫你买彩票,你还真买呀?花小钱、中大奖,不是我们这些人干的事。"

"让/叫N+V,N还/就真V(呀)"是用在口语里的固定格式,整个格式构成反问句,意思是某人不应该或不可能这样做。常用来表达说话人不满的态度。例如:

① 那是公家的东西!人家叫你拿,你还真拿呀?
② 现在刚下午四点,他让你睡觉,你就真睡呀?
③ 孩子大了,你叫他干什么,他就真干什么呀?
④ 我有我的主意,他让我回家,我就真回家呀?

▶ 试一试:用所给的提示和"让/叫N+V,N还/就真V(呀)"格式完成句子
（1）现在还没下班呢,_____。（走）
（2）这是我租的房子,_____。（搬家）
（3）那东西多贵啊,_____。（买）
（4）父母打自己的孩子也不行,_____。（打）

## 综合练习

一、参考注释,理解新词,然后选词填空

1. 彩票　　"票"的意思是作为凭证的纸片（slip of paper used as a certificate）。"票"前面的词表示凭证的种类。例如:（汽/火）车票/船票/（飞）机票/（公园、博物馆、演出等的）门票/邮票/股票/支票/电影票/戏票。试着选择合适的词填到括号里。
（1）当我把护照和（　　　）递给海关官员后,他用好奇的目光看了我一眼。
（2）谁说不需要贴（　　　）就可以把信寄走?
（3）因无钱购买音乐会的（　　　）,他从来没去过歌剧院听音乐。
（4）不用去火车站,现在你可以通过电话购买（　　　）了。

2. 彩民　　"~民",指某一种人（person of a certain occupation or being infatuated with sth）。"民"前面的词表示一种人的类别。例如:农民/村民/居民/市民/难民/灾民/贫民/选民/网民/股民。试着选择合适的词填到括号里。
（1）颐和园已经成为北京（　　　）最喜欢的公园之一。
（2）对在地震中失去亲人的（　　　）要及时治疗心理问题。
（3）（　　　）可以举行公民投票决定他们的去留。
（4）上网看新闻、聊天儿、听音乐,成为六成以上（　　　）参与最多的文化活动。

二、把下面左边带有"～票"、"～民"的词语和右边对词语的解释连线

1. 船票　　　　　　a. 到银行支取存款的凭证
2. 发票　　　　　　b. 顾客吃完饭或买完东西，饭馆或商店给顾客开出的凭证
3. 戏票　　　　　　c. 乘船用的凭证
4. 支票　　　　　　d. 进入剧场看戏的凭证
5. 居民　　　　　　e. 从事股票交易的个人投资者
6. 难民　　　　　　f. 住在农村的人
7. 股民　　　　　　g. 遇到战争或自然灾害生活困难的人
8. 村民　　　　　　h. 有固定居住地方的人

三、选择课文中学过的下列词语填空

　　　接连　　舍得　　好奇　　上网　　此外　　神秘　　顺手　　其实

1. 他（　　）拿过一张纸、几笔画出一台笔记本电脑。
2. 汉字并不难学，（　　），只要分清字形，理解字义，就能正确使用。
3. 或者你能干，或者你有钱，（　　）你没有别的办法。
4. 最快的联系方式就是（　　）发邮件或者打手机。
5. 他对我那么好，我怎么（　　）离开他？
6. 这种能够推动行星的力量，一定是很（　　）的。
7. 小孩子出于（　　），伸手去摸，结果被电了一下。
8. 噪音使驾车者精神上产生负担，交通事故也就（　　）不断。

四、根据生活常识，把下列词语放到相应的表示比喻的词语后面

　　　碰运气　嘴甜　两边倒　礼轻情意重　一毛不拔　七嘴八舌　一场空　长不了

（1）兔子的尾巴——
（2）十五个人聊天儿——
（3）千里送鹅毛——
（4）口里含冰糖——
（5）风吹墙头草——
（6）竹篮子打水——
（7）瞎子摸鱼——
（8）铁公鸡——

## 五、用所给的词语或格式完成对话

1. A：你为什么不喜欢买彩票？
   B：_____（此外）

2. A：月亮自己会发光吗？
   B：_____（本身）

3. A：你觉得彩民是一些什么样的人？
   B：_____（刺激）

4. A：他怎么总喜欢买艺术品？
   B：_____（收藏）

5. A：你对那个国家了解吗？
   B：_____（陌生）

6. A：你的朋友怎么没上大学？
   B：_____（要不是）

7. A：我真不愿意写那封信，可是我妈非让我写不可！
   B：_____（让N+V，N还真V呀）

8. A：老张还在那边聊天儿吗？
   B：_____（V个没完）

## 六、用所给的词语或格式改写句子

1. 水灾一次又一次地破坏了这个小小的村庄。
   _____（接连）

2. 好的游戏能让儿童觉得新鲜、奇妙，产生很强的兴趣。
   _____（好奇）

3. 大商人销售或购买珍贵的物品，多以黄金计算价格。
   _____（买卖）

4. 中国家庭花多少钱都愿意在独生子女身上投资。
   _____（舍得）

5. 他说他要做一个大明星，让全家人都为他感到骄傲。
   _____（亲人）

6. 毕业后，祝你事业大发展，一年比一年好。
   _____（芝麻开花——节节高）

7. 你得靠自己的努力，天下没有免费的午餐。
   _____（等着天上掉馅饼）

8. 多亏他开车送我到机场去，我才赶上那趟飞机。

_____

（要不是……就……）

## 七、根据记忆，试着补出下面课文中没有出现的词语

有的人很（①　　　）："我不过是个普通人，没有当（②　　　）的父母，也不比别人聪明。别人可以用知识改变（③　　　），我只能靠一种（④　　　）的力量改写我的一生。花百把块钱不算多，也许就能成为（⑤　　　）。"于是，他们掏钱去买彩票，等着（⑥　　　）。彩民中确实存在有（⑦　　　）的人。一位从河北到北京打工的农民，天天干的是脏活、累活，后来得了一场大病。就在回家的前一天，他（⑧　　　）买了一张彩票，（⑨　　　）中了500万元大奖。当他和老父亲一起领奖时，父子俩激动得抱头大哭。（⑩　　　）中了大奖，也许他早就活不成了，更不要说改变他家（⑪　　　）的命运了。

## 八、根据课文内容、下面的表达方式和提示完成对话

表示列举（2）：……什么的　　等等　　什么+……呀

表示遗憾：很（非常、真）遗憾　　太可惜了

表示安慰：Adj就Adj吧　　没什么　　这也没什么大不了的

表示无奈：有什么办法呢　　随它去吧　　Adj也得Adj，不Adj也得Adj

A：你们国家有福利彩票和体育彩票吗？

B：①_____

（肯定回答，用"此外"列举其他的彩票种类）

A：你购买过彩票吗？

B：②_____

_____

（肯定回答，说说买彩票花钱的数量和次数）

A：那你中过大奖吗？

B：③_____

（表示遗憾，感叹自己的号码和中奖号码就差一点儿）

A：没中奖就没中奖吧，这也没什么大不了的，人还得高兴过好每一天呀。

B：④_____

_____

（表示无奈，承认天上不会掉馅饼）

A：如果你真的中了大奖，那些钱你想怎么花？

B：⑤ _____

_____

（列举自己想买的东西或想干的事情）

A：你的这些想法都不错。话又说回来了，其实，绝大多数人难以实现发财梦，所以，你想买的东西和你想做的事情，最后还得靠自己的努力去实现。

B：⑥ _____

_____

（表示同意）

## 九、阅读短文，回答问题

我今年41岁了，一直都生活在安徽农村。从2004年开始，我就买彩票。

2006年的一天，我买了两张彩票，随后幸运就砸中了我的头，居然中了大奖，总共500万呢。

该怎么花掉这500万？我坐在屋里整整想了21天。纳完税后，我还能拿到400万。这笔钱不能让它闲着，该花就得花掉。

我先花26万买了一套房子，还花了近27万买了一辆汽车。此外，我还用4万块钱，请全村的人吃了一天饭。村民都为我高兴，我也想着跟大伙儿快活一天。我们村里有几户比较贫困的家庭，我给了他们一些钱。这些钱来得容易，所以花起来也不心疼。

今年7月，我们一家搬到了县城，买了套楼房，还把两个孩子都转过来读书。现在我没什么经济压力，还留了一部分钱给孩子们上学用。

中奖后，我干的最有意义的事就是修路，修了一条从我们村通向105国道的石子路。这条路都是我亲自看着修的，料是我自己买的，也是我自己开着车拉到路上的。干活的人是我自己找的，而且一分钱的人工费都没花，村民都自发来帮忙。

这条石子路修了16天，3.7公里长，宽有3米多一点，自行车、拖拉机都能走。村民们都高兴得合不上嘴，毕竟，今后不用再走泥巴路了。

（选自中国网）

1. 故事的主人公是哪儿的人？他从什么时候开始买彩票？
2. 他什么时候买的彩票中了大奖？奖金有多少？纳税后他还剩多少？
3. 中奖后，他想不想花掉这笔钱？为什么？
4. 他用中奖的钱为自己做了什么事情？
5. 他用中奖的钱为村民们做了什么事情？
6. 他用中奖的钱做的最有意义的一件事是什么？

7. 他修的那条路是什么样的？

8. 你觉得他处理500万奖金的方式怎么样？如果是你，你会怎么花这笔钱？

十、说一说，写一写

用下面给出的词语介绍你对买彩票的看法（100~150字）。

发行　销售　购买　彩票　彩民　中奖　发财　富翁　纳税　命运　运气　兴办

十一、走出课堂，拓展学习

1. 这是中国福利彩票的标志，猜一猜或者问一问，这个标志包含着什么意思？

（1）图中的"C"和"P"表示什么？

（2）在"C"和"P"的中间有两条像"F"的斜道，高矮不一样，这代表什么意思？

（3）由"C"、"P"和像"F"的两条斜道构成一个汉字，能看出它是什么字吗？

（4）这个汉字又像中国人过年用的一种东西，颜色红红的，高高挂在房顶上，知道这是什么吗？它代表了什么意思？

（5）这个标志是红色的，想想为什么用红色？

（6）到街上走一走，找找有没有中国福利彩票的标志，找到后拍一张照片带到课堂上，给老师和同学们讲讲这个标志的意思。

2. 采访一个中国人。

（1）问问他相信不相信命运，为什么。

（2）问问他是不是愿意碰运气，如果愿意的话，他会用什么办法碰运气。

（3）问问他想没想过通过"买彩票、中大奖"而一下子变成富翁。

（4）介绍一下你对命运、碰运气的看法。

（5）听听对方怎样评价你的看法。

**把你采访的情况带回课堂，介绍给老师和同学们听。**

# 燕子买房记

## 题　解

作为儿女，父母在的地方就是家；作为妻子或丈夫，两个人在哪里，哪里就是家；等到有了孩子后，家就是儿女所在的地方。有一个温暖的家，多么让人向往！为了这个温暖的家，有多少人在不断地追求……

## 词语学习

01

| | | | | |
|---|---|---|---|---|
| 1. | 网 | wǎng | 名 | net, network |
| 2. | 租 | zū | 动 | to rent |
| 3. | 议论 | yìlùn | 动 | to talk, to comment |
| 4. | 降价 | jiàngjià | 动 | to reduce the price |
| 5. | 不安 | bù'ān | 形 | uneasy, disturbed |
| 6. | 税 | shuì | 名 | tax |
| 7. | 幢 | zhuàng | 量 | used for buildings |
| 8. | 虽说 | suīshuō | 连 | (*oft. used correlatively with* 但是 / 可是 *etc.*) though, although |
| 9. | 一阵 | yízhèn | 名 | period of time |
| 10. | 亲口 | qīnkǒu | 副 | (to say) personally |
| 11. | 赠送 | zèngsòng | 动 | to give as a present |
| 12. | 精 | jīng | 形 | refined |
| 13. | 装修 | zhuāngxiū | 动 | to fit up (a house, etc.) |
| 14. | 特 | tè | 形 | special |
| 15. | 价 | jià | 名 | price |
| 16. | 促销 | cùxiāo | 动 | to promote sales |
| 17. | 口号 | kǒuhào | 名 | slogan |

| 18. | 结果 | jiéguǒ | 名 | result |
|---|---|---|---|---|
| 19. | 就是 | jiùshì | 连 | (used correlatively with 也 to indicate a supposition) even, even if |
| 20. | 债 | zhài | 名 | debt |
| 21. | 心思 | xīnsi | 名 | state of mind |
| 22. | 即使 | jíshǐ | 连 | even, even if |
| 23. | 楼房 | lóufáng | 名 | storeyed building |
| 24. | 居民 | jūmín | 名 | resident |
| 25. | 一带 | yídài | 名 | area around a particular place |
| 26. | 人文 | rénwén | 名 | humanity |
| 27. | 爹 | diē | 名 | father |
| 28. | 要么 | yàome | 连 | (showing choice between two conditions or desires) or |
| 29. | 最终 | zuìzhōng | 名 | final |
| 30. | 周末 | zhōumò | 名 | weekend |
| 31. | 沙盘 | shāpán | 名 | sand table |
| 32. | 型 | xíng | 名 | type, pattern |
| 33. | 朝向 | cháoxiàng | 名 | (of the main gate of a building or window of a room) orientation |
| 34. | 层 | céng | 量 | floor |
| 35. | 配套 | pèitào | 动 | to form a complete set |
| 36. | 设施 | shèshī | 名 | installation, facilities |
| 37. | 吃亏 | chī kuī | 动 | to suffer losses |
| 38. | 面子 | miànzi | 名 | face, feelings |
| 39. | 卧室 | wòshì | 名 | bedroom |
| 40. | 签订 | qiāndìng | 动 | to conclude and sign |
| 41. | 购 | gòu | 动 | to buy |
| 42. | 再说 | zàishuō | 动 | to talk about sth later |
| 43. | 明白 | míngbai | 动 | to understand |
| 44. | 按 | àn | 介 | according to |

| 45. | 贷款 | dàikuǎn | 名 | loan |
| 46. | 万一 | wànyī | 连 | (used for an unfavourable thing) in case |
| 47. | 好歹 | hǎodǎi | 副 | mishap, disaster |
| 48. | 应付 | yìngfù | 动 | to cope with |
| 49. | 应 | yìng | 动 | to meet (an urgent need, etc.) |
| 50. | 潮湿 | cháoshī | 形 | humid |
| 51. | 塞 | sāi | 动 | to fill in |
| 52. | 口香糖 | kǒuxiāngtáng | 名 | chewing gum |
| 53. | 日记 | rìjì | 名 | diary |

## 走进课文

### 燕子买房记[1]

在北京生活了十年的燕子，一直租房子住，记不清已经搬过了多少次家。今年，报纸上、网上都在议论房子该降价了，让她坐立不安的。老公说："看你急的，我又没拦着你。"听了老公这句话，燕子开始到各个卖楼的地方去看房子，她知道，老公忙得没工夫陪她。

就凭全家每月税后不到一万块钱的收入，三环[2]以内的房子她根本不敢打主意[3]。远郊区房子的价格倒是可以接受，一幢幢房子也很现代，可是

> 1. 燕子在北京生活时，她的住房情况怎么样？
> 2. 燕子为什么坐立不安的？
> 3. 燕子为什么自己去看房子？
>
> 4. 燕子一家交税后的月收入是多少？

---

1. 记：记载、描写事物的书或文章，经常用在书名、影片名或文章的题目中。例如：昨天我看了一个电影——《熊猫历险记》。
2. 三环：指北京城区的环形城市快速路，三环、四环设计时速每小时80公里；五环是北京市第一条环城高速公路，设计时速每小时90公里。
3. 打主意：设法得到；想办法。有时"打主意"的动宾中间可以插入其他成分。例如：想干什么我自己努力，我不想让你帮忙，也从来没打过你的主意。/ 这件事你另打主意吧。

接连看了好几个地方，都觉得离单位太远。虽说交通越来越方便，可每天跑来跑去地上下班，时间长了谁也受不了。跑了一阵，燕子的劲儿也就没那么大了。

春节过后，朋友亲口告诉燕子，她买的房赠送了精装修。燕子也看了广告，到处都有"特价促销"的口号，这些吸引人的广告又让燕子的心乱了起来，她心想，买房子的事今年该有个结果了。无论老公有多忙，这次得拉着他一起跑。家里的事情得一起办，就是成了房奴[4]，也得一起还债。到底该买哪儿的房子，让燕子他们费尽了心思。房子太远不能买，不要说自己没有私家车，就是有车，在这高油价的时代，像咱们这样的也跑不起啊。房子太近了也不能买，价格吓死人，从1.6万元一平方米到7.2万元一平方米，即使当一辈子"负翁[5]"，也住不上这天价[6]楼房啊。干什么都得从实际出发，他们决定在四环和五环之间选房子，毕竟，过去那些农民住的地方，现在变成了一片一片的居民小区。那里既有城里的现代，又保留了过去的安静，最主要的是，那儿的房子他们还买得起。

对于买什么方向、位置的房子，这俩人可说不到一块了。燕子喜欢东四环一带，那里是CBD[7]，大商店多，透着热闹，逛街也方便。可

5. 她为什么不敢买三环以内的房子？
6. 她为什么也不敢买远郊区的房子？

7. 2009年春节过后，燕子的心为什么又乱了起来？
8. 关于买房子，燕子有了什么新想法？
9. 还是燕子一个人去看房子吗？为什么？
10. 燕子为什么觉得房子太远不能买？
11. 燕子为什么觉得房子太近了也不能买？
12. "富翁"和"负翁"的意思一样吗？为什么？
13. 燕子他们为什么决定在四环和五环之间选房子？

14. 对于买什么方向和位置的房子，燕子和她老公有什么不同的看法？

---

4. 房奴（fángnú, mortgage slave）：指的是贷款购房的城镇居民，由于要连续多年还本付息，使得家庭生活质量下降，甚至感到承受着被奴役一样的压力。
5. 负翁（fùwēng）：对那些原有资产消失、背上债务的人的称呼。与"富翁"谐音。
6. 天价：指极高的价格。
7. CBD：英文"Central Business District"的缩写，翻译成汉语是"中央商务区"。

老公看上了西北四环，强调那里是上风上水[8]。燕子有些生气："我可不是光顾自己呀，房子买到东边，你上班不是更近吗？"老公坚持说："叫你听我的，你就听我的，那边好学校多，人文环境不错，咱们的孩子都三岁了，能不替他想想吗？"这话算说到燕子的心里了，当爹妈的，哪个不是首先想着孩子呢？"行，听你的！"燕子催着老公说，"要么，先上网看看？"查了几天，最终他们从网上查到一片合适的楼房，就在西北四环附近。

15. 燕子的老公坚持什么？他为什么这样坚持他的看法？

16. 燕子同意她老公的看法了吗？为什么？

17. 燕子他们在哪儿查到了合适的楼房？

那是周末的一个上午，燕子他们去看房。销售楼房的小姐把他们带到沙盘前，一个户型一个户型地介绍着，从面积到朝向，从楼层到价格，从周围环境到配套设施，说得详详细细、清清楚楚。燕子心动了，觉得哪套房子都不错，不买就像吃了大亏似的。平时，家里的小事全是燕子拿主意，到了办大事的时候，她可就想听老公的。老公推推她："你选吧。"燕子觉得老公真给她面子[9]，连忙说："能不能带我们看看这套？"燕子指着三层、靠边、朝南的一套房子问售楼小姐。"当然可以，请跟我来。"

18. 周末燕子他们去看房子的时候，售楼小姐的服务怎么样？

19. 燕子听了介绍后，有什么想法？

20. 为什么燕子觉得老公很给她面子？

21. 燕子选择了哪一套房？为什么？

---

8. 上风上水：指风刮来的那个方向与河水流下来的那个方向，这里指北京市的西北。
9. 给……面子：对于一个人的情分和脸面给予足够的尊重。例如：他做事从来不给别人面子。

售楼小姐打开房门，这房子两个卧室加客厅、餐厅，满屋子都是阳光。她带着燕子他们到处看，客厅、餐厅、卧室、厨房、卫生间……把整套房子看了个遍。燕子觉得样样都挺满意，担心这套房子被卖出去，催着老公赶快签订购房合同。"看把你高兴的！急什么？算算钱再说吧。"燕子明白老公的意思，买三层的房子只够交首付，以后必须按月还贷款。买房后，除了应付日常生活外，他们肯定是"月光族[10]"。万一有个好歹的话，一点儿应急的钱都没有。售楼小姐看着燕子他们俩在一边商量，走过来，笑笑说："没关系，实在觉得手头紧[11]，买一层的也可以，户型都一样，一层进出更方便，而且每平方米比三层的房子便宜200多块钱呢！"燕子他们俩连忙说"谢谢"，告诉售楼小姐："我们回家再商量商量，明天上午给你准信儿。"

回家的路上，老公觉得燕子多少有些失望，不住地安慰她："住一层，阳光是不如上面的好，下雨的时候还有些潮湿，可是，毕竟不是一年到头总下雨呀。更何况，咱们还年轻，那房子也不是要住一辈子，等有了钱，咱们一定换套更大的、更好的。"燕子往老公嘴里塞了一块口香糖："行了，行了！我比你明白。楼层低就低点儿吧，有什么可安慰的？交完首付你就别管了，明天我就去买家庭装修杂志，还要上网看看装修日记……"

22. 燕子为什么催着老公签订买房合同？

23. 燕子的老公签合同了吗？为什么？

24. 售楼小姐给了燕子他们什么建议？

25. 燕子的老公怎样安慰燕子？

26. 听到老公的安慰后，燕子是怎样回答的？

---

10. 月光族：指把每月赚的钱都用光、花光的人。

11. 手头紧：经济比较紧张；钱不够花。有时"手头紧"的"手头"和"紧"中间可以插入其他成分。例如：自从贷款买了房，我真体会到了什么叫手头紧。/手头再紧，孝敬父母的钱也得花。

## 综合注释

1. 老公说:"看你急的,我又没拦着你。"

   "看(把)你/他V/Adj的"格式,表示说话人指出对方某种状态、情绪达到了很高的程度。有时,"看(把)你V/Adj的"中的"你"也可以换成"他/她",基本意思不变。例如:

   ① 看(把)你吓的,都说不出话来了。
   ② 我心疼地说:"看(把)你累的,早点儿睡吧。"
   ③ 看(把)他高兴的,都不知道姓什么了!

   ▶ 试一试:用"高兴、伤心、忙、气"和"看(把)你/他V/Adj"格式完成句子
   (1) _____,连一分钟也不能休息?
   (2) _____,眼泪都笑出来了。
   (3) _____,半天说不出话来。
   (4) _____,眼睛都哭红了。

2. 家里的事情得一起办,就是成了房奴,也得一起还债。

   "就是……也……"是口语中常用的让步复句,连词"就是"和"即使"意思相同,提出假设条件,带有让步的意思;"也"后面的句子表示仍然不改变做法。例如:

   ① 今天非去不可,就是天上下刀子也拦不住我!
   ② 你必须得写,就是一夜不睡也得写完。
   ③ 我怎么劝他,他也不来,就是开车去接他,他也不上车。

   ▶ 试一试:用"就是……也……"完成句子
   (1) 你就是说破了嘴,_____。
   (2) _____,我也不愿意再见她。
   (3) 他们就是给我一万块钱,_____。
   (4) 为了减肥,_____,她也一口都不吃。

3. 干什么都得从实际出发,他们决定在四环和五环之间选房子。

   "从……出发"最开始的意思是离开某个地方。后来用法扩展为表示思考或处理事情的时候,必须先考虑某一点。"从"和"出发"之间常使用"实际、事实、需要、情况、观点、大局、原理、思想、利益、愿望"等词语,这些词语前多有定语。例如:

   ① 理想是理想,现实是现实,处理现实中的事情还要从实际出发。

② 我们这样决定，完全是从当前的实际情况出发。

③ 一些企业从经济利益出发，做了很多破坏环境的事情。

▶ 试一试：在"利益、需要、愿望、事实"前加上定语，然后放到"从……出发"格式中，完成句子

（1）你说话不能没有根据，＿＿＿＿＿＿＿＿＿＿＿＿＿。

（2）应该＿＿＿＿＿＿＿＿＿＿＿＿＿，推动两国友好合作关系长期稳定地发展。

（3）绝不要＿＿＿＿＿＿＿＿＿＿＿＿＿，做伤害农民的事情。

（4）把你从北京调到上海分公司，＿＿＿＿＿＿＿＿＿＿＿＿＿。

4. 叫你听我的，你就听我的。

"让/叫你V你就V"是一个固定格式，表示说话人坚持让某人做某事，带有不能商量的命令口气。前后两个"V"可以是相同的动词或动词词组，也可以是不同的"V"的肯定、否定形式。在"让/叫你V你就V"前后，经常出现解释性的上下文。例如：

① 叫你干什么你就干什么，现在没时间跟你讨论。

② 让你吃饭你就吃（饭），还客气什么？

③ 我过的桥比你走的路多多了，叫你往东走，你就不能往西走。

④ 记住，这就是咱家的规矩：让你站着，你就不能坐下。

▶ 试一试：用"让/叫你V你就V"完成对话，并说明理由

（1）A：我非得今天下午搬家吗？

　　B：＿＿＿＿＿＿＿＿＿＿＿＿＿

（2）A：为什么我刚出门你就让我回来？

　　B：＿＿＿＿＿＿＿＿＿＿＿＿＿

（3）A：为什么在这儿停车？

　　B：＿＿＿＿＿＿＿＿＿＿＿＿＿

（4）A：今天我想睡懒觉，不想去上学了。

　　B：＿＿＿＿＿＿＿＿＿＿＿＿＿

5. 燕子催着老公说："要么，先上网看看？"

"要么"是连词，也可以写作"要末"，表示在两种情况或两种想法的比较中得出一种选择。"要么"单用时，另外一种情况或想法已经出现在上下文里，或隐含在说话人的表达中。使用"要么"时，带有说话人试探或商量的口气。例如：

① 急也没用，要么，先打个电话问问？

② 别等他了，要么，咱们开始讨论吧。

③ 要么，买一件普通牌子的穿？等以后有了钱，再买名牌。

④ 要末，你先走，我收拾一下马上就去。（另一选择：跟……一起走）

▶ 试一试：用"要么"完成对话，尽可能说出选择的理由

（1）A：咱家买三环以内的房子吧。

　　　B：＿＿＿＿＿＿＿＿＿＿＿＿＿＿＿＿＿＿

（2）A：他们在书房聊天儿还是在客厅聊天儿？

　　　B：＿＿＿＿＿＿＿＿＿＿＿＿＿＿＿＿＿＿

（3）A：你们打算精装修还是简单装修？

　　　B：＿＿＿＿＿＿＿＿＿＿＿＿＿＿＿＿＿＿

（4）A：你说是贷款买房好还是先租房子住好？

　　　B：＿＿＿＿＿＿＿＿＿＿＿＿＿＿＿＿＿＿

6. 楼层低就低点儿吧，有什么可安慰的？

"Adj/V（点儿）就Adj/V（点儿）（吧）"是固定格式，前后两个"Adj/V"是单个相同的形容词或动词，表示对某人某事虽然不太满意，但还可以接受、容忍。例如：

① 都是为了大家嘛，辛苦点儿就辛苦点儿！

② 工资少就少点儿，能和家里人在一起，我就知足了。

③ 他好像无所谓："反正是国家的东西，损失了就损失了吧。"

▶ 试一试：用"Adj/V（点儿）就Adj/V（点儿）（吧）"格式完成对话

（1）A：去那么远打工，你行吗？

　　　B：＿＿＿＿＿＿＿＿＿＿＿＿＿＿＿＿＿＿

（2）A：这儿的楼房多贵呀！

　　　B：＿＿＿＿＿＿＿＿＿＿＿＿＿＿＿＿＿＿

（3）A：装修房子可真麻烦。

　　　B：＿＿＿＿＿＿＿＿＿＿＿＿＿＿＿＿＿＿

（4）A：恐怕今天得晚下班了。

　　　B：＿＿＿＿＿＿＿＿＿＿＿＿＿＿＿＿＿＿

## 综合练习

一、参考注释，理解新词，然后选词填空

1. 特价　　价：价格（price）。"价"前面的词可以是名词，例如：物价/房价/菜价/米价/股价，表示某类商品的价格；可以是形容词，例如：原价/高价/低价，表示对价格特点的限定；还可以是动词，例如：估价/讨价还价/砍价/提价/降价/限价/调价，表示对价格采取的某种行为。试着选择合适的词填到括号里。

   （1）稳定（　　　　）是政府面临的重要任务之一。
   （2）经过（　　　　），他把（　　　　）一千多块钱的服装以八百元买下。
   （3）那些人（　　　　）买入，又（　　　　）卖出，转眼间都发了大财。
   （4）各大酒店从下周开始全面（　　　　）。

2. 户型　　型：类型（type）。"型"前面的词可以是名词，例如：脸型/发型/口型/体型/血型，表示某种事物的类型；也可以是形容词，例如：微型/小型/中型/大型/巨型/新型/轻型/重型，表示某种事物在形状、重量等方面所具有的特点。试着选择合适的词填到括号里。

   （1）教师要注意观察，看学生发音时（　　　　）是不是正确。
   （2）人的（　　　　）一般来说一辈子都是不变的。
   （3）这颗伴星必须用（　　　　）望远镜才能观察到。
   （4）人们把重量不超过150千克的飞机都称做超（　　　　）飞机。

二、按照事物的类别或特点，用新学的语素"～价""～型"概括下列说法

1. 一部手机320万美元——
2. 10欧元从欧洲飞往中国——
3. 出版一年内的新书，必须按图书标明的实价销售——
4. 93号汽油每升从5.6元涨到6.2元——
5. O型、A型、B型、AB型——
6. 胖、瘦、矮胖、瘦高——
7. 一座71米高的大佛——
8. 百把字的小说——

三、选择课文中学过的下列词语填空

　　　议论　　签订　　虽说　　一阵　　亲口　　一带　　吃亏　　再说

1. 他们俩吵了（　　　　），谁也不给对方面子。
2. （　　　　）她的工资也不低，但她从来不买高价日用品。

3. 他（　　　）告诉我："海淀区是北京的上风上水。"
4. 我今天还有会，帮你装修的事，留到下次（　　　）吧。
5. 试戏后，我很快和剧组（　　　）了演出合同。
6. 对于不明白的事，最好请教别人，自作聪明是最（　　　）的。
7. 人们似乎少了一份（　　　）油价是涨了还是降了的热情。
8. 向您打听一下，这（　　　）有房子出租吗？

四、选词填空并朗读

1. 议论　讨论
（1）近两年来，国内外对人民币是升是降有很多（　　　）。
（2）这项法律是由他主持（　　　）定稿的。

2. 心思　想法
（3）他突然产生了一个新奇的（　　　）。
（4）看起来他（　　　）很重，不愿意谈这个问题。

3. 朝向　方向
（5）这座楼房的（　　　）最好，光线非常充足。
（6）北极星的（　　　），就是地球的正北方。

4. 好歹　好坏
（7）圆珠笔的（　　　）取决于笔尖上的圆珠质量。
（8）这太危险了，万一有个（　　　），我负不起责任啊！

5. 应付　对付
（9）他是个很难（　　　）的家伙。
（10）为（　　　）春节期间旅客出行的增多，他们已经作好了一切安排。

6. 一带　附近
（11）刚来学校时我没有宿舍，只好先在（　　　）租了一间房。
（12）这股冷空气已经推进到华北和东北（　　　）。

五、用所给的词语或格式完成对话

1. A：你们当志愿者，是不是不挣钱？
   B：_____（虽说）

2. A：那儿你也敢去？不怕危险吗？
   B：_____（就是）

3. A：去看京剧好还是去看大片好？
   B：＿＿＿＿＿＿＿＿＿＿＿＿＿＿＿＿＿＿＿＿＿＿＿＿＿＿＿＿（要么）

4. A：买房子的事儿，你们到底怎么决定的？
   B：＿＿＿＿＿＿＿＿＿＿＿＿＿＿＿＿＿＿＿＿＿＿＿＿＿＿＿＿（最终）

5. A：哎？值10块钱的包，他怎么要了你50块钱呀？
   B：＿＿＿＿＿＿＿＿＿＿＿＿＿＿＿＿＿＿＿＿＿＿＿＿＿＿＿＿（吃亏）

6. A：天气好好的，你为什么要带雨伞呢？
   B：＿＿＿＿＿＿＿＿＿＿＿＿＿＿＿＿＿＿＿＿＿＿＿＿＿＿＿＿（万一）

7. A：一个月才挣1000多块钱，够你日常生活花的吗？
   B：＿＿＿＿＿＿＿＿＿＿＿＿＿＿＿＿＿＿＿＿＿＿＿＿＿＿＿＿（应付）

8. A：这么小的房子住五口人，多挤呀！
   B：＿＿＿＿＿＿＿＿＿＿＿＿＿＿＿＿＿（Adj/V（点儿）就Adj/V（点儿）（吧））

## 六、用所给的词语或格式改写句子

1. 某些药品的价格只相当于原价的50%。
   ＿＿＿＿＿＿＿＿＿＿＿＿＿＿＿＿＿＿＿＿＿＿＿＿＿＿＿＿＿（降价）

2. 和她结婚的事儿，我连想都没敢想。
   ＿＿＿＿＿＿＿＿＿＿＿＿＿＿＿＿＿＿＿＿＿＿＿＿＿＿＿＿＿（不敢打主意）

3. 我要赶在春节前回家，哪怕是买站票呢。
   ＿＿＿＿＿＿＿＿＿＿＿＿＿＿＿＿＿＿＿＿＿＿＿＿＿＿＿＿＿（就是……也……）

4. 你必须得听我的，因为我知道的比你多。
   ＿＿＿＿＿＿＿＿＿＿＿＿＿＿＿＿＿＿＿＿＿＿＿＿＿＿＿＿＿（让/叫你V你就V）

5. 孩子的健康很重要，做什么事情要想想对孩子身体好不好。
   ＿＿＿＿＿＿＿＿＿＿＿＿＿＿＿＿＿＿＿＿＿＿＿＿＿＿＿＿＿（从……出发）

6. 买房以后，咱们就得一个月一个月地还贷款了。
   ＿＿＿＿＿＿＿＿＿＿＿＿＿＿＿＿＿＿＿＿＿＿＿＿＿＿＿＿＿（按）

7. 最近我的钱都快花光了，我得出去打打工。
   ＿＿＿＿＿＿＿＿＿＿＿＿＿＿＿＿＿＿＿＿＿＿＿＿＿＿＿＿＿（觉得手头紧）

8. 我干了那么大的错事，他都没当众批评我，没让我丢面子。
   ＿＿＿＿＿＿＿＿＿＿＿＿＿＿＿＿＿＿＿＿＿＿＿＿＿＿＿＿＿（给……面子）

## 七、根据记忆，试着补出下面课文中没有出现的词语

他们把每个房间看了个遍，燕子觉得样样都挺满意，担心这套房子被卖出去，催着老公赶快（①＿＿＿＿＿＿）购房合同。"看把你高兴的！急什么？算算钱

（②　　　）吧。"燕子（③　　　）老公的意思，买三层的房子只够交首付，以后必须（④　　　）月还（⑤　　　）。买房后，除了（⑥　　　）日常生活外，他们肯定是"（⑦　　　）"。（⑧　　　）有个（⑨　　　）的话，一点儿（⑩　　　）急的钱都没有。售楼小姐看着燕子他们俩在一边商量，走过来，笑笑说："没关系，实在觉得（⑪　　　），买一层的也可以，（⑫　　　）都一样，一层进出更方便，而且每平方米比三层的房子便宜200多块钱呢！"

八、根据课文内容、下面的表达方式和提示完成对话

表示有能力/无能力：V对……来说太不容易了　对……来说简直太难了
表示估计（2）：听口气　听上去　看起来　……
表示比较（2）：比+Adj一些/得多/多了　比不上　和……差别很大　不大
表示说明（2）：……占……的……%　……是……+V的　一是……一是……

A：中国的年轻人买套房子可真不容易呀！
B：①＿＿＿＿＿＿＿＿＿＿＿＿＿＿＿＿＿＿＿＿＿＿＿＿＿＿＿＿＿＿＿＿＿＿
　　　　　　　　　　　　　　　（表示同意，说明不光中国人有这样的问题）

A：听口气，你们国家的年轻人也不是轻易就买到自己的房子了？
B：②＿＿＿＿＿＿＿＿＿＿＿＿＿＿＿＿＿＿＿＿＿＿＿＿＿＿＿＿＿＿＿＿＿＿
　　　　　　　　　　　　　　　　　　　　　　　（表示肯定，说明为什么）

A：我听说，很多国家的年轻人从18岁以后，就开始自己租房子住。
B：③＿＿＿＿＿＿＿＿＿＿＿＿＿＿＿＿＿＿＿＿＿＿＿＿＿＿＿＿＿＿＿＿＿＿
　　　　　　　　　　　（表示肯定，比较一下不同国家年轻人的独立生活能力）

A：18岁就独立生活吗？很多人那时还没有工作呢，他们靠什么生活？
B：④＿＿＿＿＿＿＿＿＿＿＿＿＿＿＿＿＿＿＿＿＿＿＿＿＿＿＿＿＿＿＿＿＿＿
　　　　　　　　　　　（说明能独立生活的年轻人的比例；说明独立生活靠什么）

A：这么说，靠贷款、过"负翁"生活的年轻人有很多呢。年轻人的父母看自己的儿女靠贷款、靠打工挣钱生活，他们不觉得丢面子吗？
B：⑤＿＿＿＿＿＿＿＿＿＿＿＿＿＿＿＿＿＿＿＿＿＿＿＿＿＿＿＿＿＿＿＿＿＿
　　　　　　　　　　　　　　　　　（表示不同意丢面子的观点，说明为什么）

A：外国的年轻人中有没有"月光族"？

B：⑥ _____

_____

（表示肯定，用"从……出发"说明自己了解的情况）

A：跟你聊聊天儿还真长见识呢。

B：⑦ _____

_____

（示意对方不必客气）

## 九、阅读短文，回答问题

这些年，汉语里的新词语真多。据学者统计，带有"族"字的新词语就有将近400个。"族"本来有"家族、民族"的意思，但是近几年又有了新义，表示"具有某种共同思想和行为的一类人"。

有些带有"族"的词语并不难理解，比如"打工族、有车族、追星族、高收入一族、贫困一族"，等等；有些词语呢，稍微想一想，就知道它们的意思，比如"拇指族"，就是用拇指不断按手机打电话、发信息的一类人；"啃老族"指一些不升学、不就业、不进修，整天不干事儿，依靠着父母生活的一群人；"北漂一族"指那些从其他地方来到北京生活，但却没有北京户口的人群，等等。

还有一些带"族"字的词语听起来有点儿陌生，比如"蚁（yǐ, ant）族"，竟然是指毕业后选择留在大城市生活的低收入白领们；"长草族"是指对某种物品占有的愿望特强的人们；"拔草族"则是彻底、干脆地把这个物品买下来的人群；"考碗族"是指专门准备考取公务员的人群，他们把公务员的岗位当成了金饭碗；"嫁碗族"是指那些想办法嫁给公务员、直接过上稳定生活的人。

还有一些带"族"词语来自国外，可以通过英文来了解它们的意思，比如"乐活族"（LOHAS, lifestyles of health and sustainability）、"乐单族"（quirkyalone）、"淘券族（coupon-crazed tribe）"，等等。

通过这些带"族"的新词语，你可以发现，在现代社会存在着以各种状态生活的不同的人群。

1. 带"族"字的新词语有多少？
2. "族"的前面经常出现哪一类词语？是名词、动词还是形容词？请把上文中出现在"族"前面的词语归类。
3. 在"～族"中的"蚁族"、"拇指族"、"长草族"、"考碗族"等词语和直接表示词汇意义的"打工族"等词语不一样，它们在构成新词语时，采用了什么方式？

4. 在 "~族" 中的词语中,"族"前面的词的音节是多少?一个?两个?三个?还是更多?为什么?

5. 你还听说过哪些带有"族"的新词语?请举出几个例子。

6. 你属于哪一"族"?你对上述那些不同的人有什么看法?

十、说一说,写一写

用下面给出的词语介绍燕子买房子的经历(100~150字)。

降价　不敢打……主意　虽说　促销　就是……也……　从……出发　叫你V你就V

最终　给……面子　签合同　Adj/V(点儿)就Adj/V(点儿)(吧)

十一、走出课堂,拓展学习

1. 拜访一位中国朋友的家,了解他家的住房情况。

（1）他家住在城市哪个方向、什么位置。

（2）他家所住房子的样式、层数。

（3）他家的户型、朝向、面积等。

（4）他家的装修情况。

（5）他家的房子是租住还是购买的。

（6）他家对现有住房是否满意，为什么。

把了解到的情况和拍摄的照片带到课堂上，讲给老师和同学们听。

2. 介绍一下你家的住房情况。

（1）你家住在哪个国家，在城市的哪个方向、什么位置。

（2）你家所住房子的样式、层数。

（3）你家的户型、朝向、面积等。

（4）你家的装修情况。

（5）你家的房子是租住还是购买的。

（6）你家对现有住房是否满意，为什么。

3. 比较一下你家和你参观过的中国朋友的家有什么不同，你和你的中国朋友对现有住房的满意度有什么不同。

# 李连杰和他的"壹基金"

## 题　解

你听说过有人20岁就获得了几十个武术冠军的事情吗？你知道几十部武打片都和电影《少林寺》的主演有关吗？你了解一个叫"壹基金"的组织已经捐款两亿多块钱吗？如果告诉你，这三件平常人难以做到的事情，都和同一个人有关，你会相信吗？不信的话，请看这篇课文吧！

## 词语学习

01

| | | | | |
|---|---|---|---|---|
| 1. | 壹 | yī | 数 | (used as the numeral on cheques, banknotes, etc.) one |
| 2. | 荣誉 | róngyù | 名 | honour, honourable reputation |
| 3. | 敌手 | díshǒu | 名 | opponent |
| 4. | 大师 | dàshī | 名 | great master |
| 5. | 只顾 | zhǐgù | 副 | to care only for |
| 6. | 疯 | fēng | 形 | without inhibition |
| 7. | 全能 | quánnéng | 形 | all-round |
| 8. | 扮演 | bànyǎn | 动 | to play the role of |
| 9. | 和尚 | héshang | 名 | monk |
| 10. | 武打 | wǔdǎ | 动 | acrobatic fighting, kung fu |
| 11. | 明星 | míngxīng | 名 | star |
| 12. | 利 | lì | 名 | benefit |
| 13. | 足够 | zúgòu | 形 | enough |
| 14. | 关注 | guānzhù | 动 | to pay close attention to |
| 15. | 沙滩 | shātān | 名 | sand beach |
| 16. | 强烈 | qiángliè | 形 | violent |

120

李连杰和他的"壹基金"

| 17. | 震动 | zhèndòng | 动 | to shake |
| --- | --- | --- | --- | --- |
| 18. | 铺 | pū | 动 | to spread |
| 19. | 命 | mìng | 名 | life |
| 20. | 挣扎 | zhēngzhá | 动 | to struggle |
| 21. | 甘心 | gānxīn | 动 | to do sth willingly |
| 22. | 本能 | běnnéng | 名 | instinct |
| 23. | 强壮 | qiángzhuàng | 形 | strong |
| 24. | 卫星 | wèixīng | 名 | satellite |
| 25. | 通讯 | tōngxùn | 名 | communication |
| 26. | 中断 | zhōngduàn | 动 | to break off, to interrupt |
| 27. | 冰冷 | bīnglěng | 形 | ice-cold |
| 28. | 番 | fān | 量 | kind, sort |
| 29. | 脑子 | nǎozi | 名 | brain |
| 30. | 回想 | huíxiǎng | 动 | to think back |
| 31. | 责备 | zébèi | 动 | to blame |
| 32. | 自我 | zìwǒ | 代 | oneself |
| 33. | 上帝 | Shàngdì | 名 | God |
| 34. | 意味着 | yìwèizhe | 动 | to signify |
| 35. | 金钱 | jīnqián | 名 | money |
| 36. | 权力 | quánlì | 名 | power, authority |
| 37. | 思考 | sīkǎo | 动 | to think deeply |
| 38. | 重大 | zhòngdà | 形 | (used for abstract things) of great importance |
| 39. | 提倡 | tíchàng | 动 | to advocate |
| 40. | 公益 | gōngyì | 名 | (usu. regarding health and relief work) public good |
| 41. | 观念 | guānniàn | 名 | idea, concept |
| 42. | 慈善 | císhàn | 形 | charitable |
| 43. | 公式 | gōngshì | 名 | formula |
| 44. | 环保 | huánbǎo | 名 | environmental protection |

| | | | | |
|---|---|---|---|---|
| 45. | 扶贫 | fúpín | 动 | to help the poor or aid a poverty-stricken area |
| 46. | 救灾 | jiù zāi | 动 | to help the people tide over a natural disaster |
| 47. | 启动 | qǐdòng | 动 | to start |
| 48. | 仪式 | yíshì | 名 | ceremony |
| 49. | 捐款 | juān kuǎn | 动 | to contribute money |
| 50. | 人次 | réncì | 量 | person-time |
| 51. | 拨 | bō | 动 | to dial |
| 52. | 胶卷 | jiāojuǎn | 名 | roll of film |
| 53. | 超 | chāo | 动 | to exceed |
| 54. | 外景地 | wàijǐngdì | 名 | shooting location |
| 55. | 深情 | shēnqíng | 名 | deep feeling |

## 走进课文

### 李连杰和他的"壹基金"

对于中国人来说，李连杰这个名字似乎没人不知道。在他得到的各种荣誉中，有两个最为人们所熟悉。

第一，他是"打遍天下无敌手的武术界大师"。11岁，正是小孩子只顾疯玩的时候，他已经拿到了全国武术大会的少年组冠军。后来，他和大人同场比赛，竟然连续五年获得全国大赛的全能冠军。他才20岁刚出头，就已经把50多个冠军装进了自己的口袋里。

第二，他是电影界的"功夫皇帝"。20世纪

1. "李连杰"在中国是个什么样的人？

2. 在李连杰获得的众多荣誉中，中国人最熟悉的第一个荣誉是什么？说说他都得到了哪些冠军。

80年代初，电影《少林寺[1]》在全国上映，才一毛钱一张的票价，竟然赚了一亿多人民币。在电影中扮演觉远和尚的，正是17岁的李连杰。当时，好多年轻人因为喜欢少林小和尚，竟然不再上学，偷偷跑到少林寺去练武术。之后的20多年间，李连杰在大陆[2]、香港、美国等电影公司之间不断拍片，在32部功夫电影中扮演过武打英雄。他在好莱坞[3]演出的报酬高达1500万美元，还是追星族们最喜欢的电影明星之一。

李连杰的成功让他名利双收，吃穿不愁，还有必要那么辛苦吗？他也多次问过自己："40岁以前，我活在自己的世界里，为了我的家人和自己拼命赚钱；40岁以后我发现，即便不工作，下辈子吃喝的钱也足够了。这时，我就开始关注大我。"

"大我"是什么？为什么他要关注这个？他什么都有了，还想要什么？天底下哪有他这么拼命干的？

直到读过他的一篇文章，人们才找到答案。改变他人生的，就是他41岁时经历的一场灾难。那是2004年12月26日，他们一家人正在国外一个海岛度假。早上7点50分，正当他带着两个女儿在沙滩上玩儿的时候，他感觉到一阵强烈的震动，紧接着，海水迅速往上涨，不一会儿，一个个大

---

3. 关于李连杰，中国人最熟悉的第二个荣誉是什么？
4. 在电影《少林寺》中，李连杰扮演什么角色？他演得怎么样？
5. 在后来演电影的20多年里，李连杰演得怎么样？

6. 李连杰成功后，他对今后的生活有什么看法？

7. "天底下哪有他这么拼命干的"是什么意思？

8. 是什么改变了李连杰的人生？
9. 在什么时候、在哪儿发生了那场灾难？描述一下灾难到来时发生的事情。

---

1. 少林寺（Shàolín Sì）：在中国河南省嵩（Sōng）山，是少林武术的发源地。
2. 大陆（Dàlù）：这里是中国大陆（Mainland China）的简称。
3. 好莱坞（Hǎoláiwù, Hollywood）：是世界著名的电影城市，在美国第二大城市洛杉矶（Los Angeles）市的西北部。

浪扑向戏水的人群，很快就淹到了在沙滩上晒太阳的人。李连杰猜到了，这铺天盖地的大浪是地震引起的。他抱起一个女儿，转身就往宾馆跑。小山一样的海浪追打着逃命的人们，海水顺着李连杰的身体往上涨，一直淹到他的嘴边。他回转身，看见另一个女儿正拼命挣扎，海水已经淹过她的头顶。面对着**灭顶之灾**[4]，他本能地用最大的声音呼喊。他不甘心一家人就这样被大海淹死。也许，因为他太有名了，他的呼喊引起别人的注意。四个强壮的男人跑过来，连拖带拉，把他和孩子们救上了岸。

"海水退去后，什么都没留下。没有电，除了宾馆的卫星电话，所有通讯都中断了。我们只剩下够三五天吃喝的东西。当晚，所有人都睡在宾馆大厅里。"

李连杰在事后这样回忆。当时，他坐在宾馆大厅里，紧紧地抱着死里逃生的小女儿。**夜空黑黑的，人的内心一片冰冷**。忽然，他听到，说着不同语言的人在互相问候、互相安慰；他看到，有着不同皮肤的人微笑着，你帮我，我帮你，此番情景让他格外感动。他脑子里不断回想自己走过的人生路，他从来没有像当时那样责备过自己："过去我41年的人生中，首先想到的是李连杰，想证明我如何与众不同，我所做的每件事都以自我为中心。"他觉得，他应该告别这段历史了："**如果上帝救了我，那一定意味着什么。**"

10. 强烈的震动是由什么引起的？
11. 李连杰怎样面对遇到的灾难？

12. 李连杰为什么大声地呼喊？
13. 他呼喊后发生了什么事情？

14. 海水退去后，宾馆里的情况怎么样？

15. 李连杰在黑暗的大厅里做什么？有什么感觉？
16. 那时，他听到和看到了什么？由此产生了什么感觉？
17. 李连杰为什么责备自己？

---

4. 灭顶之灾（miè dǐng zhī zāi）：灭顶，水漫过头顶，指被水淹死。常用来比喻毁灭性的灾难。例如：这场金融危机对于我们这个小公司，无异于一场灭顶之灾。

他发现：物质不能带来快乐，世界上一切金钱和权力都不能把人从水中救出来。他开始思考生命的意义到底是什么。

那天晚上，就在海岛的那个宾馆大厅里，他作出一个重大的决定："不等到退休，现在就得做些什么。"他只有一门心思，那就是："每个人伸把手，付出一点点的爱，一点点的钱。"几天之后，李连杰宣布了他的计划，这就是让人感到温暖的"壹基金"。

"壹基金"提倡全球公益观念——"壹基金，一家人"。"壹基金"推广一种慈善方式——每人每月1块钱，一家人互相

关心，它可以概括成一个简单的公式："每1人+每1个月+每1元＝1个大家庭"。"壹基金"对五个方面特别关注——环保、教育、扶贫、健康、救灾。

2007年4月19日，"李连杰壹基金计划"在北京举行了启动仪式。就在那一天，就靠一种捐款方式，竟有11万人次拨通了999309这个手机号码，为的是向"壹基金"捐款。如今，"壹基金"两岁了，它的捐款已经超过两个亿了。所有的钱被一次又一次地送给了那些最需要帮助的人。

"我正在拍第三部电影，不用胶卷，就用我的生命。这儿有很多演员，地球就是我的外景地，67亿人类就是一家人。"李连杰如此深情地介绍自己现在的生活和他们的"壹基金"。

18. "意味着什么"在这里包含了什么意思？

19. 李连杰为什么开始思考生命的意义？

20. 李连杰作出了一个什么重大的决定？

21. "壹基金"提倡什么？推广什么样的慈善方式？

22. "壹基金"特别关注什么事情？

23. 在"李连杰壹基金计划"的启动仪式举行当天，为什么有11万人次给一个电话号码打电话？

24. "壹基金"得到捐款后，他们做了什么？

25. 李连杰现在又在做什么？

到现在,人们可以明白,他所说的"大我"就是指全人类,就是地球这个大家庭。他相信,帮助别人的时候,自己也正在收获幸福和快乐。

> 26. 李连杰所说的"大我"指什么?他为什么要实现"大我"?

选自李连杰《那场改变我生命的海啸》

## 综合注释

1. 天底下哪有他这么拼命干的?

   "哪有他这么拼命干的"是由"哪有N这么V/Adj的"构成的反问句,表达的意思是"没有人像……那样做某事"或者"没有人像……那样"。这个格式也可以说成"有N这么/那么V/Adj的吗"。例如:

   ① 一张嘴就骂人,哪有你这么说话的?
   ② 说了几遍了,还不明白?有他这么笨的吗?
   ③ 朋友们都不相信,有总经理挣那么少的吗?

   ▶ 试一试:用"哪有N这么V/Adj的"或"有N这么V/Adj的吗"格式完成句子
   (1)你都连着干了一天一夜了,_____?
   (2)连这么点儿钱都舍不得花,_____?
   (3)这么可爱的小狗她也害怕,_____?
   (4)_____?吃那么多,身体怎么能受得了!

2. 夜空黑黑的,人的内心一片冰冷。

   "冰冷"是状态形容词,形容气温、物体、感觉等像冰一样冷。这类词,词义的重点在第二个汉字上,第一个汉字用来说明第二个汉字所描述的性质或状态像什么样子或达到什么程度。例如"雪白、雪亮、漆黑、血红、碧绿、笔直、滚圆"等。重叠形式是"ABAB"式。这类形容词前边不能再加"很、非常、特别"等程度副词,也不能在后面加"极了、得很"等表示程度的补语。例如:

   ① 一群鹅在水面上游来游去,一身雪白的羽毛非常漂亮。
   ② 她个子瘦小,一动不动地站得笔直。
   ③ 所有的房顶全烧没了,只剩下漆黑漆黑的土墙。

▶ 试一试：从"雪白、雪亮、漆黑、血红、碧绿、笔直、滚圆"中选择恰当的状态形容词完成句子

（1）他紧握着方向盘，大开着（　　　）的车灯。

（2）猫的眼睛在白天是一条缝儿，到晚上又睁得（　　　）。

（3）大狗伸出（　　　）的舌头，呼呼地喘气。

（4）在青海湖边，蓝天之下，（　　　）的草场上是雪白的羊群。

3. 如果上帝救了我，那一定意味着什么。

"意味着"表示"含有某种意义"，构成"A意味着B"句式，具有较强的解释或说明的作用。"A"表示某种行为或某种情况，可以直接放在"意味着"前边，也可以单独成为一个分句，然后在"意味着"前面加上"这"或"那"对"A"进行复指；"B"的作用是对"A"所包含的意义进行解释或说明。例如：

① 如果拒绝他，就意味着我将失去人生最大的一次机会。

② 考试结束，这意味着最紧张的学习阶段过去了。

③ 新年到来，意味着我们有了一个新的开始。

▶ 试一试：在"意味着"前面或后面加上合适的内容完成句子

（1）有了错误却不愿意改正，意味着＿＿＿＿＿＿＿＿＿＿＿＿＿＿＿＿。

（2）十字路口的红灯亮了，这意味着＿＿＿＿＿＿＿＿＿＿＿＿＿＿＿＿。

（3）＿＿＿＿＿＿＿＿＿＿＿＿＿＿＿＿，意味着中国人要过年了。

（4）＿＿＿＿＿＿＿＿＿＿＿＿＿＿＿＿，就意味着一定能够成功。

4. 就在那一天，就靠一种捐款方式，竟有11万人次拨通了999309这个手机号码。

"人次"是一个复合量词，表示若干次人数的总和。在计算次数时，被计算的人可以出现一次，也可以重复出现。汉语中的复合量词还有"架次、吨公里、吨海里、人公里"等。上述复合量词多出现在各种统计报告或新闻报道中。例如：

① 到12月，两大机场的日航班量达到794架次。

② 目前，铁路的平均运价为2.6分/吨公里，实在是太低了。

③ 按规定，大客车人公里收费0.07元，中巴人公里收费0.107元。

▶ 试一试：用"人次、架次、吨公里、人公里"完成句子

（1）铁路的票价长期过低，客运每（　　　）平均票价为4.33分。

（2）国内外航线610多条，运输总周转量达52亿（　　　）。

（3）北京首都国际机场日航班起降超过700（　　　）。

（4）馆内藏书近30万册，平均每年参观人数达400万（　　　）。

5. 李连杰<u>如此深情</u>地介绍自己现在的生活和他们的壹基金。

"如此深情"是名词性结构做状语。汉语中，名词或名词性结构做状语的情况较少，除了少数抽象名词带上"地"后可以做状语，比如"历史"、"本能"、"科学"、"民主"等。还有三种情况，名词可以直接放在动词前做状语：一是表示动作的方式等，如"电话联系"、"电视征婚"，在这些名词前，往往可以加上"以"、"用"或"通过"等词；二是一些受形容词修饰的名词，比如"低价买"、"高价卖"、"大规模开发"、"公费旅游"等；三是在体育比赛的解说词中，如"头球攻门"、"黄牌警告"、"红牌罚下"等，动词前的名词除了表示方式外，也可以表示原因。例如：

① 这个任务<u>历史</u>地落在了我们的肩上。
② 后来，他们发现问题出在没有<u>科学</u>地分析当地的气候条件上。
③ 这所大学近几年<u>高薪</u>招聘了上百名教授。
④ 现在年轻人喜欢电脑、电话、电视购物，基本上都是<u>银行卡</u>支付。

▶ 试一试：选择上面提到的可以做状语的名词填空
（1）该国政府禁止部长（　　　　）出国时乘坐客机头等舱。
（2）有些球迷在比赛前后闹事，还（　　　　）倒卖球票。
（3）我住酒店916房间，咱们下午再（　　　　）联系。
（4）下半场第4分钟，身穿4号球衣的运动员被（　　　　）罚下。

## 综合练习

一、参考注释，理解新词，然后选词填空

1. 明星　　星："明星"（star）的简称，指有名的演员、运动员等。"星"的前面可以是名词、动词或形容词，表示明星所涉足的艺术、运动领域或年龄、特点等。例如：歌星/影星/笑星/舞星/球星/童星/新星/丑星。试着选择合适的词填到括号里。
（1）该片由好莱坞男（　　　　）主演。
（2）两支足球队都已经有大牌（　　　　）了。
（3）他3岁时就当上了小（　　　　）。
（4）他唱歌学谁像谁，甚至比许多著名（　　　　）都唱得好。

2. 捐款　　款：经费，钱。"款"的前面是动词时，表示对钱采取的某种行动，或通过这种行动得到、付出的钱。例如：拨款/存款/取款/罚款/汇款/借款/赔款/收款/贷款。"款"前面的汉字是名词或形容词时，表示钱的类别。例如：税款/票款/现款/公款/赃款/专款。试着选择合适的词填到括号里。

（1）很多人持卡消费，不必再去银行（　　　　）。
（2）他上午去邮局给家里（　　　　）。
（3）他利用不法手段把（　　　　）变为自己所有。
（4）政府每年还拨（　　　　）用来维修古建筑。

二、把下面左边带有"～星"、"～款"的词语和右边对词语的解释连线

1. 新星　　　　　a. 众多的明星
2. 笑星　　　　　b. 著名的舞蹈演员
3. 舞星　　　　　c. 新出现的明星
4. 群星　　　　　d. 著名的相声演员、喜剧演员
5. 货款　　　　　e. 按照税收办法向征税对象收取的钱
6. 现款　　　　　f. 买卖货物的钱
7. 税款　　　　　g. 用来赔偿的钱
8. 赔款　　　　　h. 可以当时付出的钱

三、选择课文中学过的下列词语填空

荣誉　只顾　足够　强烈　冰冷　番　责备　思考

1. 只要钻到（　　　　）的深度，都可以打出不同温度的热水来。
2. 他的爸爸总是（　　　　）他不好好念书。
3. 我不顾父母的（　　　　）反对，偷偷地去实现我的歌星梦。
4. 如果人人都用同样的方式（　　　　），新思想又从哪里来呢?
5. 我要成就一（　　　　）事业，于是我来到了北京，成了一名"北漂"。
6. 被球迷选为全明星是一个巨大的（　　　　）。
7. 汽车在震动声中逐渐下沉，（　　　　）的河水进到车里。
8. 有的人把吃喝玩乐当做唯一的幸福，（　　　　）自己的享受。

四、选词填空并朗读

1. 名誉　荣誉
   他还要求得到30万元的（　　　　）赔偿费。

2. 关注　关心
   他病成这样，我觉得自己有责任去（　　　　）他，照顾他。

3. 强壮　强大
   他经受了那么多痛苦，却始终坚持，可以知道他内心有多么（　　　　）。

4. **重要　重大**

   他与世界上不少政治、经济界的（　　　　）人物见了面。

5. □ A：冬季，它又换上雪白的冬装，即使在雪地上行走也很难分辨。

   □ B：冬季，它又换上非常雪白的冬装，即使在雪地上行走也很难分辨。

6. □ A：古城外有笔直街道，两边都是大大小小的酒店。

   □ B：古城外有笔直的街道，两边都是大大小小的酒店。

7. □ A：污染物挡住了星光，使这块天区看上去漆黑极了。

   □ B：污染物挡住了星光，使这块天区看上去漆黑一团。

8. □ A：他发烧了，烧得满脸通通红红的。

   □ B：他发烧了，烧得满脸通红通红的。

### 五、用所给的词语或格式完成句子

1. 他现在发了财，又当了典型，＿＿＿＿＿＿＿＿＿＿＿＿＿＿

   （名利双收）

2. 受蒙古急流南移影响的强沙尘暴，自北向南＿＿＿＿＿＿＿＿

   （铺天盖地）

3. 如果他们继续违法，＿＿＿＿＿＿＿＿＿＿＿＿＿＿＿＿＿＿

   （灭顶之灾）

4. 快考试了，＿＿＿＿＿＿＿＿＿＿＿＿＿＿＿＿＿＿＿＿＿＿

   （一门心思）

5. 说好了不见不散，你却一直没来，＿＿＿＿＿＿＿＿＿＿＿＿

   （哪有N这么V/Adj的）

6. 你怎么给老人买这么硬的食物？＿＿＿＿＿＿＿＿＿＿＿＿＿

   （有N这么V/Adj的吗）

7. 他看见雪亮的车灯照射他，＿＿＿＿＿＿＿＿＿＿＿＿（本能）

8. 这批人大多是独生子女，＿＿＿＿＿＿＿＿＿＿＿＿＿＿＿＿

   （以自我为中心）

### 六、用所给的词语或格式改写或改正句子

1. 对于中国人来说，李连杰这个名字谁都知道。

   ＿＿＿＿＿＿＿＿＿＿＿＿＿＿＿＿＿＿＿＿＿＿（没有人不V）

2. 他是追星族们最喜欢的电影明星当中的一位。

   ＿＿＿＿＿＿＿＿＿＿＿＿＿＿＿＿＿＿＿＿＿＿＿＿（之一）

3. 他的成功让他名利双收，吃穿不愁，不必那么辛苦了。

_____（还有必要……吗）

4. 天底下没人像他这么拼命干。

_____（有N这么V的吗）

5. 李连杰猜到了，地震引起了这铺天盖地的大浪。

_____（是……的）

6. 我做的每件事都以自我为中心。

_____（所）

7. 他只有一个想法，那就是："每个人伸把手，付出一点点的爱。"

_____（一门心思）

8. 灯光雪亮地照在冰雪世界里，到处都是欢乐的人群。

_____（雪亮的）

### 七、根据记忆，试着补出下列课文中没有出现的词语

当时，他坐在宾馆大厅里，紧紧地抱着（① _____）的小女儿。夜空黑黑的，人的内心一片（② _____）。忽然，他听到，说着不同语言的人在互相问候、互相安慰；他看到，有着不同皮肤的人微笑着，你帮我、我帮你，此（③ _____）情景让他格外感动。他脑子里不断（④ _____）自己走过的人生路，他从来没有像当时那样（⑤ _____）过自己："过去我41年的人生中，首先想到的是李连杰，想证明我如何与众不同，我所做的每件事都以（⑥ _____）为中心。"他觉得，他应该告别这段历史了："如果上帝救了我，那一定（⑦ _____）什么。"

他发现：物质不能带来快乐，世界上一切（⑧ _____）和（⑨ _____）都不能把人从水中救出来。他开始（⑩ _____）生命的意义到底是什么。

### 八、根据课文内容、下面的表达方式和提示完成对话

表示纠正：不是……而是……　你猜的不对　哪儿呀
表示感到意外：真的吗　真没想到　真叫人难以相信
表示称赞：没人比得上　真有两下子　真不愧是
表示问原因：为什么　怎么不

A：你看过李连杰主演的影片《少林小子》和《南北少林》吗？
B：_____
_____

（表示否定，猜想李连杰一定出身于武术之家）

A：哪儿呀，他们家没有练武的，他出生在北京一个普通的工人家庭里。
B：_____
_____
（表示意外，询问李连杰的好功夫跟谁学的）

A：他七岁时，一个体育老师推荐他到一个体育学校的武术班学习武术。
B：_____
_____
（表示称赞，说明那个老师起到什么重大作用）

A：其实，一个明星的成长，只靠一个人帮助是不行的。
B：_____
_____
（表示疑问，问李连杰怎么又开始演电影了）

A：1981年，《少林寺》的张导演看中了李连杰，从此，他就开始拍电影了。
B：_____
_____
（表示称赞，称赞李连杰功夫好）

A：李连杰不仅武术练得好，电影演得棒，更重要的是他热心公益事业。
B：_____
_____
（表示同意，发表对"壹基金"的看法）

A：李连杰用"壹基金"的钱帮助过地震灾区和那里的老百姓，比如2008年5月的四川大地震，2009年8月的台湾地震。
B：_____
_____
（表示听说过，再次称赞李连杰的社会责任感强）

## 九、阅读短文，回答问题

　　常年因工作在各地往来，坐飞机已经成了常事，因为很多事情排得很满，通常我都是尽量抓紧时间休息。9月12日晚上，因为要去参加"壹基金"明星慈善房车赛，我乘坐东航晚上的航班飞往成都。最近一直在青岛赶拍公益电影《海洋天堂》，时间非常紧，所以有些疲劳，全程都在睡觉。

　　8点40分，飞机即将到达终点，从飞机工作间走出一位机组人员。他手里拿着一个航空清洁袋，走到我身边，把手中的袋子递给了我。我一下子没有反应过来，不明白他想做什么。他对我说："李老师，看到'壹基金'在灾区做了那么多，我自己一直都想做些什么，今天碰巧遇到您，我也没有准备。这袋子里的100块钱，希望能够通过'壹基金'捐给灾区的孩子们。"

我赶忙道谢，仔细看了看手中这个特别的清洁袋，在袋子的背面写着："李老师好，希望通过您向'壹基金'的孩子们捐100块钱，让我有机会向灾区的人们尽一点点力。"落款：东航小飞人。我马上问他的姓名和地址，说一定要把捐赠收据给他寄过来。他坚决拒绝："叫我东航小飞人就行。收据不用寄了，我相信您，也相信'壹基金'。"

（选自李连杰博客）

1. 为什么李连杰常坐飞机？
2. 9月12日晚上，李连杰要去哪儿参加什么活动？
3. 飞机快到终点时，李连杰看到发生了什么事情？
4. 那个拿着清洁袋的人对李连杰说了什么？
5. 李连杰看到袋子的背面写着什么？
6. 要捐钱的人叫什么名字？是他的真名吗？
7. 那个人为什么不让李连杰给他收据？
8. 请给短文加一个恰当的标题：＿＿＿＿＿＿

## 十、说一说，写一写

用下面给出的词语介绍一下李连杰（100～150字）。

武术　大师　冠军　少林寺　明星　好莱坞　地震　回想　自我　壹基金　慈善

十一、走出课堂,拓展学习

1. 在中国地图上找到河南嵩山少林寺的位置,在互联网上找到少林寺的照片,了解更多关于少林武术的情况。

2. 电话或当面采访一个中国朋友,问他是否了解李连杰。

（1）问他是否知道李连杰从出生到现在,主要的成绩是什么。

（2）问他李连杰从什么时候就开始出名了,因为什么出的名。

（3）问他李连杰主要演过什么电影,他最喜欢哪一部。

（4）问他李连杰最近几年做的重大事情是什么。

（5）请他简单介绍一下什么是"壹基金"。如果他不清楚,请你告诉他。

把你采访的情况带回课堂,讲给老师和同学听。

3. 登录"壹基金"网站（http://www.onefoundation.cn）。

（1）看看网上最近有什么新闻。

（2）查一下到现在为止,"壹基金"捐款总额是多少。

（3）查一查"中国红十字会李连杰壹基金计划"有什么样的捐款方式。

把你从这个网站上看到或查到的情况带回课堂,告诉同学和老师。

# 10 谁在安排你的生活

## 题 解

"当你开始生活的新阶段时,请跟随你的爱好。如果你没有爱好,就去找,找不到就不罢休。生命太短暂,所以不能空手走过,你必须对某样东西倾注你的深情。"这是一位成功者的忠告。别忘了你的人生目标,不要让理想让位于各种干扰。谁都不能安排你的生活,除了你自己,除非你同意。

## 词语学习

01

| 1. | 难得 | nándé | 形 | hard or not possible to come by, precious |
| 2. | 包装 | bāozhuāng | 名 | packaging materials such as paper, boxes, etc. |
| 3. | 烦 | fán | 形 | annoyed |
| 4. | 摆脱 | bǎituō | 动 | to free oneself from (containment, constraint, difficulty, predicament, etc.) |
| 5. | 净 | jìng | 副 | nothing but, only |
| 6. | 任务 | rènwu | 名 | task, assignment |
| 7. | 婚礼 | hūnlǐ | 名 | wedding |
| 8. | 致辞 | zhìcí | 动 | to make a speech |
| 9. | 稿 | gǎo | 名 | draft |
| 10. | 总得 | zǒngděi | 副 | always |
| 11. | 共同 | gòngtóng | 形 | common |
| 12. | 揭 | jiē | 动 | to expose |
| 13. | 网络 | wǎngluò | 名 | network |
| 14. | 牌子 | páizi | 名 | brand |

| | | | | |
|---|---|---|---|---|
| 15. | 化妆 | huàzhuāng | 动 | to make up (with rouge, powder, etc.) |
| 16. | 打折 | dǎzhé | 动 | to sell at a discount |
| 17. | 来回 | láihuí | 动 | to make a round trip |
| 18. | 耗 | hào | 动 | to waste (time) |
| 19. | 挑选 | tiāoxuǎn | 动 | to select |
| 20. | 出门 | chūmén | 动 | to go out |
| 21. | 往常 | wǎngcháng | 名 | as usual |
| 22. | 眼看 | yǎnkàn | 动 | to watch helplessly |
| 23. | 消极 | xiāojí | 形 | negative, passive |
| 24. | 心理 | xīnlǐ | 名 | mentality |
| 25. | 偶尔 | ǒu'ěr | 副 | occasionally |
| 26. | 于 | yú | 介 | from, out of |
| 27. | 起码 | qǐmǎ | 形 | minimum |
| 28. | 只管 | zhǐguǎn | 副 | just, merely |
| 29. | 情愿 | qíngyuàn | 动 | to be willing to |
| 30. | 揉 | róu | 动 | to rub |
| 31. | 地铁 | dìtiě | 名 | tube train, underground |
| 32. | 狠 | hěn | 形 | ruthless |
| 33. | 并 | bìng | 连 | *used before a negative to reinforce it* |
| 34. | 意识 | yìshí | 动 | to be aware of |
| 35. | 恼 | nǎo | 动 | to be angry |
| 36. | 学者 | xuézhě | 名 | scholar |
| 37. | 耽误 | dānwu | 动 | to delay |
| 38. | 缩短 | suōduǎn | 动 | to shorten |
| 39. | 别扭 | bièniu | 形 | uncomfortable |
| 40. | 理想 | lǐxiǎng | 名 | ideal |
| 41. | 花费 | huāfèi | 动 | to spend |
| 42. | 人情 | rénqíng | 名 | human feelings |
| 43. | 来往 | láiwǎng | 动 | to hang around with, to deal with |

| 44. | 人际 | rénjì | 形 | interpersonal |
| 45. | 维持 | wéichí | 动 | to maintain |
| 46. | 分配 | fēnpèi | 动 | to allocate |
| 47. | 类似 | lèisì | 动 | to be similar |
| 48. | 制止 | zhìzhǐ | 动 | to prevent, to stop |
| 49. | 复制 | fùzhì | 动 | to copy |

## 走进课文

### 谁在安排你的生活

星期天，你难得有了享受的时间，打算看会儿书，听听音乐。你拿出新买的CD正在拆包装，手机铃声响了。你看清了是谁打来的电话，根本不想接，可铃声不停地响，你"唉"了一声，还是拿起了电话。明明心烦，接通的一刹那[1]，你却解释："对不起，我刚才在洗手间。"电话那头，哭声不断，朋友小梁需要安慰——她经常需要，这一次不知是工作还是感情出现了问题。一个多小时过去了。直到有别的电话打进来，才终于摆脱了小梁。

新电话是领导不知道从哪儿给你打来的，他净给你布置和工作一点儿关系没有的新任务："我晚上出席一个婚礼，帮我写一篇致辞。"你完全可以说"不在家"，但想想，觉得不好意

1. 星期天，"你"正打算做什么？
2. 这时发生了什么事情？
3. "你"愿意接电话吗？为什么接了电话又解释？
4. 是谁、为什么打来电话？
5. 长时间的通话是怎么结束的？

6. 第二个电话是谁打来的？他要做什么？
7. "你"答应他的要求了吗？

---

1. 一刹那（yíchànà, instant）：极短的时间。也可以说"刹那"。例如：为了这个冠军，他奋斗了10年，站在领奖台上的一刹那，他的心里激动极了。/刹那间，河水冲出了河道，淹没了整个村庄。

思，你点头答应，"没问题"，转身打开电脑。拆了一半的CD被你放下。

等你终于写完了，你的一个师弟²上线³。你来不及躲他，他已经开始发笑脸⁴问候，说："师姐，帮我看看稿子吧。"他几乎一看到你，就要给你发来新作品，总得提出要求，"帮我改改"或者"帮我找个地方发表"。你曾经想封掉⁵他，又怕被共同认识的人揭穿，"那多不好意思"。于是，你在各种网络聊天工具上留着他，他随时会出来占用你的时间——而他并不是唯一的一个。

天快黑了，你的CD还没拆开。与师弟告别后，你突然想起，昨天答应一个同事代买某个牌子的化妆品，你家门口就有家打折店，于是你冲出门。同事以为你来回只用半小时的时间，但你为了让商家赠送点儿什么，耗了近一个小时——这样做，只想让同事满意。最终，抱着一袋化妆品出门时，你松了一口气，但你的一天已经快过去了。

问题是你不开心。往常，你接受朋友小梁的消极情绪时，对你的心理没有一点儿好处。你偶尔听一听，是出于友情，但她一而再，再而三⁶，你早该明白：你的耐心不能解决她的问题，只

> 8. 谁又"上线"了？他要做什么？

> 9. "你"曾经想做什么？后来做了吗？为什么？

> 10. "你"又想起了什么事？去做了吗？花了多长时间完成的？

> 11. "你"做上面那些事情时心情怎么样？

---

2. 师弟：这里指在学校学习时年纪小或年级低的男性同学，女同学称为"师妹"；年纪大、年级高的男同学称为"师兄"，女同学称为"师姐"。

3. 上线：指上网进入QQ或MSN等聊天工具。

4. 发笑脸：在网络聊天时发送笑脸图形。

5. 封掉：指使用网络的人以隐身的方式在线聊天，以避免被人打扰。

6. 一而再，再而三：反复多次。可以简化为"再三"。例如：错误不能一而再，再而三地重复。/我考虑再三，决定不去了。

会让她再一次给你打电话,把你当成情绪的垃圾桶。而你,只能眼看着时间像水一样流去。你难以表示拒绝,因为你怕领导不高兴,怕师弟认为你不热情,怕同事说你不尽心。只因为你好说话[7],对方才会找到你。

你忙了一天了,一张CD还没拆开呢。如果你早上拆开那张CD,在音乐中享受平静,再翻开书,把你今天浪费的时间拿出三分之一来,起码能读一万字。这些不重要,重要的是,这样的一天合乎你最初对美好星期日的想象,比你真实所过的一天有趣。而你,却只管把有趣的一天不情愿地让位给了别人。

让位,你今天让的是一张CD,明天还会让什么?总有"就差你,快来"的约会;总有某个同学的弟弟找到你,"请你帮个忙";总有朋友来求你"陪我……"。夜深人静了,你一个人揉着眼睛,抓紧时间做自己该做的事。地铁上,你用耳机堵住耳朵,才有机会好好读一本书。

你最好的时间总被突然出现的人或事占用,你急不得,恼不得,每次都让位,其实你对自己心最狠。你并没意识到,别人在改变你对生活的安排,从一天到几天到更久。渐渐地,无数个"别人"替你安排了并不是你想要的生活……

你清楚地知道,你的时间放在哪里,关系到你和人生目标的距离。如果你打算做一个学者,

---

12. "你"为什么不拒绝?

13. 忙了一天,"你"听CD了吗?
14. "你"这一天过得和想象的一样吗?为什么?

15. "你"为什么总是在深夜才做自己该做的事情?

16. "你"只是一个星期天没有按照自己的打算生活吗?为什么?

---

7. 好说话:指容易被人说服、轻易答应别人的要求。例如:这个人太不好说话了。

今天你被耽误的一万字阅读，就是你和你的目标本来能缩短的一步。如果你想事业成功，你在网上多看看有关的新闻，也比勉强给师弟改稿儿有意义。哪怕你什么都不想干，只想做个快乐的人呢。而你今天却别扭着、后悔着，去做你原来并不打算做的那些事。

其实，很多事情明天就能办到，但一天拖一天，不知道拖到什么时候才能实现。你必须知道对你来说最重要的是什么。你的时间值得做更有意义的事，时间被耽误、被换掉得越多，你离自己的目标、理想就越远。那件最重要的事，才是你最值得花费时间的。

总有人情要来往，总有一些人际关系要维持，但这些只占你生活的一部分。你应该有个时间分配计划。记住，你最重要的那件事不能让位。

你说，你的口碑[8]很重要。其实，你的心里最清楚，哪些是别人需要你、非你不行的十分之一，哪些是你可以拒绝的十分之九。你能把这十分之一做好，对别人对自己，都足够了。

你说，也许，下次别人会注意，类似的情况不会再出现。你不能只希望别人不再打扰你的生活，你要主动掌握你自己的时间。你美好的今天、昨天还有某某天已经被换掉，不拒绝，就没办法制止，难道你还要等着烦心事复制下去？

别说你不好意思，任何人提出要求时，都只

> 17. "你"被耽误的时间和"你"的人生目标有什么关系？
> 18. "你"是甘心情愿被耽误时间的吗？

> 19. 时间怎么安排和实现人生目标有关系吗？为什么？
> 20. 生活中不能让位的是什么？

> 21. 什么是"口碑"？人需要不需要让所有人都说你好？

> 22. 怎么才能让自己的生活不被别人打扰？

---

8. 口碑（kǒubēi）：比喻群众口头上的称赞或评价。例如：他是个老实人，口碑也好。/这个人就是口碑欠佳。

是试一试。除非当个老好人[9]就是你的目标，否则，那十分之九应该为你的人生目标、理想生活让位——还有什么比它们更重要？我们从来无法控制会发生什么事，唯一可控制的是碰到事情时我们自己的态度——谁都不能安排你的生活，除了你自己，除非你同意。

（选自《中国青年报》，作者林特特）

23. 在生活中，我们不能控制什么？我们可以控制什么？

## 综合注释

1. 新电话是领导不知道从哪儿给你打来的。

　　在动词或形容词前面出现两个以上状语，称做"多项状语"。出现多项状语时，状语的排列顺序大致是这样的：

　　a. 表示目的或原因的+b. 表示时间的+c. 表示语气的+d. 表示程度或范围的+e. 表示处所的+f. 表示情态或方式的+g. 表示对象的介词短语+动/形。例如：

　　他为了要回工资（a. 表示目的），昨天上午（b. 表示时间）确实（c. 表示语气）只（d. 表示范围）在办公室（e. 表示处所）耐心地（f. 表示方式）和院长（g. 表示对象）交换了意见。

　　在真实语言中，各种类型的状语同时出现在一个句子里的现象并不多见。如果句中只出现其中几种类型的状语，仍然按以上顺序排列。例如：

　　① 2009年春节刚过，（表示时间）在四川东南部一条公路上，（表示处所）一个名叫贾俊的农村医生开着车（表示方式）回家。

　　② 新电话是领导不知道从哪儿（表示处所）给你（表示对象）打来的。

　　③ 由于下大雪，（表示原因）今晚（表示时间）飞机都（表示范围）在首都机场（表示处所）等候起飞。

　　④ 为了让更多人注意她，（表示目的）她今天（表示时间）格外（表示程度）积极。

---

9. 老好人：脾气好、对人宽厚、不招人生气、不得罪人的人。例如：他是我们单位出了名的老好人。

如果形容词前面出现多项状语，表示程度的或表示否定的状语往往靠近形容词出现。例如：

⑤ 他对我（表示对象）很（表示程度）和气。

⑥ 他昨天（表示时间）在学校（表示处所）非常（表示程度）不（表示否定）高兴。

▶ 试一试：按照正确的顺序排列下列句子中的状语

（1）他＿＿＿＿＿＿＿＿＿＿主持两场讨论。（一共　今天下午）

（2）全体人员＿＿＿＿＿＿＿＿＿＿集合。（紧急　在操场　今晚）

（3）花儿＿＿＿＿＿＿＿＿＿＿漂亮！（很　还是　在房间里）

（4）他＿＿＿＿＿＿＿＿＿＿好。（更　长大后　对父母）

2. 他净给你布置和工作一点儿关系没有的新任务。

在名词前出现两个以上定语，称做"多项定语"。出现多项定语时，定语的排列顺序大致是这样的：

a. 表示所属的名词、代词或短语+b. 指示代词（表示哪一个）+c. 数量短语（表示多少）+d. 动词、动词短语（表示怎样的）+e. 形容词、形容词短语（表示什么样的）+f. 表示性质的名词+N。例如：

人民大学（a. 表示所属的名词）这（b. 指示代词）几位（c. 数量短语）获过奖（d. 动词短语）的优秀（e. 形容词）汉语（f. 表示性质的名词）教师

在真实语言中，各种类型的定语同时出现在一个句子里的现象也不多见。如果句中只出现其中几种类型的定语，仍然按以上顺序排列。例如：

① 要完成这（指示代词）些（量词）复杂（形容词）的活动该有多么艰难就可想而知了。

② 那是一只（数量短语）很可爱（形容词，表示什么样的）的小（形容词，表示性质）毛驴。

③ 当时他已经是中国（表示所属的名词₁）某部（表示所属的名词₂）的一位（数量短语）副（表示属性的形容词）部长了。

▶ 试一试：按照正确的顺序排列下列句子中的定语

（1）我一看见他＿＿＿＿＿＿＿＿＿＿面孔就够了。（冷冰冰的　一副　那）

（2）他们真正体会到了＿＿＿＿＿＿＿＿＿＿温暖。（家庭　一个　大　的）

（3）我们希望为大家提供＿＿＿＿＿＿＿＿＿＿空间。（发展　更好的　更大的）

（4）他是＿＿＿＿＿＿＿＿＿＿人才。（优秀　一个　的　搞美术设计）

3. 而你，只能眼看着时间像水一样流去。

"眼看（着）"表示"听凭"、"任凭"（事情发生或发展），后面多为不如意的事情。例如：

① 我们眼看他痛苦地躺在病床上，却不能替他分担痛苦。

② 眼看着河水一刹那改变了流向，直接冲向我们的货船。

③ 眼看着可以换钱的蔬菜一车一车烂掉，农民快要心疼死了。

▶ 试一试：根据前半句的描述，用"眼看（着）"完成句子

（1）他几天几夜睡不着觉，＿＿＿＿＿＿＿＿＿＿＿＿＿＿＿＿＿＿＿＿。

（2）一米深的大雪封了路，＿＿＿＿＿＿＿＿＿＿＿＿＿＿＿＿＿＿＿＿。

（3）浓烟、火光包围了那片楼房，＿＿＿＿＿＿＿＿＿＿＿＿＿＿＿＿。

（4）大雨整整下了七天，＿＿＿＿＿＿＿＿＿＿＿＿＿＿＿＿＿＿＿＿。

4. 这些不重要，重要的是，这样的一天合乎你最初对美好星期日的想象。

"……不Adj/V，Adj/V的是……"是一个否定、肯定对举的句式。表示否定的部分，往往是针对上文提出不同看法；说话人强调的是后面表示肯定的部分。"Adj的是……"肯定的是人、动作或事物所具有的性质，"V的是……"肯定的是后面的动作或动作所涉及的人或事物。例如：

① 竞技体育有胜也有负。失败并不重要，重要的是如何面对失败。

② 在班里，她长得不算最漂亮，最漂亮的是那个高个子的女孩子。

③ 小狗跑丢了我不太难过，难过的是听说它被车撞伤了。

④ 有人根本不喜欢我写的散文，他们喜欢的是那种"猎奇"的东西。

▶ 试一试：用所给的提示和"……不Adj/V，Adj/V的是……"格式完成句子

（1）我觉得商品价格高低不重要，＿＿＿＿＿＿＿＿＿＿＿＿＿。（质量）

（2）＿＿＿＿＿＿＿＿＿＿＿＿＿＿＿，最脏的是卫生间和厨房。（卧室）

（3）＿＿＿＿＿＿＿＿＿＿＿＿＿，我担心的是他和谁一起去旅游。（出去旅游）

（4）他做错了事情我不生气，＿＿＿＿＿＿＿＿＿＿＿＿＿。（不承认）

5. 你最好的时间总被突然出现的人或事占用，你急不得，恼不得。

"$V_1/Adj_1$不得，$V_2/Adj_2$不得"是一个口语格式，表示不能$V_1/Adj_1$，也不能$V_2/Adj_2$。格式中前后的动词、形容词可以是意思相关的词，比如"急"和"恼"，"打"和"骂"，"说"和"问"；也可以是意思相反的词，如"哭"和"笑"，"大"和"小"。例如：

① 他的坏脾气一上来，说不得，问不得，一家人都不敢出声了。

② 碰上这样的事，真是让人哭不得，笑不得。

③ 她也太娇气了，真是冷不得，热不得，闲不得，累不得。

▶ 试一试：用所给的词语和"V₁/Adj₁不得，V₂/Adj₂不得"格式完成句子

（1）几个老人反对修路，说那里的风水_____。

（改变　破坏）

（2）一边治理环境，一边又破坏环境，_____。（要　学）

（3）老虎屁股（pìgu，ass）_____。（摸　碰）

（4）她穿衣服很讲究，_____。

（长　短　肥　瘦）

## 综合练习

一、参考注释，理解新词，然后选词填空

1. 勇气　　气：人的精神状态、作风、习气或气质。"气"前加上名词，可以构成"官气/孩子气/才气/流气/朝气/暮气/牛气/书生气/文气/志气"等词语，表示精神状态、作风、习气或气质的种类。"气"前加上形容词，可以构成"傲气/娇气/土气/大气/小气/怪气/秀气/老气/女气/傻气/俗气/洋气"等词语，表示精神状态、作风、习气或气质的特点。试着选择上面提到的合适的词填到括号里。

（1）他从不以领导者自居，没有（　　　）。

（2）中国农历的猴年，是充满生机和（　　　）的好年头。

（3）这件衣服颜色暗、样式旧，显得太（　　　）。

（4）她指指我对男朋友说："看人家多大方，你这人真（　　　）！"

2. 制止　　止：停止。"止"前面加上单音节动词构成新词，表示停止的方式或"让……停止"。例如：防止/废止/截止/禁止/劝止/制止/阻止。"止"后面可以跟着名词，构成动宾结构的"止血、止痛、止步"等词语。"止"还出现在一些成语中，如"令行禁止、适可而止、树欲静而风不止"等。试着选择上面提到的合适的词填到括号里。

（1）加强预报是（　　　）火山灾害的唯一办法。

（2）交通信号灯以红色标志（　　　）通行，以绿色标志允许通行。

（3）此处危险，游客（　　　），请绕行。

（4）朋友之间可以开玩笑，但是要（　　　）。

二、把下面左边带有"～气"、"～止"的词语和右边对词语的解释连线

1. 才气　　　　　a. 不正派的样子或流氓习气
2. 流气　　　　　b. 指知识分子只顾读书，不关心生活中其他事物的习气
3. 牛气　　　　　c. 表现在外面的才能（多指文艺方面）
4. 书生气　　　　d. 形容自高自大的骄傲习气
5. 劝止　　　　　e. 强迫使……停止
6. 阻止　　　　　f. 让身体里的血停止向外流
7. 制止　　　　　g. 阻挡、让……停止
8. 止血　　　　　h. 劝说人停止做某事

三、选择课文中学过的下列词语填空

难得　净　总得　共同　往常　偶尔　起码　只管

1. 他们说："参加商业演出，（　　　）满足商家的要求呀。"
2. （　　　），这里热闹极了，今天，街上静得连一个人也找不到。
3. 众多想当明星的青年人，都以为这是个十分（　　　）的好机会。
4. 情况危急，我们顾不了太多，（　　　）下海去救他们。
5. 只要那些学者到一起，一天到晚（　　　）争论问题了。
6. 在网上购买一台照相机（　　　）要比在商店购买便宜好几百。
7. 大家都是为了一个（　　　）的目标，才走到一起来的。
8. 他老是关着手机，（　　　）打通了，也只是说一两句就没话说了。

四、选词填空并朗读

1. 制止　禁止

（1）许多国家已经（　　　）使用这几种农药。
（2）得这种病的人，只要皮肤轻微碰伤，都会导致难以（　　　）的严重出血。

2. 总得　必须

（3）你明天上午（　　　）准时出席会议！
（4）去别人家里做客，（　　　）买点儿礼物吧。

3. 耗　花费

（5）好不容易（　　　）到了中午吃饭的时候，会议才算开完。
（6）每次调查需要大量专业人员，（　　　）几个月的时间。

4. 偶尔　偶然

（7）我觉得画家村的形成完全是（　　　）的。

（8）我在不停地说，他在旁边听着，（　　　　）才插一两句话。

5. 起码　至少

（9）他们连（　　　　）的演技都不懂，就梦想着成为大明星。

（10）据说这家店生意不错，每天（　　　　）也有上千元的收入。

五、用所给的词语或格式完成对话

1. A：我不想再读书了。
   B：_____（难得）

2. A：他的手机是什么样的？
   B：_____（多项定语）

3. A：他去办公室干什么？
   B：_____（多项状语）

4. A：开会有什么可准备的？
   B：_____（总得）

5. A：别人家着火，你急什么呀！
   B：_____（眼看着）

6. A：人家都说我很聪明。
   B：_____（……不Adj，Adj的是……）

7. A：他的事儿他自己办，我还得做生意挣钱呢！
   B：_____（只管）

六、用所给的词语或格式改写句子

1. 他总是给你布置新任务，但都不是工作方面的任务。
   _____（多项定语）

2. 他几乎一看到你，就要给你发来新作品，每次都会提出要求。
   _____（总得）

3. 她一次又一次地给你打电话，把你当成情绪的垃圾桶。
   _____（一而再，再而三）

4. 村子里贫穷的是他家而不是我家。
   _____（……不Adj，Adj的是……）

5. 给她做饭很麻烦，菜做咸了也不行，做淡了也不行。
   _____（$V_1$/$Adj_1$不得，$V_2$/$Adj_2$不得）

6. 他在北京不停地逛商店，为的是买贵重的礼物送给父母。

　　_____。（多项状语）

## 七、根据记忆，试着补出下面课文中没有出现的词语

　　问题是你不开心。（①　　），你接受朋友小梁的（②　　）情绪时，对你的心理没有一点儿好处，你（③　　）听一听，是出（④　　）友情，但她一而再，（⑤　　），你早该明白：你的耐心不能解决她的问题，只会让她再一次给你打电话，把你当成情绪的垃圾桶。而你，只能（⑥　　）着时间像水一样地流去。你（⑦　　）表示拒绝，因为你怕领导不高兴，怕师弟认为你不热情，怕同事说你不尽心。只因为你（⑧　　），对方才会找到你。

　　你忙了一天了，一张CD还没拆开呢。如果你早上拆开那张CD，在音乐中享受平静，再翻开书，把你今天浪费的时间拿出三分之一来，（⑨　　）能读一万字。这些不重要，（⑩　　），这样的一天合乎你最初对美好星期日的想象，比你真实所过的一天有趣。而你，却（⑪　　）把有趣的一天不情愿地让位给了别人。

## 八、根据课文内容、下面的表达方式和提示完成对话

表示无奈：不Adj不行啊　　拿……没办法　　不能不……啊

表示排除：除了……外，都……　　先不说……

表示说明（3）：之所以……是因为……　　由于……所以……　　因此……

A：你的生活经常被人打扰吗？

B：① _____

_____

　　　　　　　　　　　　　　（纠正不是"经常"，是"有时"）

A：别人打扰你、要改变你对生活的安排时，你该怎么办呢？

B：② _____

_____

　　　　　　　　　（表示无奈，觉得对有些打扰不好意思拒绝）

A：你也遇见过课文里说的小梁、领导、师弟和同事求你帮忙的事情吗？

B：③ _____

_____

　　　　　　　　　（肯定回答，排除一些可以拒绝的情况）

A：你能举个例子说说你被别人打扰的情况吗？

B：④ _____

_____

　　　　　　　　　　　　　　　　　　　　（举例说明）

A：既然你打心里不希望自己的生活被打扰，那你为什么不说"不"呢？

B：⑤ _____

_____

（说明原因：爱面子 不好意思）

A：可不是吗？要是说话、办事过于考虑情面，给自己带来好多麻烦不说，还会耽误自己很多时间呢！

B：⑥ _____

_____

（表示以后不忘记自己的人生目标，学会说"不"）

## 九、阅读短文，回答问题

### 面子事情

汉语里有很多和"面子"有关的词语，比如"顾面子、要面子、给面子、留面子、增面子、借面子、损（sǔn, to damage）面子、丢面子、没面子"等等。最近看到一本几年前出的书，名字叫《中国人的权力游戏：面子》，其中谈到"面子事情"，这段文字和刚刚学过的课文有关系。原文是这样的：

"面子事情"，这是用来解释个人之所以采取举动，纯粹（chúncuì, purely）是为了保住自己的面子，或是给别人面子。譬如，一个受讨厌的年轻人也列名于某一宴会的受邀名单上。因为他父亲是位高级官员，而宴会主人必须和后者保持良好关系，这就是"面子事情"。又如，大年初一时，某人认为自己有必要给上司（shàngsi, boss）拜年（bàinián, to pay a New Year call），因为这也是"面子事情"。"面子事情"通常是个人不太情愿做的事。可是为了保持名声和扩大社交关系，个人还是非做不可。另一方面，一个亲密的朋友也许会要求个人作出某些牺牲或付出某些代价。个人毫无异议（yìyì, objection）地答应了，这是出自感情，而不是面子事情。

（选自黄光国、胡先缙《中国人的权力游戏：面子》）

1. 你了解"顾面子、要面子、给面子、留面子、增面子、借面子、损面子、丢面子、没面子"这些词语的含义吗？选择其中一个解释一下。
2. "面子事情"为什么通常是个人不太情愿做的事？
3. 上述哪些词语和保持自己或他人的名声有关？
4. 上述哪些词语和扩大社会交往关系有关？
5. 出自感情和出于面子做事有什么不一样？
6. 你愿意为保持自己的名声和扩大社交关系做哪些与面子有关的事情？请举例说明。

十、说一说，写一写

用下面给出的词语讲一个和面子有关的小故事（100~150字）。

难得　明明　摆脱　总得　不情愿　耽误　花费　人情　来往　人际　老好人

十一、走出课堂，拓展学习

1. 采访一位中国朋友，询问一下他的生活中是否被别人打扰，因为面子原因，不情愿地改变了他自己的生活安排。

   （1）说明自己访问他的目的。

   （2）提出问题：是否遇见过别人打扰你的生活，你因为面子原因，不情愿地改变你自己的生活安排？

   （3）从他的回答中找到你需要进一步了解的问题并提出来。

   （4）询问他怎么看待"要面子"、"给面子"、"留面子"等现象。

（5）询问他以后是否还愿意因为出于面子而改变自己对生活的安排。

（6）结束谈话，表示感谢。

上课的时候，把采访中国朋友的情况告诉老师和同学。

2. 采访一位其他国家的朋友，询问一下他是否遇见过别人打扰自己的生活，因为面子原因，不情愿地改变他自己生活安排的事情。

具体要求同第一题。

3. 比较一下来自不同国家的朋友对待"面子问题"的看法。

（1）在生活中是不是特别看重面子问题？

（2）当遇到不情愿做的事情时，愿意不愿意对别人说"不"？

（3）在不情愿地做事而影响了自己的生活安排时，心情觉得怎么样？

（4）怎样才能更好地拒绝别人、尽量减少伤害别人的面子？

（5）对你了解到的情况进行一下总结。

# 语言点小结（二）

补语（2）

1. 可能补语

    我看不懂中文报纸。

    你电话声音太小，我听不清。

    太贵了，我买不起。

2. 情态补语

    你汉字写得很漂亮。

    听了这消息，他高兴得跳了起来。

    我汉语说得不太好，请原谅。

# 11 代沟

## 题解

年轻人和长辈之间存在差别并不奇怪,重要的是两代人之间多沟通,多交流。如果先去理解别人,那么自己就容易被别人理解。如果每个人都能从心底里为对方着想,设法用爱心去温暖对方,或许"代沟"将不复存在。

## 词语学习

01

| 1. | 代沟 | dàigōu | 名 | generation gap |
| 2. | 律师 | lǜshī | 名 | lawyer |
| 3. | 稀里呼噜 | xīlihūlū | 拟声 | slurp |
| 4. | 瞪 | dèng | 动 | to glare with displeasure |
| 5. | 不由得 | bùyóude | 副 | cannot help |
| 6. | 勿 | wù | 副 | (used in prohibitions, admonitions, etc.) no, not |
| 7. | 礼仪 | lǐyí | 名 | propriety, etiquette |
| 8. | 厨师 | chúshī | 名 | chef |
| 9. | 手艺 | shǒuyì | 名 | craftsmanship, skill |
| 10. | 赞扬 | zànyáng | 动 | to speak highly of, to praise |
| 11. | 不免 | bùmiǎn | 副 | cannot avoid |
| 12. | 外来 | wàilái | 形 | foreign |
| 13. | 总而言之 | zǒng ér yán zhī | 成 | to put in a nutshell |
| 14. | 界线 | jièxiàn | 名 | demarcation line |
| 15. | 不像话 | bú xiànghuà | | unreasonable, absurd |
| 16. | 袖子 | xiùzi | 名 | sleeve |

| | | | | |
|---|---|---|---|---|
| 17. | 对立 | duìlì | 动 | to contradict |
| 18. | 修养 | xiūyǎng | 名 | self-cultivation |
| 19. | 辈 | bèi | 名 | rank or position in a (family or clan) generational hierarchy |
| 20. | 不满 | bùmǎn | 形 | dissatisfied |
| 21. | 凳子 | dèngzi | 名 | bench |
| 22. | 甩 | shuǎi | 动 | to swing |
| 23. | 差别 | chābié | 名 | difference |
| 24. | 不光 | bùguāng | 副 | not only |
| 25. | 体现 | tǐxiàn | 动 | to embody, to reflect |
| 26. | 掰 | bāi | 动 | to break off with the fingers and thumb |
| 27. | 时髦 | shímáo | 形 | fashionable |
| 28. | 旅游 | lǚyóu | 动 | to tour, to travel |
| 29. | 惯 | guàn | 动 | to be used to |
| 30. | 说服 | shuōfú | 动 | to persuade |
| 31. | 无可奈何 | wú kě nàihé | 成 | to be helpless, to have no choice |
| 32. | 趣味 | qùwèi | 名 | interest, delight |
| 33. | 新式 | xīnshì | 形 | new-style |
| 34. | 刺激 | cìjī | 动 | to stimulate, to excite |
| 35. | 喇叭 | lǎba | 名 | trumpet |
| 36. | 流行 | liúxíng | 动 | to be in vogue, to be popular |
| 37. | 吼 | hǒu | 动 | to roar |
| 38. | 扭 | niǔ | 动 | to swing or sway (as one walks) |
| 39. | 出洋相 | chū yángxiàng | | to make a laughing stock of oneself |
| 40. | 甚至于 | shènzhì yú | | even |
| 41. | 行为 | xíngwéi | 名 | behaviour |
| 42. | 谅解 | liàngjiě | 动 | to make allowance for |
| 43. | 宽容 | kuānróng | 动 | to tolerate, to bear with |
| 44. | 难题 | nántí | 名 | thorny problem |
| 45. | 苦恼 | kǔnǎo | 形 | vexed |

## 走进课文

### 代 沟

从报纸上看到这样一件有趣的事，有一位50多岁的日本律师，在东京[1]一家汤面店"稀里呼噜"地吃汤面。突然，他觉得有点儿不对劲[2]，只见别人都静悄悄地吃面，有的人还在斜着眼睛瞪他，让他不由得心想："怎么啦？吃东西发出声音才算正常啊！再说，这里也没写着'吃面请勿出声'啊。"

有了这次让他不好意思的经历后，他对于究竟该怎样吃汤面进行了一次调查。他发现：中老年人，包括地位很高的人在内，坚持吃汤面时要发出声音，认为只有这样才符合传统礼仪。况且，发出这种声音，也是对厨师的手艺表示赞扬。但是，接受过西方教育的年轻一代却不这么看，认为这样吃汤面太没有礼貌，吃喝发出的声音实在是对其他人的打扰。

至今，汤面店还没有出现"不准稀里呼噜"区，因此，日本老少两代人在同一个店里吃汤面时，不免出现两种完全不同的吃的礼仪。

其实，这件事就和"代沟"有关系。

虽然"代沟"是一个外来词，但这种现象是

> 1. 是谁在吃汤面？他在哪儿吃汤面？
> 2. 他吃汤面时发生了什么事情？
> 3. 他看见有人斜着眼睛瞪他时心里怎么想？

> 4. 有了那次经历后他做了什么事情？
> 5. 调查后他发现中老年人怎样吃汤面？为什么？
> 6. 他发现接受过西方教育的年轻人怎么吃汤面？

> 7. 日本老少两代人现在对怎样吃汤面意见一样吗？为什么？
> 8. "代沟"这个词是中国原来就有的吗？

---

1. 东京（Dōngjīng, Tokyo）：日本的首都。
2. 不对劲（bú duìjìn, amiss）：不正常。例如：不对劲，屋里怎么没有动静啊？/你今天有点儿不对劲，是不是不舒服？

中国早就有的。一位作家说过：自从人有老少之分，老一代与年轻一代之间就有一道沟，可能是难以跨过去的深沟，也可能是一步迈过的小沟，总而言之，在两代人中间有个界线。沟这边的看沟那边的不顺眼[3]，沟那边的看沟这边的不像话[4]，也许瞪着眼吵架，也许拍桌子、卷袖子。对立到什么程度，就要看双方的修养怎样了。

9. 一位中国作家怎样介绍中国存在的"代沟"现象？

我还记得，小时候去见长辈时，在关于坐的姿势问题上，我对长辈们产生过强烈的不满。我每天早起要跟着哥哥、姐姐去向爷爷、奶奶问好，小孩子一个挨一个地坐在两条凳子上。由于腿短，脚够不着地，往往一边坐一边甩腿。一看见这种样子，爷爷立刻把眼睛瞪得圆圆的，手指着我们前后摇晃的小腿说："怎么一点儿样子都没有！"吓得我们的小腿立刻不敢再甩。我们的母亲觉得很没有面子，回到屋子里把我们狠狠地骂了一顿。三代人之间隔着两条沟，说话做事当然差别更大。做小孩子的也不明白："我甩腿，和你们有什么关系？"

10. 作者为什么对他的长辈产生过强烈的不满？

11. 他的母亲为什么也骂他？

两代人意见不一致，不光体现在怎么吃、怎么坐的小事上，在怎么找工作，怎么挣钱、花钱，怎么恋爱、结婚等人生大事上，意见也常常不一致。

12. 两代人意见不一致还表现在哪些方面？

比如关于花钱，长辈多少有点儿小气。在他们看来，挣钱不容易，有了钱，最好一分钱掰两

---

3. 顺眼（shùnyǎn）：看着舒服。例如：这件衣服看着顺眼。/你要是看我不顺眼就别看。
4. 不像话（bú xiànghuà）：（说话、做事）不合乎道理或情理。例如：怎么能这么说话？太不像话了！

半花，省一分钱是一分钱，能不花就不花，存起来留着以后用。年轻人觉得有钱不用，害得大家受苦。因为老话早就说过：人死了，一个钱也带不走。因此，他们舍得买时髦的衣服，舍得下饭馆吃香的、喝辣的，舍得花几百块、几千块钱到处旅游，更舍得贷款买房子、买汽车。老年人看不惯，说他们让钱"烧"得不知道天多高、地多厚[5]。他们谁也说服不了谁，谁对谁也无可奈何。

> 13. 在花钱方面，两代人有什么不同的看法？

其实"代沟"是一种很正常的社会现象。社会在不断发展变化，必然使老年人和青年人有着很不相同的社会经历。历史发展了，社会环境变化了，人们的趣味也随之变化。年轻人喜欢新式的、带有刺激性的事情或活动。喜欢的就试一试，没考虑那么多。比如，20世纪80年代的年轻人赶时髦、穿起喇叭裤的时候，他们的爸爸妈妈看着不顺眼，逼着他们脱下来。有的年轻人喜欢流行音乐，觉得吼着、扭着、跑着唱歌才痛快。年纪大的人受不了，认为又吵又闹是出洋相[6]，算什么艺术？于是长辈就教训年轻人，而年轻人不仅敢和长辈吵架，甚至于敢离家出走。

> 14. 为什么存在着"代沟"现象？

> 15. 20世纪80年代的时候，年纪大的人为什么对年轻人不满意？

吵架、对立是解决不了问题的，只能加大两代人之间的矛盾。再冷静下来想一想，即使是一个人自己，当他由青年变为老年时，由于头发变白了，腰变弯了，想做事没力气了，也会使人在心理上和行为上出现变化。他们开始想一想长辈

> 16. 年轻人为什么谅解了老年人？

---

5. 不知道天多高、地多厚：形容人无知却自以为懂得很多。也常说"不知（道）天高地厚"。例如：你知道什么，也来指手画脚？真是不知道天多高、地多厚。

6. 出洋相（chū yángxiàng）：闹笑话；出丑。例如：我不会唱歌，非让我表演节目，不是让我出洋相吗！

说过的话，发现他们的话还是有道理的，并不是故意跟自己过不去。于是就谅解了他们。

老年人在正确处理"代沟"问题时，也要用理解和宽容的方法。理解并不表示赞成，也不表示一定要站在对方的立场上，而是指不要只想着给年轻人出难题，要允许年轻人按照他们自己的想法做事情。

人与人之间应该多一些宽容。你不宽容别人，别人也就不宽容你。如果双方都有理解、宽容的态度，大家也就会摆脱"代沟"所带来的苦恼了。

17. 老年人应该怎么处理"代沟"问题？

18. 怎样做可以摆脱"代沟"所带来的苦恼？

## 综合注释

1. 这里也没写着"吃面请勿出声"啊。

"勿"，否定副词，意思是"不要"，表示禁止或劝阻，经常出现在书面语中。在生活中多用在警示性的标语中。口语中表示禁止或劝阻，经常使用"别"。例如：

① 为了您和大家的健康，请勿吸烟。
② 门上的牌子上写着：正在休息，请勿打扰。
③ 原产欧洲的勿忘草，俗称"勿忘我"，花的名字表示忠于爱情。

▷ 试一试：选择否定副词完成句子

　　　不　　没　　没有　　别　　不用　　不必　　甭　　勿

（1）珍惜生命，请（　　　）吸毒。
（2）教师讲课时，学生可以插话，（　　　）举手、起立。
（3）你们（　　　）吵了，都夜里12点了。
（4）这样吃汤面太（　　　）礼貌。

2. 总而言之，在两代人中间有个界线。

"总而言之"意思是"总括起来说"，可以缩略成"总之"。用在说明的文字后面，

对前面的说明加以概括。例如：

① 艺术家一定要比别人更真诚，更敏感，更虚心，更勇敢。<u>总而言之</u>，要比任何人都更完美。

② 他聪明好学，勤奋努力，对人真诚，多才多艺。<u>总而言之</u>，他身上的一切都吸引着她。

③ 他说："这类的胡思乱想，对也罢，错也罢，<u>总之</u>，都是由读书来的。"

▶ 试一试：用"总而言之"或"总之"概括句子前面所给的内容

（1）在这些孩子中，有的很聪明，有的很可爱，有的很调皮，_____ _____。

（2）开车时，不但自己要系安全带，还要提醒别人系上，否则被查出来，司机也有责任……_____。

（3）记者采访完工厂，又去采访农村；采访完学校，又去采访医院。_____ _____。

（4）他们决定实行会议改革，不但要少开会，还要开短会，开高效率的会。_____ _____。

3. 有了钱，最好一分钱掰两半花，<u>省一分钱是一分钱</u>，能不花就不花，存起来留着以后用。

"省一分钱是一分钱"是由"V+数量（+N）+是+数量（+N）"这个口语格式形成的。表示虽然做某种事情数量不多，但是仍然值得做，会达到积少成多的结果。例如：

① 没时间学外语可以挤时间学呀，<u>学一句是一句</u>，总比不学好。

② 离山顶不远了，别歇着，<u>爬几个台阶是几个台阶</u>，很快就上去了。

③ 前途究竟怎样？我自己心中也没有底，只好<u>走一步是一步</u>。

▶ 试一试：根据句子前后的描述，用"V+数量（+N）+是+数量（+N）"格式完成句子

（1）困难多没关系，_____，我们最终一定能克服所有的困难。

（2）不想吃也得吃，_____，人是铁、饭是钢嘛，吃几口就有劲儿了。

（3）不困也该睡会儿觉，_____，明天我们还要赶一天的路呢。

（4）百虎图画起来不容易，不过_____，只要坚持画下去，用不了多久，一百只老虎就画完了。

4. 年轻人喜欢新式的、带有刺激性的事情或活动。

"新式"是非谓形容词，它和一般形容词不一样的是：（1）只能在名词前做定语，不能做谓语；（2）不能受否定副词"不"的修饰，有的可以受"非"的修饰；（3）不能受"很、非常、特别"等程度副词的修饰；（4）不能重叠。例如：

① 地震后很多房子都倒了，而新式的却损坏不大。（做主语）

② 他们买大房子，换最流行的汽车，电脑也要新式的。（做宾语）

③ 中国非国营企业已经创造了一半的工业产值。（受副词"非"修饰）

▶ 试一试：按照所给的提示，用非谓形容词完成句子

（1）俗话说，"爱美之心，人皆有之"，_____成了年轻人特别的新年礼物。（高档，做定语）

（2）通过自己的努力成为有用的人才，_____。（共同，做定语）

（3）婚礼可以选择不同的方式举行，_____。（西式/中式，做宾语）

（4）有的人认为，水是大自然里本来就有的，而_____，为什么用水还要交钱？（人造，否定形式）

5. 你不宽容别人，别人也就不宽容你。

"你"是第二人称代词，在这里用来泛指任何人，这是人称代词活用的方式之一。所谓泛指，是说这个人称代词所替代的并不是某一个具体的人，而是指代适合于同一种情况的所有人。人称代词活用的第二种方式是虚指。所谓虚指，是指人称代词没有实指某个人，只表示不确定的指代，相当于"这个人"或"那个人"。人称代词另外一种活用方式是单数用做复数，或是复数用做单数，例如用"我"指"我们"，用"咱们"指"你"等。

人称代词的活用是一种特殊用法，它们只出现在一定的语言环境里，特别是出现在文艺作品中，常利用人称代词的活用来表情达意，增加修辞色彩。例如：

① 人和人应该互相帮助，你愿意帮助别人，别人也就愿意帮助你。（泛指用法）

② 时间已经过了好久，大家你一言，我一语，越谈越火热。（虚指用法）

③ 我将在大城市间建设高速铁路。（单数用做复数）

④ 小陈，咱们说话别带脏字。（"咱们"指"你"）

▶ 试一试：说说下列句子中的人称代词属于哪种活用方式

（1）他们谁也不说话，你望着我，我望着你，沉默了好长时间。（　　　　）

（2）人与人应该互相尊重，你不尊重别人，别人也就不尊重你。（　　　　）

（3）我代表团作为观察员首次出席会议。　　　　　　　　　　（　　　　　）

（4）一个人要是离开了集体，他就一事无成。　　　　　　　　（　　　　　）

## 综合练习

一、参考注释，理解新词，然后选词填空

1. 新式　　式：样式（style, pattern）。"式"前面加上形容词或名词，表示样式的性质或种类。例如：旧式/老式/款式/模式/南式/西式/中式。试着选择上面提到的合适的词填到括号里。

（1）一些（　　　　）店铺，除了挂招牌之外还挂对联。

（2）内地人普遍认为香港产的手表质量好、（　　　　）新，购买意愿很强。

（3）这场纪念会为来宾准备的不是（　　　　）甜点，而是北京小吃。

（4）这是一个典型的（　　　　）书房，内设桌椅和文房四宝。

2. 律师　　师：掌握专门学术或技艺的人。"师"的前面通常是名词或动词，表示属于哪一种学术或技艺。例如：技师/机械师/工程师/医师/魔术师（móshùshī, magician）/发型师/化妆师/拳师（quánshī, boxer）/面点师/厨师/讲师/设计师/理发师。试着选择上面提到的合适的词填到括号里。

（1）他是一个建筑（　　　　），这座楼就是他设计的。

（2）（　　　　）为她设计了一款秀美的短发发型。

（3）中（　　　　）经常用食指、中指、无名指轻轻压在病人手腕上来检查病情。

（4）（　　　　）可以当场制作两百多种糕点。

二、把下面左边带有"~式"、"~师"的词语和右边对词语的解释连线

1. 老式　　　　　　　a. 南方的样式或做法
2. 款式　　　　　　　b. 西方的样式
3. 西式　　　　　　　c. 格式或样式
4. 南式　　　　　　　d. 陈旧的形式或样子
5. 讲师　　　　　　　e. 以教授或表演拳术为职业的人
6. 拳师　　　　　　　f. 专门从事化妆工作的人
7. 化妆师　　　　　　g. 擅长表演魔术的人
8. 魔术师　　　　　　h. 在大学里职别低于副教授的老师

代 沟 **11**

**三、选择课文中学过的下列词语填空**

不由得　赞扬　不免　不像话　不光　不满　出洋相　出难题

1. 各国报纸发表文章，高度（　　　）中国经济发展所取得的成就。
2. 种粮（　　　）富了我一个，这一片的父老乡亲也都富了。
3. 他在作品中表现了自己对当时社会的（　　　）和对美好理想的追求。
4. 他每当谈起这些学生，就（　　　）露出满心的欢喜。
5. 拖欠教师工资，实在是太（　　　）了。
6. 如果遇上顾客不冷静，冲你发脾气，给你（　　　），还能做到微笑服务吗？
7. 这是他的首场比赛，他对比赛环境和气氛都（　　　）感到陌生。
8. 她的基础知识毕竟太差，有时难免（　　　），引得人们哈哈大笑。

**四、选词填空并朗读**

1. 勿　别
   （1）你就在这儿坐着，（　　　）下去啊。
   （2）高压危险，请（　　　）靠近！

2. 不由得　不得不
   （3）带着凉意的微风吹了进来，我（　　　）打了个冷战！
   （4）因为脚疼，我（　　　）一只脚穿皮鞋，一只脚穿拖鞋上街。

3. 差别　区别
   （5）中国运动员在身体形态、力量速度上与外国运动员有（　　　），因此在训练中要（　　　）对待。
   （6）形成人们个性（　　　）的原因主要有三个。

4. 新　新式
   （7）这辆汽车还很（　　　）。
   （8）他们正在制造（　　　）太空船。

5. 流行　时髦
   （9）现在画写实画的人太少了，大家都赶（　　　），画各种新潮画。
   （10）另一朵艺术之花是摆手舞。它是土家族（　　　）的古老舞蹈。

**五、用所给的词语或格式完成对话**

1. A：你为什么对他不满意？
   B：＿＿＿＿＿＿＿＿＿＿＿＿＿＿＿＿＿＿＿＿＿＿＿＿＿＿＿＿＿（出难题）

2. A：他的作业写得怎么样？
   B：＿＿＿＿＿＿＿＿＿＿＿＿＿＿＿＿＿＿＿＿＿＿＿＿＿＿＿＿＿（不像话）

3. A：由于天气原因，机场有几百架航班延误了，你还走得了吗？
   B：＿＿＿＿＿＿＿＿＿＿＿＿＿＿＿＿＿＿＿＿＿＿＿＿＿＿＿＿＿＿＿（只能）

4. A：那天演出完以后你为什么不开心？
   B：＿＿＿＿＿＿＿＿＿＿＿＿＿＿＿＿＿＿＿＿＿＿＿＿＿＿＿＿＿＿＿（出洋相）

5. A：看见地震给人类带来这么大灾难，心里真难过。
   B：＿＿＿＿＿＿＿＿＿＿＿＿＿＿＿＿＿＿＿＿＿＿＿＿＿＿＿＿＿＿＿（不由得）

6. A：天不早了，再累也得一步一步地往前走啊！
   B：＿＿＿＿＿＿＿＿＿＿＿＿＿＿＿＿＿＿＿＿（V+数量（+N）+是+数量（+N））

7. A：气温这么高，又碰上断电，我们该怎么办呀？
   B：＿＿＿＿＿＿＿＿＿＿＿＿＿＿＿＿＿＿＿＿＿＿＿＿＿＿＿＿＿＿＿（无可奈何）

8. A：现在房价高得吓人，听说一平米一万多块钱呢。
   B：＿＿＿＿＿＿＿＿＿＿＿＿＿＿＿＿＿＿＿＿＿＿＿＿＿＿＿＿＿＿＿（甚至于）

六、用所给的词语或格式改写句子

1. 他不但没有为难我，还帮我想了很多办法。
   ＿＿＿＿＿＿＿＿＿＿＿＿＿＿＿＿＿＿＿＿＿＿＿＿＿＿＿＿＿＿＿（出难题）

2. 同学们都不喜欢他，老师也拿他没办法。
   ＿＿＿＿＿＿＿＿＿＿＿＿＿＿＿＿＿＿＿＿＿＿＿＿＿＿＿＿＿＿＿（无可奈何）

3. 扔掉家里用不着的衣服怪可惜的，最好送给需要的人。
   ＿＿＿＿＿＿＿＿＿＿＿＿＿＿＿＿＿＿＿＿＿＿＿＿＿＿＿＿＿＿＿（不舍得）

4. 刚入校时，因看同宿舍的人不顺眼，他总想着换到别的宿舍去。
   ＿＿＿＿＿＿＿＿＿＿＿＿＿＿＿＿＿＿＿＿＿＿＿＿＿＿＿＿＿＿＿（看不惯）

5. 在缺水的环境里，应该节省每一滴水。
   ＿＿＿＿＿＿＿＿＿＿＿＿＿＿＿＿＿＿＿＿＿＿＿＿＿＿＿＿＿＿＿
   （V+数量（+N）+是+数量（+N））

6. 他在公路上超速行驶，看见红灯还往前开，一点儿也不遵守交通规则。
   ＿＿＿＿＿＿＿＿＿＿＿＿＿＿＿＿＿＿＿＿＿＿＿＿＿＿＿＿＿＿＿（不像话）

七、根据记忆，试着补出下面课文中没有出现的词语

至今，汤面店还没有出现"不准稀里呼噜"区，因此，日本老少两代人在同一个店里吃汤面时，（①　　　　）出现两种完全不同的吃的（②　　　　　　）。

其实，这件事就和"（③　　　　）"有关系。

虽然"代沟"是一个（④　　　　　　）的词，但这种现象是中国早就有的。一位作家说过：自从人有老少之分，老一代与年轻一代之间就有一道沟，可能是难以跨过去的深沟，也可能是一步迈过的小沟，（⑤　　　　　　），在两代人中间有

代　沟 **11**

个（⑥　　　　　）。沟这边的看沟那边的（⑦　　　　　），沟那边的看沟这边的（⑧　　　　　），也许瞪着眼吵架，也许拍桌子、卷袖子。（⑨　　　　　）到什么程度，就要看双方的（⑩　　　　　）怎样了。

**八、根据课文内容、表达方式和下面的提示完成对话**

表示庆幸：幸亏……要不然　运气真不错　谢天谢地
表示概括：总之　总而言之　总的来说
表示反对：我不同意　这种说法有问题　我不这样认为

A：你觉得年轻人和长辈之间存在"代沟"问题吗？
B：① _____
_____
（表示肯定，说明这种现象普遍存在）

A：是吗？那你经常在哪些方面和长辈意见不一致？
B：② _____
_____
（表示幸运，说明自己和父母相处很好）

A：你知道别的年轻人和长辈之间经常为什么事情争吵吗？
B：③ _____
_____
（先举例，再概括）

A：有人说，产生"代沟"的主要责任在父母。
B：④ _____
_____
（表示反对，说明反对的原因）

A：还有人说，产生"代沟"的主要责任在子女。
B：⑤ _____
_____
（表示反对，说明反对的原因）

A：你说得太好了。年龄不同的人，生活圈子不同，接触的事物、人物也不一样，因此思想方法和行为也有差别。如果这种差别不去缩小而让它扩大，两代人之间就会形成一堵无形的墙，误会也就容易产生了。
B：⑥ _____
_____
（建议成年人多读青年人的书报，多看青年人的电影，多参加青年人的活动）

### 九、阅读短文，回答问题

晓晓高中没毕业就在当地打工，她身材高挑，人长得漂亮，很讨人喜欢。父母是老实本分的工人，一家人日子过得虽说平淡，却也和和美美。

然而，最近这个家庭的和睦气氛被晓晓恋爱的事情打破了。

几个月前，经人介绍，晓晓认识了一个和她年龄差不多的本地男孩儿。他为人诚恳、踏实本分，一段时间相处下来，晓晓总觉得对方少了些什么，对他并不喜欢。在晓晓看来，这个男孩子不会抽烟、又不会喝酒，平时就知道干活，一点儿情趣都没有，更不懂得什么叫浪漫，根本就不是她心中想嫁的那种男人。晓晓心目中的另一半，要有幽默感，还要有浪漫情调，那是"90后"男人适应社会、迎合时尚的一个标准。

晓晓的父母却对这个男孩子十分中意，经常把男孩子请到家中做客。在晓晓的父母看来，这样的男孩子实在是打着灯笼都难找。父母本着"过来人"的经验，坚持认为，将来小两口过日子都是实打实的事，给女儿找个踏实本分的对象，将来一定错不了，因此极力想促成他们两个人的婚事。

没想到事情和愿望相违背，父母百般劝说，就是说不动女儿的心，结果女儿一气之下离家出走了。

这样的代沟该如何消除呢？

1. 晓晓是个什么样的姑娘？
2. 晓晓家的平静生活被什么打破了？
3. 你觉得晓晓的男朋友怎么样？
4. 晓晓为什么不喜欢他？
5. 晓晓的父母认为这个男孩子怎么样？
6. 晓晓的父母劝说女儿有什么结果吗？
7. 你认为应该怎样解决晓晓和父母之间的矛盾？

### 十、说一说，写一写

用下面给出的词语讲一个和代沟有关的小故事（100～150字）。

代沟　不免　总而言之　差别　不光　说服　无可奈何　只能　谅解　宽容

十一、走出课堂，拓展学习

1. 采访一位中国朋友，询问一下他家里是否存在"代沟"现象。

（1）说明自己访问他的目的。

（2）提出他家里是否存在"代沟"问题。

（3）询问他造成"代沟"的原因。

（4）询问他怎么避免因"代沟"引起的矛盾。

（5）结束谈话，表示感谢。

上课的时候，把访问中国朋友的情况告诉老师和同学。

2. 采访一位其他国家的朋友，询问一下他家里是否存在"代沟"现象。
具体要求同第一题。

3. 比较一下来自不同国家的朋友对待"代沟"的看法。

（1）在不同国家的家庭里，"代沟"的表现一样吗？

（2）在不同国家的家庭里，"代沟"产生的原因一样吗？

（3）在不同国家的家庭里，有哪些解决"代沟"问题的好方法？

# 12 错觉

## 题解

俗话说"眼见为实",这话大体上是对的。其实,在生活中,我们眼睛看见的,耳朵听到的,大脑感知的,有时候却是对客观现实不正确的知觉,这就是人们常说的"错觉"。人对颜色、对图形、对声音、对冷暖、对速度的感知,在一定条件下,会作出错误的判断,这是正常的生理现象,未必是坏事。只要你留心观察,就会发现,错觉也会给你带来快乐,带来美的享受。

## 词语学习

| | | | | |
|---|---|---|---|---|
| 1. | 错觉 | cuòjué | 名 | wrong impression |
| 2. | 视觉 | shìjué | 名 | vision |
| 3. | 实验 | shíyàn | 名 | experiment |
| 4. | 图像 | túxiàng | 名 | image |
| 5. | 明显 | míngxiǎn | 形 | obvious |
| 6. | 物体 | wùtǐ | 名 | object |
| 7. | 移动 | yídòng | 动 | to move |
| 8. | 图形 | túxíng | 名 | graph |
| 9. | 寓言 | yùyán | 名 | fable, allegory |
| 10. | 天文 | tiānwén | 名 | astronomy |
| 11. | 筒 | tǒng | 名 | thick tube-shaped object |
| 12. | 调节 | tiáojié | 动 | to regulate |
| 13. | 吻合 | wěnhé | 动 | to be identical |
| 14. | 曝光 | bào guāng | 动 | (*photography*) exposure |
| 15. | 拍摄 | pāishè | 动 | to take (a picture), to shoot (a film) |
| 16. | 直观 | zhíguān | 形 | directly perceived through the senses |

# 错觉 12

| 17. | 天空 | tiānkōng | 名 | sky |
|---|---|---|---|---|
| 18. | 运行 | yùnxíng | 动 | to move, to be in motion |
| 19. | 轨道 | guǐdào | 名 | orbit |
| 20. | 可见 | kějiàn | 连 | it is thus obvious that |
| 21. | 投影 | tóuyǐng | 名 | (*optics*) projection |
| 22. | 大脑 | dànǎo | 名 | brain |
| 23. | 常见 | chángjiàn | 形 | common |
| 24. | 树木 | shùmù | 名 | tree |
| 25. | 参照 | cānzhào | 动 | to consult, to refer to |
| 26. | 理论 | lǐlùn | 名 | theory |
| 27. | 面对 | miànduì | 动 | to face |
| 28. | 预 | yù | 副 | in advance |
| 29. | 曾经 | céngjīng | 副 | once |
| 30. | 经典 | jīngdiǎn | 名/形 | classics; classical |
| 31. | 背景 | bèijǐng | 名 | background |
| 32. | 描述 | miáoshù | 动 | to describe |
| 33. | 再三 | zàisān | 副 | over and over again |
| 34. | 自主 | zìzhǔ | 动 | to act on one's own |
| 35. | 孤独 | gūdú | 形 | alone |
| 36. | 明亮 | míngliàng | 形 | lightful, bright |
| 37. | 从而 | cóng'ér | 连 | (*connecting reasons, methods, etc. with results, purposes, etc.*) thus |
| 38. | 明 | míng | 形 | clear |
| 39. | 飞行 | fēixíng | 动 | to fly |
| 40. | 号称 | hàochēng | 动 | to claim to be |
| 41. | 目击 | mùjī | 动 | to see with one's own eyes |
| 42. | 共识 | gòngshí | 名 | common understanding |
| 43. | 夸大 | kuādà | 动 | to exaggerate |
| 44. | 叙述 | xùshù | 动 | to narrate (in speech or writing) |
| 45. | 次数 | cìshù | 名 | number of times, frequency |
| 46. | 相 | xiāng | 副 | mutually |

| | | | | |
|---|---|---|---|---|
| 47. | 速度 | sùdù | 名 | speed |
| 48. | 过分 | guòfèn | 形 | (of speech or action) beyond or over the limit, going too far |
| 49. | 面貌 | miànmào | 名 | appearance, look |
| 50. | 虚拟 | xūnǐ | 形 | invented, fictitious |
| 51. | 依照 | yīzhào | 介 | according to |
| 52. | 感官 | gǎnguān | 名 | sense organ |
| 53. | 收集 | shōují | 动 | to collect |
| 54. | 幻觉 | huànjué | 名 | illusion |

## 走进课文

### 错觉

几天前我去参观了一家研究所的科学博物馆，那里有不少简单的视觉实验让人亲身感受到，人的眼睛是多么容易被欺骗：同样大小的图像会被看成大小明显不同，不动的物体会被看成移动的，黑色的图形会被看成彩色的……

其实，我们在日常生活中也经常能感受到这种错觉。一个著名的例子是太阳或月亮在地平线上时看上去要比在高空中大得多。对古代的人来说，对这个现象最明显的解释是太阳或者月亮在地平线上时更接近地球，就像一个中国古代寓言[1]所说的那样。在有了比较正确的天文知识后，就

1. 几天前作者去参观什么地方了？
2. 作者为什么说人的眼睛容易被欺骗？

3. 在日常生活中，人们能够感受到什么样的错觉？

4. 古代人怎么解释人们不同时间看太阳或月亮时大小不一样的感觉？

---

1. 中国古代寓言：这里说的寓言题目叫《两小儿辩日》，讲的是孔子到东方周游时，看见两个小孩子在争论。一个说太阳刚刚出来时离人最近，到了中午就离人远了，因为太阳刚出来时大得像车上的遮阳伞，而到了中午，就小得像个盘子。另一个说，太阳刚出来时温度很低，而到了中午，热得好像摸到了开水，证明温度低是因为离得远，而温度高是因为离得近。两个孩子争执不下，连孔子也说不清楚谁说得更有道理。

错觉 12

可知这种解释是错误的，日月与地球之间的距离在早晚都是一样的。

我们可以用一个简单的实验证明这种大小变化只是人眼的错觉。通过纸筒观察月亮，调节纸筒的大小，直到与月亮刚刚吻合。用这个纸筒在不同的时间观察不同位置的月亮，会发现月亮的大小并没有变化。用一架固定的照相机多次曝光拍摄月亮在高空中的不同位置，更可以直观地显示月亮在天空中的运行轨道，可知它的大小没有变化。

**可见，月亮在不同位置时在人眼视网膜[2]上的投影大小都是一样的，是人的大脑作出了不同的判断而产生错觉。** 如果人的大脑觉得月亮距离较远，月亮就会显得比较大，相反，则比较小。

那么，这种距离错觉是怎么产生的呢？最常见的解释是月亮在地平线上时，因为有房子、树木等作为参照物，会使人觉得月亮比较远。但是坐在飞机上没有这些参照物时，人们还是会觉得地平线上的月亮比较大，这就没办法用这个理论解释了。

按照上面的解释，人的大脑在面对地平线上的月亮时错误估计了距离。不过实际的情况可能正好相反。在我们面对高空中的月亮时，人脑判断不出它距离我们有多远。在不知道一个物体的距离时，人脑会把它假设为大约200米远，并按照这个想法计算出它的大小。当月亮在地平线上

5. 有了正确的天文知识后，正确的说法是什么？

6. 简单的实验方法是什么？

7. 怎样可以更加直观地显示月亮在天空中的运行轨道？

8. 人们看月亮时产生错觉，是眼睛还是大脑出了问题？为什么？

9. 对于距离错觉产生的原因，最常见的解释是什么？这种解释为什么不对？

10. 人的大脑为什么会错误地估计月亮和人的距离？

---

2. 视网膜（shìwǎngmó, retina）：眼球最里层的薄膜，是由视神经构成的，里面有眼球的玻璃体，是接受光线刺激的部分。

时，有地平线作为参照，人脑预知它的距离肯定是远远多于200米，并计算出这时的月亮要比假设它在200米远时更大。

月亮错觉对所有的人都是一样的。有时候不同的人会产生不同的错觉。一位社会心理学的创始人[3]在1937年曾经做过一个经典实验。他让几名学生坐在暗室中，观察一个小亮点。那个亮点实际上是固定的，但是由于没有任何固定的背景可作参照，人脑将没办法稳定它处理的图像。人们会觉得那个亮点在移动。假设分别问每个人看到的情况，他们描述该亮点移动的方向、距离都各不相同，因为本来就是出于想象。但是社会心理学家发现，如果让这些学生对他们看到的情况进行一番讨论，他们的意见会逐渐变得一致，最后他们全都报告看到了向同一个方向、距离移动的亮点。即使是不同的人产生的不同错觉也会在经过再三讨论之后变得一致。

这种"自主运动错觉"在日常生活中也能碰到。如果长时间看着一颗亮晶晶的孤独的星星（例如金星），虽然它是不动的，八成也会让人觉得是在移动，从而以为那是一个不明飞行物。许多不明飞行物报告显然都是由于视觉错觉产生的，即使是号称有许多目击者的报告也是如此。实验已经证明了，在一群人同时目击一个现象之后，在讨论时会互相影响，不自觉地改正自己原来的看法，最后会形成一种共识。也就是说，即

11. 那位社会心理学的创始人在1937年曾经做过什么经典实验？

12. 每个人描述亮点移动的方向和距离一样吗？

13. 人们讨论后，意见为什么变得一致了？

14. 这种"自主运动错觉"在日常生活中还有什么表现？

15. 你同意"许多不明飞行物报告显然都是由于视觉错觉产生的"这个结论吗？为什么？

---

3. 创始人（chuàngshǐrén, originator）：指开始建立（国家、机构、理论等）的人。这里指社会心理学创始人穆扎菲·谢里夫。

使是诚实的人，甚至是一群诚实的人的一致描述，也不一定可靠。更何况，人们在描述自己的经历时，为了吸引听者的兴趣，容易不自觉地加以夸大，叙述的次数越多，相隔的时间越长，越不可靠。

有的"不明飞行物专家"却偏要根据目击报告进行研究，甚至计算出"不明飞行物"不同一般的高度和飞行速度，从而得出"不明飞行物"与外星人[4]有关的结论。这些"专家"显然过分相信人的视觉和心理。他们不懂得，人们所感觉到的世界，其实并不是世界的本来面貌，而是一个"虚拟世界"，是大脑依照感官收集来的信息进行加工、重建出来的，在这个处理过程中，很容易出现错觉甚至是幻觉。

（选自《中国青年报》，作者方舟子）

16. 为什么说"即使是诚实的人，甚至是一群诚实的人的一致描述，也不一定可靠"？

17. 作者认为有的"不明飞行物专家"的结论为什么是错误的？
18. 你相信外星人的存在吗？为什么？

## 综合注释

1. 同样大小的图像会被看成大小明显不同。

"……被V成……"是带有结果补语的被动式。由于这个格式强调动作的结果，主语通常被省略。例如：

① 听他说完，我吓得连连摆手。见我被他吓成了这样，他开心地笑了。
② 在日出和日落前后，天际有时被染成红色或橙红色的艳丽色彩。
③ 赛场中央已经被分割成若干个格子，格子上贴着各个参赛国的标签。

---

4. 外星人（wàixīngrén, extra-terrestrial）：来自地球以外的人。

> 试一试：用"……被V成……"完成句子
> （1）这个孩子只是不爱说话，却_____。
> （被说成）
> （2）他一个人对付三个坏人，结果_____。
> （被打成）
> （3）会见开始后，记者_____分批进入会见大厅。
> （被分成）
> （4）虽然他是被收养的孩子，_____。
> （被当成）

2. 可见，月亮在不同位置时在人眼视网膜上的投影大小都是一样的，是人的大脑作出了不同的判断而产生错觉。

   "可见"是个连词，表示"可以看见"或"可以想见"，经常放在两个分句之间，引出结论。例如：
   ① "不当总统，就做模特"，可见，对一个爱幻想的女孩子来说，模特是一个多么诱人的职业。
   ② 这种细菌在开水里煮8个小时才能被杀死，可见，它的生命力极强。
   ③ 俗话说：你敬我一尺，我敬你一丈。可见，互相尊重在人们日常生活中非常重要。

> 试一试：用"可见"完成句子
> （1）考试的时候他总是发呆，_____。
> （2）一桌子好吃的东西摆在那儿，他连看都不看，_____。
> （3）推门一看，满地都是水，_____。
> （4）上课的时候他一直在睡觉，_____。

3. 即使是不同的人产生的不同错觉也会在经过再三讨论之后变得一致。

   "再三"是副词，用在动词前或动词后，表示"一次又一次"。例如：
   ① 每次表演，他都再三解释，他玩儿的不是魔术，是科学。
   ② 出门时，他再三道谢，并提出如果不满意可以随时来换。
   ③ 他考虑再三，想干个体，经营一个高层次的书屋。

> 试一试：用"再三"完成句子
> （1）他拒绝接受采访，我们_____，他才勉强答应。
> （2）他帮了我那么大的忙，所以我_____。

（3）至于我们做的那些事情，他＿＿＿＿＿＿＿＿＿＿：＂千万不要告诉别人。＂
（4）＿＿＿＿＿＿＿＿＿＿＿＿，我们才决定在城里买一套小房子。

4. 如果长时间看着一颗亮晶晶的孤独的星星（例如金星），虽然它是不动的，八成也会让人觉得是在移动。

"亮晶晶"是"ABB"式状态形容词，如"绿油油"、"光秃秃"、"白花花"、"红彤彤"、"香喷喷"、"胖乎乎"、"热腾腾"等。由于这类形容词带有较强的描写性，前面不能再加修饰语，后面也不能再带"极了"等程度补语。例如：
① 巨大的气球红彤彤的，高高地挂在空中。
② 农家小院里充满了喜庆和暖洋洋的情谊。
③ 下完冰雹后，满地都是白花花的雹子。

▶ 试一试：按照提示，用上面给的"ABB"式状态形容词完成句子
（1）食堂的饭菜刚出锅，＿＿＿＿＿＿＿＿＿＿。
（2）大风刮了好几天，树上的叶子落了一地，＿＿＿＿＿＿＿＿＿＿。
（3）刚刚长出的小草＿＿＿＿＿＿＿＿＿＿。
（4）他刚出生的儿子长得＿＿＿＿＿＿＿＿＿＿。

5. 在一群人同时目击一个现象之后，在讨论时会互相影响，不自觉地改正自己原来的看法，最后会形成一种共识。也就是说，即使是诚实的人，甚至是一群诚实的人的一致描述，也不一定可靠。

"也就是说"经常放在不同小句的中间，它前面的部分陈述一种观点或描写一个事实，它后面的部分则换另一种说法，让所陈述的观点更明确，或让所描写的事实更突出。例如：
① 你千万要参加活动。也就是说，没有你，这次活动就搞不好。
② 注意饮食清淡。也就是说，少吃肉，少吃油，多吃青菜和豆腐。
③ 要确定公平正义的理念，也就是说，考虑问题应该更多从普通老百姓的利益出发。

▶ 试一试：根据提示和前半句的描述，用"也就是说"完成句子
（1）明天我们都得早起，＿＿＿＿＿＿＿＿＿＿＿＿＿＿＿＿＿＿＿＿＿＿
＿＿＿＿＿＿＿＿＿＿＿＿＿＿＿＿。（不许睡懒觉）
（2）经常上网发表意见的占被调查总数的47%，＿＿＿＿＿＿＿＿＿
＿＿＿＿＿＿＿＿＿＿。（将近一半人）
（3）"书到用时方恨少"，＿＿＿＿＿＿＿＿＿＿＿＿＿＿＿＿＿＿＿＿
＿＿＿＿＿＿＿＿＿＿＿＿＿＿＿＿。（需要不断学习）

（4）4年来该国烟民从1530万下降到1350万，_____
_____。（减少了）

## 综合练习

一、参考注释，理解新词，然后选词填空

1. 物体　　体：由物质构成的、占有一定空间的个体。例如：液体/固体/气体/整体/个体/集体/运动体/透明体。试着选择上面提到的合适的词填到括号里。

（1）中国在普遍提高人民（　　　）生活水平的同时，一直高度重视解决贫困人口的温饱问题。

（2）冰川像一个（　　　）水库，储存着大量的淡水。

（3）太阳是一个很热的（　　　）球，表面温度达6000摄氏度。

（4）啤酒被人们称为"（　　　）面包"。

2. 预知　　预：预先，事先。例如：预报/预测/预防/预付/预告/预计/预料/预期/预热/预赛/预算/预售/预想/预选/预言/预约/预支。试着选择上面提到的合适的词填到括号里。

（1）联合国全球采购实行货到付款，一般不（　　　）款。

（2）青少年时期要注意口腔卫生，养成每天早晚刷牙的习惯，以（　　　）牙病的发生。

（3）这种方法并没有收到（　　　）的结果。

（4）工作日内，当天领取；紧急出境，非工作日内，可（　　　）申请。

二、把下面左边带有"~体"、"预~"的词语和右边对词语的解释连线

1. 运动体　　　　　　a. 有一定体积和形状、质地坚硬的物体
2. 透明体　　　　　　b. 能透过光线的物体
3. 集体　　　　　　　c. 位置不断变化的物体
4. 固体　　　　　　　d. 许多人合起来的有组织的整体
5. 预计　　　　　　　e. 事先通告
6. 预告　　　　　　　f. 预先付出或领取（款项）
7. 预言　　　　　　　g. 预先说出（将要发生的事情）
8. 预支　　　　　　　h. 预先计算、计划或推测

## 三、选择课文中学过的下列词语填空

　　　明显　　吻合　　可见　　常见　　面对　　再三　　过分　　依照

1. 从这些内容来看，与现实情况非常（　　　　）。
2. 中国境内的天鹅有三种，最（　　　　）的是大天鹅。
3. 第一次（　　　　）摄像镜头，我只觉得心"咚咚"直跳。
4. 仅几年工夫这个问题就解决了，然而他却（　　　　）变老了。
5. 这事显然做得太（　　　　），一下激起大家的不满。
6. 考试时常常忘记非常熟悉的知识，（　　　　）情绪紧张等因素会影响记忆。
7. 土地使用权可以（　　　　）法律的规定转让。
8. 经过（　　　　）调查，他们才发现错误出在哪里。

## 四、选词填空并朗读

1. 吻合　符合

（1）中国政府来去自由的政策与许多留学生的想法相（　　　　）。
（2）这种生产模式，就其特点来说，是（　　　　）生态农业精神的。

2. 孤独　单独

（3）他们不懂英语，因此（　　　　）出去很困难。
（4）刚到北京时，我举目无亲，真是（　　　　）极了。

3. 夸大　扩大

（5）演员为了（　　　　）自身的知名度，想尽办法宣传自己。
（6）广告中存在大量虚假、（　　　　）的成分，误导消费者购买其产品。

4. 过分　过度

（7）你这样做未免太（　　　　）了。
（8）她每天工作超过10小时。（　　　　）的劳累，使她卧床不起。

5. 幻觉　错觉

（9）所有善良的假设、美好的（　　　　）都无法改变眼前的事实。
（10）大家都有一个（　　　　），认为有了更高的学历就会有更多的机遇。

## 五、用所给的词语或格式完成对话

1. A：北京四季变化分明，你们老家四季的变化怎么样？
　 B：_____（明显）
2. A：你为什么说体育锻炼很重要？
　 B：_____（可见）

3. A：你不是不愿意吗？怎么又想通了？
   B：＿＿＿＿＿＿＿＿＿＿＿＿＿＿＿＿＿＿＿＿＿＿（再三）
4. A：我想让我的父母给我买套大房子。
   B：＿＿＿＿＿＿＿＿＿＿＿＿＿＿＿＿＿＿＿＿＿＿（过分）
5. A：这些酒瓶子和报纸可别乱扔！
   B：＿＿＿＿＿＿＿＿＿＿＿＿＿＿＿＿＿＿＿＿＿＿（被V成）
6. A：那种水壶买得到吗？
   B：＿＿＿＿＿＿＿＿＿＿＿＿＿＿＿＿＿＿＿＿＿＿（常见）
7. A：这张照片里好像有一个不明飞行物。
   B：＿＿＿＿＿＿＿＿＿＿＿＿＿＿＿＿＿＿＿＿＿＿（拍摄）
8. A：这些代表是怎么选出来的呢？
   B：＿＿＿＿＿＿＿＿＿＿＿＿＿＿＿＿＿＿＿＿＿＿（依照）

## 六、根据记忆，试着补出下面课文中没有出现的词语

我们可以用一个简单的（①　　　）证明这种大小变化只是人眼的错觉。通过（②　　　）观察月亮，（③　　　）纸筒的大小，直到与月亮刚刚（④　　　）。用这个纸筒在不同的时间观察不同位置的月亮，会发现月亮的大小并没有变化。用一架固定的照相机多次（⑤　　　）拍摄月亮在高空中的不同位置，更可以（⑥　　　）地显示月亮在天空中的（⑦　　　）轨道，可知它的大小没有变化。

（⑧　　　），月亮在不同位置时在人眼视网膜上的投影大小都是一样的，是人的（⑨　　　）作出了不同的判断而产生（⑩　　　）。如果人的大脑觉得月亮距离较远，月亮就会显得比较大，（⑪　　　），则比较小。

## 七、观察下列图片，使用课文中学过的词语和语言点说说你的感觉

1. 图1中的正方形看起来变形了吗？为什么？
2. 图2中上图的变色线和下图的变色线一样长吗？为什么？

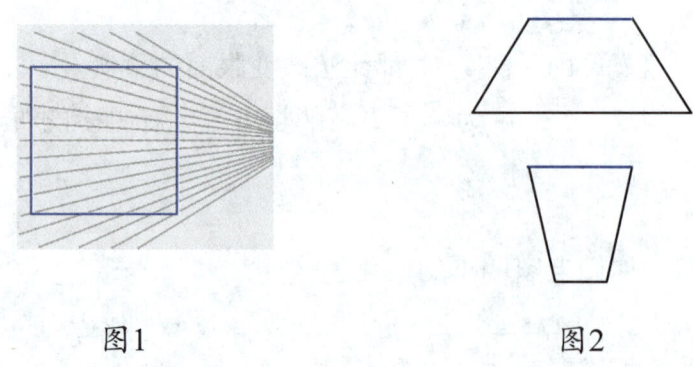

图1　　　　　　　　　　图2

3. 图3中两个内部的圆大小一样吗？为什么？

4. 图4中的带色部分深浅一样吗？为什么？

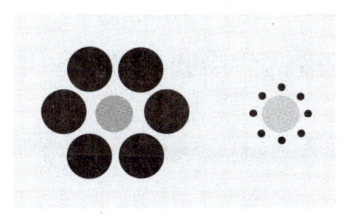

图3

图4

**八、根据课文内容、下面的表达方式和提示完成对话**

表示判断：根据　　依照……判断　　从……判断

表示推论：照……的说法　　可见　　如此说来

表示提醒：当心　　小心　　千万别　　必须……否则

A：在你的生活中，出现过"错觉"吗？

B：① _____

_____

（肯定回答，举例说明）

A：对，你说的只是错觉的一种。其实，错觉的种类很多，人们早在19世纪中期就开始研究这种现象了。错觉是由某种原因引起的，是人对客观事物不正确的知觉。比如把一双筷子放进有水的杯子里，看起来筷子就变弯了。

B：② _____

_____

（表示判断：……属于视错觉）

A：还有颜色错觉，比如白色显得远，显得轻，显得空间大；黑色显得近，显得重，显得空间小。其实白和黑的颜色在远近、轻重和空间大小上没有差别。

B：③ _____

_____

（表示推论，说明如何利用颜色错觉为人服务）

A：还有一种错觉叫"运动错觉"。比如你盯着从高处落下的瀑布30秒钟后，再看瀑布两边的岩石，就会觉得岩石在向上升起。

B：④ _____

_____

（表示提醒，指出运动错觉会引起驾驶危险或其他危险）

A：最常见的错觉是关于图形的错觉，又叫几何错觉（geometric illusion）。我们学过这课以后，对图形方面的错觉了解更多了。

B：⑤ _____

_____
（表示同意，引用练习七中的例子说明）

A：有些错觉会给我们的生活带来麻烦，但是，也有些错觉会给我们的生活增加乐趣。

B：⑥ _____

_____
（表示同意，愿意让更多的人了解关于错觉的知识）

## 九、阅读短文，回答问题

孔子到东方游学，看见两个孩子争辩不已，就问他们争辩的原因。

一个孩子说："我认为太阳刚升起的时候距离人近，但是到正午的时候离人远。"

另一个孩子说："我认为太阳刚升起时离人远，而到中午时离人近。"

第一个孩子说："太阳刚刚升起的时候像车篷（chēpéng, vehicle awning）般大，到了正午看起来就像盘子一样，这不是远的东西看起来小而近的看起来大的道理吗？"

另一个孩子说："太阳刚出来的时候感觉很清凉，到了中午就像把手伸进热水里一样热，这不是越近感觉越热而越远感觉越凉的道理吗？"

孔子也不能判断谁对谁错。

两个孩子笑着说："谁说你的智慧多呢？"

1. 孔子为什么要问两个小孩子问题？
2. 第一个孩子的看法是什么？
3. 另一个孩子的看法是什么？
4. 第一个孩子为什么觉得太阳刚升起来时离人近而中午离人远？
5. 另一个孩子为什么觉得太阳刚升起来时离人远而中午离人近？
6. 孔子能够判断谁对谁错吗？
7. 那两个小孩子怎么看孔子？
8. 这个故事和人的哪一类错觉有关系？

## 十、说一说，写一写

用下面给出的词语，讲一个和错觉有关的小故事（100~150字）。

错觉　视觉　图像　大脑　被V成　常见　可见　描述　实验　也就是说

## 十一、走出课堂，拓展学习

1. 采访一位朋友，问他以下问题，记录下他的回答。

    （1）请他看法国国旗，问：红白蓝三种颜色是否一样大？

    （2）在高速公路上以每小时100公里的速度开车和在普通街道上以同样速度开车的感觉一样吗？为什么？

    （3）走进一家商店，面对门口的墙面上安装的是镜子，你会感觉商店的空间增加了吗？

    （4）厨房的墙壁涂上蓝色，你会感觉夏天在里面做饭不那么热了吗？

    （5）炎热的夏天在柏油路上骑车时，会感觉到正前方的路面上有云气或河水吗？

    （6）身材矮胖的人穿上一条带竖纹的裤子或衬衫，会显得瘦些吗？

    （7）在一个比较小的房间里，为了不觉得空间狭小，该摆放高大的家具还是低矮的家具？在中间摆放好还是靠墙摆放好？

把受访者的回答记录下来带到课堂上，请同学们判断、分析。

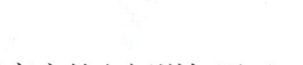

2.请朋友观察以下图形，让他们说出自己的感觉。

（1）在图1中位于中间的横线一样长吗？为什么？

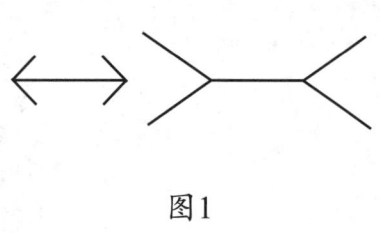

图1

（2）用尺子比一下，图2中间的两条横线是弯曲的吗？

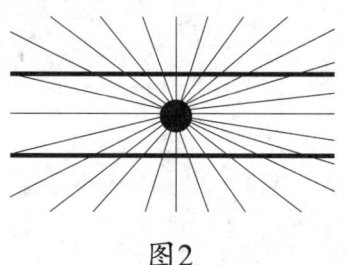

图2

（3）图3中的C线与A线是一条线，还是与B线是一条线？

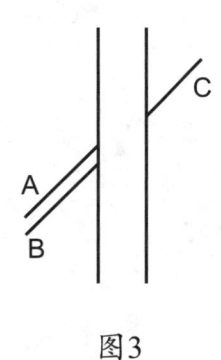

图3

（4）图4中间有一个菱形，它的四边是直线吗？

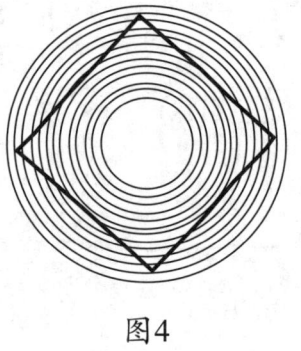

图4

（5）图5中有三个人，他们三个谁最高？

图5

把朋友的答案连同图形一起带到课堂上，请同学们回答以上问题，请他们说说为什么这样回答。

# 13 你是家养的还是野生的

## 题 解

中国有句老话："生于忧患，死于安乐"，意思是说，忧虑祸患能使人生存，而安逸享乐会使人死亡。它提醒人们注意，生活在复杂多变的社会里，只有清楚地认识到危机的存在，才能保持奋发向上的精神，才能以永不屈服的精神面对竞争和挑战。

## 词语学习

| | | | | |
|---|---|---|---|---|
| 1. | 野生 | yěshēng | 形 | wild |
| 2. | 假 | jià | 名 | holiday |
| 3. | 笼子 | lóngzi | 名 | cage |
| 4. | 祖先 | zǔxiān | 名 | ancestor |
| 5. | 看 | kān | 动 | to look after |
| 6. | 撑 | chēng | 动 | to support |
| 7. | 威武 | wēiwǔ | 形 | mighty, powerful |
| 8. | 反抗 | fǎnkàng | 动 | to revolt or resist with action |
| 9. | 锁 | suǒ | 名 | lock |
| 10. | 遮 | zhē | 动 | to cover |
| 11. | 姿态 | zītài | 名 | posture, gesture |
| 12. | 丧失 | sàngshī | 动 | to lose |
| 13. | 野 | yě | 形 | wild |
| 14. | 待遇 | dàiyù | 名 | remuneration, pay |
| 15. | 机构 | jīgòu | 名 | organization |
| 16. | 原理 | yuánlǐ | 名 | principle |

| | | | | |
|---|---|---|---|---|
| 17. | 评价 | píngjià | 动 | to evaluate |
| 18. | 推迟 | tuīchí | 动 | to postpone |
| 19. | 权利 | quánlì | 名 | right |
| 20. | 采访 | cǎifǎng | 动 | to have an interview with |
| 21. | 外界 | wàijiè | 名 | outside, the outside world |
| 22. | 打交道 | dǎ jiāodào | | to come into contact with |
| 23. | 款待 | kuǎndài | 动 | to treat cordially |
| 24. | 推销 | tuīxiāo | 动 | to promote sales |
| 25. | 恰当 | qiàdàng | 形 | proper, appropriate |
| 26. | 身份 | shēnfen | 名 | identity |
| 27. | 职务 | zhíwù | 名 | post, position |
| 28. | 招聘 | zhāopìn | 动 | to invite applications for a job |
| 29. | 素质 | sùzhì | 名 | quality |
| 30. | 长相 | zhǎngxiàng | 名 | looks, features |
| 31. | 挫折 | cuòzhé | 名 | setback, frustration |
| 32. | 动机 | dòngjī | 名 | motive |
| 33. | 把握 | bǎwò | 动 | to grasp, to seize |
| 34. | 转化 | zhuǎnhuà | 动 | to transform |
| 35. | 人力 | rénlì | 名 | labour power |
| 36. | 主管 | zhǔguǎn | 名 | person in charge |
| 37. | 应聘 | yìngpìn | 动 | to apply for a job |
| 38. | 价钱 | jiàqian | 名 | price |
| 39. | 归 | guī | 动 | to go or come back |
| 40. | 裁减 | cáijiǎn | 动 | to reduce, to cut down |
| 41. | 职员 | zhíyuán | 名 | staff member |
| 42. | 在意 | zàiyì | 动 | (*oft. used in the negative*) to care about, to mind |
| 43. | 自信 | zìxìn | 动 | to believe in oneself |
| 44. | 必 | bì | 副 | necessarily, surely |

# 13 你是家养的还是野生的

## 走进课文

### 你是家养的还是野生的

在内蒙古[1]一个草原度假村，我看到两匹草原狼——当然是养在笼子里。这两匹狼和一本卖得很火[2]的书里写的狼是同一个祖先，一样地凶，一样地有创造力。

看管它们的一个蒙古族老头给我讲了这两匹狼的故事：

这两匹狼是两年前捉来的，关在笼子里。一个小伙子听说，世界上所有家养的狗都是在大约1.5万年以前，从东亚[3]狼进化而来的。既然狼和狗很早以前还是亲戚，他就把一条在度假村看门的狗也关进了笼子，他想看个究竟，把野生的狼和家养的狗放在一起，到底会有什么结果。因为有主人撑腰，果然，个子比狼还大的看门狗进了笼子以后显得很是威武，对两匹狼拳脚相加[4]，又叫又咬。狼显得有些无能，只是躲躲闪闪的，不敢反抗。看热闹的人走后，他们把狗忘在了笼子里。第二天，当小伙子再去看那只笼子的时候，想起了他的狗，但笼子里只有两只狼！笼子是完整的，锁还好好地挂在那里——可怜的狗，变成

1. 作者在什么地方看见两匹草原狼？
2. 这两匹狼有什么特点？
3. 谁给作者讲了这两匹狼的故事？

4. 小伙子为什么要把度假村的看门狗和狼关在同一个笼子里？

5. 狗被关在笼子里后表现得怎么样？
6. 那两匹狼的表现怎么样？
7. 当小伙子第二天再去看笼子的时候，他发现了什么？

---

1. 内蒙古（Nèiměnggǔ, Inner Mongolia）：在中国北部边疆，是中国成立最早的少数民族自治区，主要居住着蒙古族和汉族人口。简称"内蒙"。
2. 火：比喻兴旺，受欢迎。例如：这家餐馆生意特别火。/那个歌手最近可火了！
3. 东亚（Dōngyà, East Asia）：亚洲东部，包括中国、朝鲜、韩国、蒙古和日本等国。
4. 拳脚相加（quán jiǎo xiāng jiā, physical violence）：指用手打和脚踢的办法对付别人。

了两只草原狼的一顿好饭。

这就是家养和野生的区别。

被主人养着，真好啊。有定时定量的吃喝，有可以遮风挡雨的笼子住，有主人的疼爱，还可以向客人们显示一下威武的姿态。但不幸的是，它们面对的不仅仅是自由的丧失，还有野性和能力的退化。但喜欢被养着却是我们人类的本能。

找工作的时候，大部分人会尽量选择有名的、规模大的、福利待遇好的机构。和动物不同的是，人类在大多数情况下会按照经济学的原理来评价好坏。在现代社会，人们通常在这种思想的指导下生存。所以，我们要找到让我们感到足够安全的地方，这样，进入某种形式的"笼子"就成了大多数人不可避免的选择。

那么，我们还可以做什么呢？就是尽量保持身上的野性，尽量推迟生存能力退化的时间，甚至有时候要有意识地给自己找回一种野生状态。

<u>在找到一份让人羡慕的好工作以后，我们会突然发现，原来自己牛着呢。</u>我们会把自己服务机构的地位和影响力当成自己的能力，会把自己工作位置所给的权利当作自己的能力。然而，在一家数一数二<sup>5</sup>的公司里工作，轻易地签订下一个大单不是你的能力；在一个著名的新闻机构里，采访到一位重要人物不是你的能力。<u>在和外界打交道的过程中，你受到的热烈款待，对你的过分赞扬，其实都来自于你服务的机构和你的岗位。</u>

8. 作者怎么看狗被狼吃掉的事情？
9. 被主人养着有什么好处？
10. 被主人养着为什么又是不幸的？
11. 作者认为人类的本能是什么？

12. 人们找工作的时候会选择什么样的机构？
13. 人类在大多数情况下会怎样评价好坏？
14. 作者所说的"笼子"是真正的笼子吗？为什么？

15. 作者认为人可以做的事情是什么？
16. 作者为什么说当人们找到一份好工作后会发现自己"牛着呢"？
17. 作者认为你的工作成绩和受到的赞扬来自于什么？

---

5. 数一数二（shǔ yī shǔ èr, to be reckoned as one of the best）：不是第一就是第二，形容非常突出。例如：他一直是全校数一数二的好学生。

在办公室，经常会碰到一个不认识的人摸进来，向大家推销什么牌子的化妆品或者哪里生产的新茶。每到这个时候，我都在想，自己能不能像他们做得那么从容而恰当。你可以认真地回忆一下，在你进入一家著名机构之后的日子里，无论是在工作还是生活中，当对方不知道你真正身份的时候，你究竟办成过几件事？或者，你是不是和所有不认识的人打交道的时候，头几句话就一定要把自己的机构和自己的职务搬出来，否则你就不可能办成任何事情？

很多人是因为足够优秀而不是足够有能力被招聘到著名的机构里。所谓优秀是指你受过的良好教育、综合素质、智商[6]和情商[7]，甚至还有你的长相或者家庭背景。而要把优秀变成能力，还要加上你不怕挫折的性格、你强烈的成就动机、你对人情的把握和你对眼前这份工作的热爱。很多在著名机构工作的人始终没有机会和愿望完成从足够优秀到足够有能力的转化，他的职业人生基本就是一个野性和能力退化的过程。

一位著名外企公司的人力资源主管曾经和我讲过这样一个小秘密：每年，他都要偷偷地去一些民营[8]企业应聘，看看还有没有人要他，可以把他自己"卖"一个什么价钱。当老板们和他有过

18. 作者为什么很佩服那些到处推销产品的人？
19. 作者请人们回忆一下什么事情？他提出了两个什么样的问题？
20. 作者认为"足够优秀"和"足够有能力"分别指什么？
21. 作者认为很多在著名机构工作的人存在一个什么问题？
22. 一位著名的外企主管有一个什么样的小秘密？

---

6. 智商（zhìshāng, intelligence quotient, IQ）：智力商数。智商=智力年龄÷实足年龄×100。一般认为智力年龄和实足年龄相等，智商为100，属于中等智商。智商在120以上，属于"聪明"，智商在80以下，属于"愚蠢"。
7. 情商（qíngshāng, emotional quotient, EQ）：情绪智力。心理学上指人的情绪品质和对社会的适应能力。
8. 民营（mínyíng, run by private citizens）：指国有经济以外的集体经济、合作经济、民间持股的股份经济、个体经济、私营经济的统称。

一次长谈、答应给他更高的职位、邀请他前来工作之后，他便哼着歌儿满意而归——他知道，他自己依然保持着野生的状态，是可以卖得上价钱的。如果有兴趣，你也可以试一试。那些民营公司的人力资源主管和老板个个火眼金睛[9]，他们对你的评价比你自己对自己的判断准确得多。

> 23. 作者建议你去试着做什么？

如果，你工作的机构，又一次洗牌[10]到来的时候，如果，你听到了裁减人员的消息在人群中悄悄传开的时候，你依然毫不在意，祝贺你，你依然保持着野生的状态。一位经济学家说过这么一句话，我读到的时候马上记在了小本子上：真正的自信，不是面对困难有着必胜的勇气，而是在任何时候都从容得不害怕失去。

> 24. 作者在什么情况下要祝贺你？为什么要祝贺你？

> 25. 作者把什么话记在了小本子上？

（选自《读者》，作者刘戈）

## 综合注释

1. <u>他想看个究竟</u>，把野生的狼和家养的狗放在一起，到底会有什么结果。

"V个究竟"是状态补语形式，表示通过采取某种行动而彻底了解事实的真相。经常用在这个格式里的"V"可以是"看、听、说、问、查、探、弄、打听、知道、了解、观察、探讨"等及物动词。这些动词加上量词"个"和"究竟"后，后面不能再带宾语。例如：

① 孩子们看什么都觉得新鲜，什么事都想知道<u>个究竟</u>。
② 这事引起了我们很大兴趣，立即前往探<u>个究竟</u>。
③ 他一直想知道那件事，追问了几次，却问不出<u>个究竟</u>。

---

9. 火眼金睛（huǒ yǎn jīn jīng, penetrating insight）：中国古典小说《西游记》中描写的孙悟空有识别一切妖魔鬼怪的眼睛，后来用"火眼金睛"指能看清楚一切的眼力。
10. 洗牌（xǐ pái, to shuffle cards）：原指玩牌后把牌掺和整理，以便重新开始玩。这里用作比喻。例如：新能源技术的开发利用，是行业内又一次洗牌，对每一个企业既是机遇又是挑战。

▶ 试一试：用指定的动词和"V个究竟"完成句子
（1）我听见窗外传来吵闹声，_____。（看）
（2）他对说假话的人的心理活动_____。（知道）
（3）他和楼下的房东言语不通，_____。（问）
（4）我们对这个问题一直有兴趣，_____。（探讨）

2. 在找到一份让人羡慕的好工作以后，我们会突然发现，原来自己牛着呢。

"……着呢"，助词。用在形容词或类似形容词的短语后边，表示肯定某种性质或状态程度深，带有夸张的意味。形容词前不能使用"很"、"非常"等程度副词，形容词后也不能有表示程度的补语。不能用于否定式。"着呢"多用于口语。例如：
① 你急什么？现在离回国的日子还早着呢。
② 从这儿到长城还远着呢，你最好坐车去。
③ 我爷爷今年90多岁了，身体还硬朗着呢。

▶ 试一试：用"……着呢"完成句子
（1）你才20岁出头，_____。
（2）她的长相在学校里数一数二的，_____。
（3）他常常一分钱掰两半花，_____。
（4）他指着一桌子菜劝我们：_____。

3. 在和外界打交道的过程中，你受到的热烈款待，对你的过分赞扬，其实都来自于你服务的机构和你的岗位。

动词短语"和……打交道"表示"和……来往或联系"。介词"和"还可以换成"同/跟/与"等。常用在口语里。例如：
① 人类很早就和狗打交道了。
② 喜欢鸟的人很多，但一生同鸟打交道的不多。
③ 跟盲人打交道，能感觉到他们比健全人更踏实用心。

▶ 试一试：根据前半句的描述，用"和/同/跟/与……打交道"完成句子
（1）我在国外工作了几年，_____。
（2）他是个记者，_____。
（3）人们都觉得他大方、好客，_____。
（4）他下决心一辈子单身，_____。

中级综合 II  Intermediate Comprehensive Course II

4. 头几句话就一定要把自己的机构和自己的职务搬出来。

"把……搬出来"是一种比喻，指人在和别人交往时，提出值得夸耀的人或事来为自己加强力量或声势。例如：

① 妈妈说不过我们，就把老祖宗的话搬出来限制我们。
② 看见孩子们有什么新想法，他总是把老一套搬出来，不是劝说就是反对。
③ 他一看见我，就把他的"恋爱哲学"搬出来，非让我现在就去相亲。

▶ 试一试：用所给的词语和"把……搬出来"完成句子
（1）他改变不了我们的看法，＿＿＿＿＿＿＿＿＿＿＿＿＿。（大人物）
（2）他用普通话说不明白，＿＿＿＿＿＿＿＿＿＿＿＿＿。（家乡话）
（3）他觉得孔子厉害，＿＿＿＿＿＿＿＿＿＿＿＿＿。（孔子说的话）
（4）讨论现代社会的问题时，＿＿＿＿＿＿＿＿＿＿＿＿＿。（古人的话）

5. 很多人是因为足够优秀而不是足够有能力被招聘到著名的机构里。

"是A，而不是B"是一个选择复句，选择的是前一个分句中的A，放弃的是后一个分句中的B。例如：

① 他说自己看中的是过程而不是结果，但比赛想得第一是每个选手的愿望。
② 舞美就是舞台美术设计师，而不是他所理解的跳舞跳得很美的人。
③ 梅雨是一种大范围的大型降水过程，而不是局部的小范围天气现象。

▶ 试一试：用所给的词语和"是A，而不是B"格式完成句子
（1）他是来自美国的留学生，＿＿＿＿＿＿＿＿＿＿＿＿＿。（非洲）
（2）这次会谈是为了扩大共识，＿＿＿＿＿＿＿＿＿＿＿＿＿。（分歧）
（3）引进外援只是一种手段，＿＿＿＿＿＿＿＿＿＿＿＿＿。（最终目的）
（4）火星某种程度上应是一个湿润的星球，＿＿＿＿＿＿＿＿＿＿＿＿＿。（干旱）

## 综合练习

一、参考注释，理解新词，然后选词填空

1. 野生　　野：不是人工饲养或培植的。"野"后面跟着名词，构成野生的植物或动物的名称。例如：野菜/野花/野草/野果子/野鸡/野鸭/野兔/野狗/野猪/野马/野兽。试着选择上面提到的合适的词填到括号里。

（1）天灾人祸，没有收成，老百姓只能靠挖（　　　　）过日子。

（2）他就像一匹（　　　），飞快地奔向终点。
（3）山谷里开满了（　　　），仔细看来，每一朵都有一种特别的美。
（4）一到秋天，（　　　）就成群结队飞过，陆续南移越冬。

2. 姿态　　态：形状，状态。"态"前可以加上名词，构成新词后表示人或某种事物的状态，例如：情态/体态/心态/病态/液态/固态/仪态；"态"前加上形容词，构成新词后描述某种状态的性质或特点，例如：原态/常态/反常态/丑态/富态/静态/窘态/老态/醉态；"态"前加上数词，表示事物状态的数量。例如：千姿百态。试着选择上面提到的合适的词填到括号里。

（1）北京鸭一向以（　　　）肥美、肉嫩味鲜著称。
（2）物质从气态变成（　　　）的过程，叫做液化。
（3）问题儿童是指在情绪、性格或行为表现上偏离了（　　　）的儿童。
（4）他双眼有神，全然没有即将进入80岁的（　　　）。

## 二、把下面左边带有"野~"、"~态"的词语和右边对词语的解释连线

1. 野兽　　　　　　a. 野生果树结出的果实
2. 野禽　　　　　　b. 家畜以外的兽类
3. 野果　　　　　　c. 山野里生长的珍贵食品
4. 野山珍　　　　　d. 家禽以外的鸟类
5. 心态　　　　　　e. 让人厌恶的样子或举动
6. 固态　　　　　　f. 喝醉酒后神志不清的样子
7. 醉态　　　　　　g. 心理状态
8. 丑态　　　　　　h. 物质的固体状态

## 三、选择课文中学过的下列词语填空

　　看管　　撑腰　　丧失　　评价　　推迟　　把握　　恰当　　自信

1. 他看见有人给他（　　　），态度就变得恶劣起来。
2. 他提出了"知识就是力量"的口号，受到高度（　　　）。
3. 由于"技术原因"，评选结果被迫（　　　）宣布。
4. 按照惯例，我们总会寻找最（　　　）的比赛时间。
5. 事故发生在一个无人（　　　）的铁路道口。
6. 我有些很小就到美国生活的中国朋友，完全（　　　）了中文能力。
7. 说大话有时正是不（　　　）的表现。
8. 学习的真正任务在于（　　　）事物的内在本质和规律。

四、选词填空并朗读

1. 丧失　丢失

（1）如果事事小心谨慎，那就（　　　）了生活的真正乐趣。
（2）从发现手提包（　　　）到找到手提包，还不到半个小时。

2. 反抗　反对

（3）对于这个决定，大家有没有（　　　）的意见？
（4）我们热爱和平，但是战争来了，也会坚决（　　　）侵略战争。

3. 权利　权力

（5）更大的（　　　）意味着更大的责任。
（6）人人都有生存的（　　　）。

4. 转化　变化

（7）生命的过程就是生物不断地把太阳能（　　　）成化学能的过程。
（8）这个城市（　　　）得真是太快了，两年没来，几乎不认识了。

5. 在意　在乎

（9）那个人碰了她一下，当时她并没（　　　），后来才发现钱包被偷了。
（10）东西不（　　　）好看，而一定要实用。

五、用所给的词语或格式完成对话

1. A：跟你谈个话，你怎么那么多"为什么"？
   B：_____（V个究竟）

2. A：你女朋友的长相到底怎么样啊？
   B：_____（……着呢）

3. A：你去接受采访，紧张不紧张？
   B：_____（和……打交道）

4. A：你看！孔子都说了，做事要"三思而后行"。
   B：_____（把……搬出来）

5. A：长城是在中国的北方还是在中国的南方？
   B：_____（是A，而不是B）

6. A：北京天安门广场很大吗？
   B：_____（数一数二）

7. A：他为什么总是看不起人？
   B：_____（给……撑腰）

8. A：这次比赛你们能战胜别人吗？

   B：_____（必胜）

## 六、用所给的词语或格式改写句子中画线的部分

1. 婚姻就像一座围城，已经进去的想冲出来，在外面围观的又想进去看看到底是怎么回事。

   _____（V个究竟）

2. 这冰层冻得很厚，你踩踩，冻得特别结实。

   _____（……着呢）

3. 他的钢琴弹得棒极了，在全校几十个钢琴手中排名特别靠前。

   _____（数一数二）

4.《阿凡达》这部大片在北京上映时，真是一票难求啊。

   _____（V得很火）

5. 对那些骂他的话，他一点儿也不放在心上，只是微微一笑。

   _____（毫不在意）

6. "接风"也叫洗尘，就是给客人吃好的、喝好的，意思是为客人洗去一路风尘。

   _____（款待）

## 七、根据记忆，试着补出下面课文中没有出现的词语

被主人养着，真好啊。有定时定量的吃喝，有可以（①_____）风挡雨的笼子住，有主人的疼爱，还可以向客人们显示一下威武的（②_____）。但不幸的是，他们面对的不仅仅是自由的（③_____），还有（④_____）和能力的退化。但喜欢被养着却是我们人类的（⑤_____）。

找工作的时候，大部分人会尽量选择有名的、规模大的、福利（⑥_____）好的机构。和动物不同的是，人类在大多数情况下会按照经济学的（⑦_____）来（⑧_____）好坏。在现代社会，人们通常在这种思想的指导下生存。所以，我们要找到让我们感到足够安全的地方，这样，进入某种形式的"（⑨_____）"就成了大多数人不可避免的选择。

## 八、根据课文内容、下面的表达方式和提示完成对话

表示说明（4）：老实说　坦率地说

表示不在乎：无所谓　没什么　没关系

表示无把握：未必　很难说　没底儿　不敢保证

A：你在找工作的时候，会去哪些机构应聘？

B：①_____

　　　　　　　　　　　　　　　　　　　　　　　　（说明去……的机构应聘）

A：那你最在意的是那些机构的名气、规模还是很好的待遇？

B：②_____

　　　　　　　　　　　　　　　　　　（表示不在意机构的……而在乎……）

A：有人说大多数人总希望选择一个足够安全的地方，进入某种形式的"笼子"里，你是这大多数人中的一个吗？为什么？

B：③_____

　　　　　　　　　　　　　　　　　　　　（说明自己的选择以及选择的原因）

A：你觉得在接受招聘时，在应聘者具有的以下因素中，哪些是老板们最在乎的？受过良好教育；具有综合素质和高智商、高情商；受聘者的长相或者家庭背景；受聘者的能力。

B：④_____

　　　　　　　　　　　　　　　　　　　　　　　　　（说明自己的亲身经历）

A：你喜欢在需要的时候搬出名人或家庭的地位来给自己撑腰吗？

B：⑤_____

　　　　　　　　　　　　　　　　　　　　　　　　　　（说明自己的做法）

A：如果招聘你的机构面临重新洗牌或者你有可能被裁员的时候，你会在意吗？

B：⑥_____

　　　　　　　　　　　　　　　　　　　　　　　　　　（表示没有把握）

A：看来，现代的年轻人还是应该保持一种野生的状态，才能适应现代社会激烈的竞争啊！这种野生的状态，不是退回到野蛮和残暴的状态，而是要寻找回一种精神，那就是面对艰苦和挑战，勇敢地接受、永不屈服的斗志。

B：⑦_____

　　　　　　　　　　　　　　　　　　　　　　　　　　　　（表示同意）

九、阅读短文，回答问题

　　"情商"分为五种情绪能力和社会能力：自知、移情、自律、自强和社交技巧。

"自知"意味着你知道自己当前的感受。大多数人并不作深入的思考，因为我们整天都忙忙碌碌，所以就没时间反省和自知。一个人的自我形象与他在其他人眼中的形象越一致，他的人际关系就越成功。

"移情"指的是不仅了解自己的情绪，还能感知周围人的情绪。移情能培养我们的同情心和无私精神，并能带来合作。

"自律"，就是控制自己情绪的能力。它指的是能很好地处理忧郁、暴躁、愤怒等情绪，以及不胡乱发作或陷入绝望状态的能力。情商高的人能更好地从人生的挫折和低潮中恢复过来。

"自强"的人并不需要经常的刺激来推动，他们能够很好地控制情绪，不满足于现状，不靠冲动或刺激就能采取行动。

"社交技巧"指的是通过与他人的交流来掌握人际关系的能力。

高情商与良好的情绪健康状况有关，在社会生活中，它比具有高智商更重要。把情商教育引入学校，对培养年轻人的高情商非常重要。通过对成年人进行倾听、自觉意识和应对策略的训练，也可以提高成年人的整体情商水平。

（选自《读者》）

1. "情商"的五种情绪能力、社会能力包括哪些？
2. "人贵有自知之明"，情商的第一个因素就是"自知"。怎么才能做到"自知"？
3. 什么是"移情"？"移情"与"合作"之间存在什么关系？
4. 什么是"自律"？"自律"精神对于走出挫折和失败重要吗？为什么？
5. 什么是"自强"？"自强不息"意味着什么？
6. "社交技巧"是不是指如何更好地和别人打交道？请介绍一下你所了解的社交技巧。
7. 你认为"智商"和"情商"在社会生活中哪个更重要？为什么？
8. 高情商是天生的还是通过后天教育形成的？为什么？

十、说一说，写一写

用下面给出的词语讲一个关于应聘的小故事（100～150字）。

和……打交道　机构　岗位　招聘　应聘　待遇　规模
良好教育　综合素质　智商　把握　野性　自信

十一、走出课堂，拓展学习

1. 采访一位中国朋友，询问他几个关于招聘、应聘的问题。

（1）你喜欢进入有名的机构还是愿意自我创业？为什么？

（2）你更愿意去待遇好的机构还是更能发挥自己能力的机构？为什么？

（3）在一个机构里工作感觉没有挑战性的时候，你是否选择换工作？

（4）当老板对自己不公正对待的时候，你会不会立即辞职，另寻出路？

（5）当机构开始裁员时，你是否感觉出现危机、压力重重？

记住他的回答，对他身上是否还保持野性的状态作个初步判断。把他的回答和自己的判断带回课堂，请老师和同学谈谈他们的看法。

2. 采访一位中国朋友，向他提出几个情商方面的问题。

（1）你对于地位比自己低、能力比自己差的人是否给予尊重？

（2）当对方和自己的价值观不同时，你是否坚持说服对方改变看法？

（3）你是不是清楚地知道自己的长处和短处？

（4）当压力来临时，你是敢于面对还是决定放弃努力？

（5）听到别人的意见，你是否立即改变自己的看法或做法？

（6）当新的任务或挑战来到时，是否感觉承受很大的压力？

（7）你和周围的人是否保持良好的关系？

记住他的回答，对他的情商水平作个初步判断。把他的回答和自己的判断带回课堂，请老师和同学谈谈他们的看法。

3. 把下面几段话讲给朋友听，一起从情商的角度判断说话人存在什么问题。

（1）瞧，现在有好消息也有坏消息。坏消息是你们中的一些人要被解雇了，好消息是我又升官啦……咦？你们还在想着坏消息，是吧？

（2）他习惯性地把球拍摔到地上，指着裁判的鼻子粗声地喊叫，他的动作和喊声，引起观众席上一片"嘘"声。

（3）现在的日子真没劲！自己一个人没意思，出去玩儿也没意思；结婚没意思，不结婚也没意思；干活儿没意思，下岗也没意思……

# 14 公说公有理，婆说婆有理

## 题 解

"盲人摸象"的故事流传了很多年，但是，像那个故事里的盲人一样，把象鼻子、象腿、象身和象尾当成整个大象的人，依然大有人在。世界丰富多彩，世界相当复杂，很多事情并非黑白分明，不能用"非此即彼"简单下结论。

敢于争论，更应该善于争论。

## 词语学习

| | | | | |
|---|---|---|---|---|
| 1. | 昼 | zhòu | 名 | daytime |
| 2. | 一旦 | yídàn | 连 | some day, once |
| 3. | 说法 | shuōfǎ | 名 | statement, view |
| 4. | 观点 | guāndiǎn | 名 | point of view |
| 5. | 坑 | kēng | 名 | pit, hole |
| 6. | 早晚 | zǎowǎn | 副 | sooner or later |
| 7. | 坦克 | tǎnkè | 名 | tank |
| 8. | 炮弹 | pàodàn | 名 | cannonball |
| 9. | 冲击 | chōngjī | 动 | to break against, to strike |
| 10. | 震 | zhèn | 动 | to shake |
| 11. | 能量 | néngliàng | 名 | energy |
| 12. | 死亡 | sǐwáng | 动 | to die |
| 13. | 不妨 | bùfáng | 副 | might as well |
| 14. | 网站 | wǎngzhàn | 名 | website |
| 15. | 各自 | gèzì | 代 | each, individual |
| 16. | 串 | chuàn | 量 | string, bunch, cluster |

公说公有理，婆说婆有理

| 17. | 股票 | gǔpiào | 名 | stock |
|---|---|---|---|---|
| 18. | 炒股 | chǎo gǔ | 动 | to speculate in stocks and shares |
| 19. | 风险 | fēngxiǎn | 名 | risk |
| 20. | 万万 | wànwàn | 副 | (used in the negative) absolutely |
| 21. | 迟早 | chízǎo | 副 | sooner or later |
| 22. | 黄金 | huángjīn | 名 | gold |
| 23. | 依然 | yīrán | 副 | still, as before |
| 24. | 本钱 | běnqián | 名 | capital, principal |
| 25. | 饮食 | yǐnshí | 名 | food and drink |
| 26. | 荤 | hūn | 名 | meat or fish, etc. |
| 27. | 素 | sù | 名 | vegetables, fruits, etc. |
| 28. | 反复 | fǎnfù | 副 | again and again |
| 29. | 过程 | guòchéng | 名 | process |
| 30. | 警告 | jǐnggào | 动 | to warn |
| 31. | 毒 | dú | 名 | poison |
| 32. | 下降 | xiàjiàng | 动 | to decline, to fall |
| 33. | 抑郁 | yìyù | 形 | despondent, depressed |
| 34. | 法 | fǎ | 名 | method |
| 35. | 盲人 | mángrén | 名 | blind person |
| 36. | 国王 | guówáng | 名 | king |
| 37. | 扇子 | shànzi | 名 | fan |
| 38. | 棒 | bàng | 名 | stick, club, cudgel |
| 39. | 柱子 | zhùzi | 名 | pillar |
| 40. | 可笑 | kěxiào | 形 | laughable |
| 41. | 健全 | jiànquán | 形 | sound, healthy |
| 42. | 局部 | júbù | 名 | (in contrast to the whole) part |
| 43. | 极端 | jíduān | 名 | extreme |
| 44. | 指标 | zhǐbiāo | 名 | indicator |
| 45. | 搭配 | dāpèi | 动 | to assort or arrange in pairs or groups |
| 46. | 人群 | rénqún | 名 | group of people |

| 47. | 善于 | shànyú | 动 | to be good at |
| 48. | 争论 | zhēnglùn | 动 | to argue |

## 走进课文

### 公说公有理，婆说婆有理[1]

地球上有高山、平原、江河、湖海，生长着花草、树木、动物、人类；一年有春夏秋冬四季，阴晴、雨雪、冷热、昼夜在不断地变化……人们喜欢这个世界的丰富，谁都明白，任何事物都有它存在的道理。然而，一旦人们遇到麻烦、有了困难、想找到答案时却发现，面对各种各样的说法，想要得到明确的结论却没那么容易。专家有专家的观点，老百姓有老百姓的主意，"公说公有理，婆说婆有理"。

最近，我一直为"该买什么样的汽车"拿不定主意。张三说，买车皮厚的更安全。还举例说，我朋友的汽车不怎么样，手指一按就是一个坑。要是买了薄皮车，早晚会出大事的。李四说，车皮厚的不一定就安全，坦克的皮厚不厚？要是一发炮弹打中它，外面还好好儿的，可里面的人却死了，为什么？因为人受不了强大的冲击力，八成是被震死的。可见，钢板越厚，吸收能量越差，一旦遇到车祸，冲击力就全部作用到人

1. 为什么说这个世界是丰富的？

2. 一旦人们遇到麻烦和困难，想找到明确的答案容易吗？为什么？

3. 最近作者为什么事情拿不定主意？

4. 张三的看法是什么？

5. 李四的看法是什么？

6. 作者赞同张三的意见还是李四的意见？

---

1. 公（father-in-law）说公有理，婆（mother-in-law）说婆有理：公公说的有公公的道理，婆婆说的有婆婆的道理。比喻双方争执，各说自己有理。例如：这事没有对错，公说公有理，婆说婆有理。

身上，车里的人不是重伤就是死亡。我觉得，普通人的话只不过是经验之谈，不妨听听专家怎么说。没想到，打开各个汽车网站一看，专家们的意见更热闹，各自发表意见。不同的是，他们的意见里有了更多让人弄不懂的理论和一串串数字。想来想去，我只好暂时放弃买车的想法。

家里人看我不买车了，劝我想办法用钱生钱。可是，怎么才能让钱生钱呢？弟弟说："我的朋友都在炒股呢，炒股确实有风险，可是来钱快呀。咱家能不能赚大钱，就看你的了。""看你说的，我哪有那么大的本事？"我连声说。大姐一听，也直摇头："股票市场万万进不得。股票价格起起落落的，你那点儿买车的钱迟早要被炒没了。"我知道家里人都是为我好，可是他们有谁真正懂得炒股呢？于是，我跑到图书馆去借书。谁想到，这个教授说买股票不如买国债，那个教授说买国债不如买黄金。他们关于"钱能生钱"的办法都挺打动人，依然是"公说公有理，婆说婆有理"。

妈妈看我没了主意，劝我说："买什么股票、国债呀，把身体弄得好好儿的，这就是本钱。"想想老妈说得在理，于是，我到处找健康方面的报纸、杂志读，还经常收看《天天饮食》等电视节目。

在关于吃荤健康还是吃素健康的问题上，我又被各种相反的意见弄糊涂了。一些人反复强调吃鱼吃肉很不卫生，他们从喂养、运输、销售、加工等各个方面说明肉类食品被污染的过程，并

---

7. 作者看了专家们的意见后是怎么决定的？为什么？

8. 家里人劝作者用买车的钱做什么？

9. 作者弟弟的建议是什么？
10. 作者同意弟弟的意见吗？为什么？
11. 作者大姐的意见是什么呢？
12. 作者听听大姐的建议了吗？为什么？

13. 作者的妈妈建议作者做什么？
14. 作者对于妈妈的建议有什么想法？

15. 作者又在什么问题上被弄糊涂了？

发出警告："吃肉等于吃毒",身体无毒,才能健康。他们主张"为了健康,天天吃素"。听多了这些意见,我连一口荤菜也不想吃了。可转念一想,不对呀,昨天刚刚看完一个电视节目,讲的是一位102岁的老人每天都吃一碗肉的故事。有了这样的例子,当然就会有人主张"吃荤无害"了,他们一再写文章,说明长期吃素的坏处:让人营养不足、记忆力下降、心情抑郁什么的。一位著名的专家还提出一种"瘦身法",强调吃鱼吃肉吃荤菜,不仅对健康有好处,还能帮助胖人减肥呢。"公说公有理,婆说婆有理",竟然到了水火不相容的程度。

在买车、理财和健康的问题上,我花了那么多时间,听了那么多意见,却一直没找到我想要的答案,这倒让我想起小时候学过的盲人摸象[2]的故事:

有几个盲人被带到一个广场上,国王让他们用手去摸大象,然后问他们:"大象究竟是什么样的?"摸到象牙的盲人说:"大象就像一根萝卜。"摸到象耳朵的说:"大象跟扇子差不多。"摸到象头的说:"它好像一块大石头。"摸到象鼻子的说:"你们说得都不对,大象就像一根圆木棒。"摸到象背、象腿和象尾巴的盲人也一个接一个地报告说,"像床、像柱子、像绳子……"。他们"公说公有理,婆说婆有理",谁都相信自己的结论最正确。

> 16. 反对吃荤的人的理由是什么?
> 17. 他们发出了什么样的警告?
> 18. 作者怎样对待他们的警告和意见?
>
> 19. 主张"吃荤无害"的人有什么理由吗?
>
> 20. 作者找不到答案后,想起了什么故事?
>
> 21. 盲人摸象的故事大意是什么?

---

2. 盲人摸象:是中国古代成语,比喻对事物了解不全面,却胡乱猜测,坚持自己的看法。

也许，我们会觉得这些盲人实在可笑，只摸到大象身体的一部分就急急忙忙下结论。其实，那些盲人倒是可以原谅的，毕竟他们什么也看不见。我们这些健全人，为什么也像那些盲人一样，只看事情的一面，只强调事物的局部，甚至把片面、局部的东西强调到极端的程度呢？

22. 作者通过盲人摸象的故事觉得盲人可笑吗？为什么？

也许车皮的薄厚并不是决定汽车安全不安全的重要指标，也许每一种理财方法都有可取之处，也许荤菜、素菜各有各的作用，吃饭时荤素搭配才更有利于健康……总而言之，每个人的需要不同，每种方法适合的人群不同，善于从"公说公有理，婆说婆有理"的争论中发现最科学、最适合于自己的方法，才是聪明的现代人应该学会的道理。

23. 作者的结论是什么？

## 综合注释

1. <u>一旦</u>人们遇到麻烦、有了困难、想找到答案时却发现，面对各种各样的说法，想要得到明确的结论却没那么容易。

"一旦"是副词，指不确定的时间，在这里用于未出现的情况，表示"要是有一天"，常用在动词或一个分句前边，使这个句子表示可能出现的某种条件或某种情况，后面的分句说明由此引出的结果。例如：

① 食品一旦受污染，就会危害人类的健康。
② 一旦人类遇到外星人，该怎样与他们进行交谈？
③ 那些车子多数没有车灯，一旦发生事故，后果不堪设想。

▶ 试一试：用"一旦"完成句子或完成带有"一旦"的句子

（1）＿＿＿＿＿＿＿＿＿＿＿＿＿＿＿＿＿＿＿，要立刻拨打110报警电话。

（2）＿＿＿＿＿＿＿＿＿＿＿＿＿＿＿＿＿＿＿＿＿＿，要马上在停车线后等待。
（3）一旦楼房里发生火灾，＿＿＿＿＿＿＿＿＿＿＿＿＿＿＿＿。
（4）计算机一旦受到病毒感染，＿＿＿＿＿＿＿＿＿＿＿＿＿＿＿＿。

2. 专家有专家的观点，老百姓有老百姓的主意，"公说公有理，婆说婆有理"。

动词格式"A有A的X，B有B的X/Y"，说明不同的人有不同的看法或主意，大家的意见不统一，或者强调不同的事物各有特点。例如：
① 中国有中国的风俗，法国有法国的风俗，异国婚恋难免遇到文化冲突。
② 民工有民工的难处，老板有老板的难处，两方面只能协商解决问题。
③ 孩子有孩子的想法，家长有家长的愿望，不沟通就不能统一意见。
④ 你有你的习惯，学校有学校的规定，当学生的必须按照学校的规定办事。

▶ 试一试：根据提示和后半句的说明，用"A有A的X，B有B的X/Y"完成句子
（1）＿＿＿＿＿＿＿＿＿＿＿＿＿＿＿＿＿，不同性别的人当然爱好不完全一样。
（2）＿＿＿＿＿＿＿＿＿＿＿＿＿＿＿＿＿，南方、北方的饮食习惯各有特点。
（3）＿＿＿＿＿＿＿＿＿＿＿＿＿＿＿＿＿，各国人民应该彼此尊重，互相学习。
（4）＿＿＿＿＿＿＿＿＿＿＿＿＿＿＿＿＿，商家和顾客在生意场上谁也离不了谁。

3. 要是买了薄皮车，早晚会出大事的。

"早晚"是副词，意思是"或早或晚"，常出现在动词前。"迟早"的意思、用法和"早晚"一样，但更多出现在书面语中。例如：
① 他警告说，这笔账早晚得算，因为"没有免费的午餐"。
② 理论研究一旦获得重大突破，迟早会给生产和技术带来巨大的进步。
③ 科学家预言：迟早有一天，一般常见病只要在家里就可以请"电脑医生"进行自我诊断。

▶ 试一试：按照提示，用"早晚"或"迟早"完成句子
（1）偷偷地干违法的事，＿＿＿＿＿＿＿＿＿＿＿＿＿＿＿＿。
（2）这个山里孩子的父母说："女孩子上什么学？反正＿＿＿＿＿＿＿＿＿＿＿。"
（3）现在的生意真难做啊，这样下去，＿＿＿＿＿＿＿＿＿＿＿＿＿＿＿＿。
（4）我也舍不得你们呀，等我有时间，＿＿＿＿＿＿＿＿＿＿＿＿＿＿＿＿。

4. 看你说的，我哪有那么大的本事？

"看你V的（瞧你/他V的）"是口语中常用的格式，当说话人听到别人对自己的夸奖或希望时，用"看你V的"格式表示谦虚；当说话人听到来自他人的不同意见时，也可以

用"看你V的"格式表示不同意。例如：

① "看你说的，我有那么好看吗？"说着，她的脸一下子红了。
② 瞧他说的，这都是我应该做的呀！
③ 瞧你说的，当儿子的怎么会恨自己的爸爸呢？

▶ 试一试：用"看你V的（瞧你/他V的）"完成句子

（1）A：你的汉语说得真棒！听起来就像中国人说的一样。

　　　B：_____。

（2）A：又会唱歌又会跳舞，你也算得上是多才多艺了！

　　　B：_____。

（3）A：你的"瘦身"计划看来很成功啊！

　　　B：_____。

（4）A：你天天炒股，是不是把本钱都赔光了？

　　　B：_____。

5. 总而言之，每个人的需要不同，每种方法适合的人群不同。

"人群"是集合名词，意思是"成群的人"。集合名词指包括具有共同属性的人或事物的总体。汉语中常见的集合名词还有"书本、车辆、纸张、家具、食品"等。它们可以受某些数量结构的修饰，如"些、点儿、包、批、群、套、车、桌子"等；集合名词不能受由"辆、张、个、支"等个体量词组成的数量结构的修饰。例如：

① 这些用过的书本还可以让下一届学生接着使用。
② 那些停放在路边的车辆必须计时收费。
③ 他们的研究主要集中在纸张的回收上。
④ 厂家送来了一车家具，赶快找人抬上来吧。

▶ 试一试：给集合名词"花朵、食品、信件、人口"加上适当的量词

（1）原来这（　　　）花朵采用了真空脱水技术，才能常年保持原色原形。

（2）清早起来，带上一（　　　）食品和饮料，到山后的树林中去看书。

（3）每过3个月，他们才能收到和寄出一（　　　）信件。

（4）大（　　　）农村人口涌入城市，会给城市带来许多的问题。

# 综合练习

## 一、参考注释，理解新词，然后选词填空

1. 能量　　量：数量，数目（quantity）。在"量"的前面加上动词，可以构成"流量/降雨量/饱和量/产量/储量/过量/含量/定量"等新词，表示某种动作产生或拥有的数量；在"量"的前面加上形容词，可以构成"巨量/少量/热量"等新词，表示数量所具有的特点；在"量"的前面加上名词，可以构成"能量/分量/批量"等，表示数量的类别等。试着选择上面提到的合适的词填到括号里。

   （1）一次台风暴雨过程，（　　　　）一般达200～300毫米。
   （2）世界上祖母绿宝石的（　　　　）非常有限。
   （3）吸烟和（　　　　）饮酒会对人体产生毒害作用。
   （4）划分五个气候带的主要依据是地球表面接受太阳照射（　　　　）的多少。

2. 网站　　站：为某种业务而设立的机构（station）。在"站"的前面加上名词，可以构成"粮站/文化站/气象站"等新词；在"站"的前面加上动词或动词短语，可以构成"供应站/保健站/加油站/献血站/救济站/救助站/售票站/收费站"等新词，表示机构的业务类别。试着选择上面提到的合适的词填到括号里。

   （1）（　　　　）是对大气进行观测、研究并预报天气的科学机构。
   （2）爆炸还引燃了一个（　　　　）内的油料，烧毁了附近多家商店。
   （3）现在人们不必到（　　　　）就可以买到火车票。
   （4）小麦都是卖给（　　　　），优良种子都是卖给本村、邻村的粮农。

## 二、把下面左边带有"～量"、"～站"的词语和右边对词语的解释连线

1. 流量　　　　　　　　　a. （自然资源）的储藏量
2. 储量　　　　　　　　　b. 产品成批生产的数量
3. 含量　　　　　　　　　c. 在单位时间内，通过河流或管道某一点的液体的数量
4. 批量　　　　　　　　　d. 一种物质中所包含的某种成分的数量
5. 文化站　　　　　　　　e. 为收取过路、过桥等费用而设立的机构
6. 保健站　　　　　　　　f. 为收购或销售粮食而设立的机构
7. 粮站　　　　　　　　　g. 为开展文化活动设立的机构
8. 收费站　　　　　　　　h. 为人看病或保护人们健康的机构

三、选择课文中学过的下列词语填空

　　　　早晚　　不妨　　各自　　万万　　依然　　反复　　可笑　　善于

1. 聊了十几分钟,我们就回到了（　　　）的房间。
2. 我对读书就是不感兴趣,感兴趣的（　　　）是音乐。
3. 这种东西你没吃过,（　　　）尝一尝。
4. 这个故事听起来有点儿（　　　）,但是在生活中这种事情并不少见。
5. 他不（　　　）和别人打交道,而喜欢一个人在家做事。
6. 由于他的性格的原因,这个悲剧（　　　）要发生的。
7. 她（　　　）没想到这句话会引起他那么强烈的反应。
8. 拍武打片,少不了一些打斗动作,拍一场戏要（　　　）打斗好几遍。

四、选词填空并朗读

1. 万万　千万

（1）金钱不是万能的,但没有金钱却是（　　　）不能的。
（2）朋友,您（　　　）要注意,小心上当!

2. 各自　自己

（3）我（　　　）从来没去过医院。
（4）上班铃响后,大家（　　　）回到自己的办公桌前。

3. 风险　危险

（5）你们太小,不应该做那么（　　　）的动作。
（6）针对高（　　　）企业职业的特点,要积极推进职工参加工伤保险。

4. 健全　健康

（7）医生可以把病人的脚趾移植到手上代替手指,让他们第二次得到（　　　）的四肢。
（8）他的（　　　）状况显著下降,但仍坚持加班。

5. 极端　极其

（9）他们放弃了某些（　　　）的主张。
（10）从另一个角度说,生活又是（　　　）简单的。

五、用所给的词语或格式完成对话

1. A：你特别想去中国留学吗?
　　B：_____。（一旦）

2. A：你们班同学觉得去黄山旅行怎么样？
   B：＿＿＿＿＿＿＿＿＿＿＿＿＿＿＿＿＿＿＿＿＿＿＿＿（A有A的X，B有B的X/Y）

3. A：你这次没时间去上海，实在太可惜了！
   B：＿＿＿＿＿＿＿＿＿＿＿＿＿＿＿＿＿＿＿＿＿＿＿＿（迟早）

4. A：谁能给大家介绍一下"瘦身法"？
   B：＿＿＿＿＿＿＿＿＿＿＿＿＿＿＿＿＿＿＿＿＿＿＿＿（看N的了）

5. A：你今天打扮得简直像个美丽的公主！
   B：＿＿＿＿＿＿＿＿＿＿＿＿＿＿＿＿＿＿＿＿＿＿＿＿（看你V的）

6. A：那么多人反对，你何必再坚持呢？
   B：＿＿＿＿＿＿＿＿＿＿＿＿＿＿＿＿＿＿＿＿＿＿＿＿（依然）

7. A：怎么了？为什么这么生气啊？
   B：＿＿＿＿＿＿＿＿＿＿＿＿＿＿＿＿＿＿＿＿＿＿＿＿（万万）

8. A：你说我该不该买点儿股票呀？
   B：＿＿＿＿＿＿＿＿＿＿＿＿＿＿＿＿＿＿＿＿＿＿＿＿（不妨）

## 六、用所给的词语或格式改写句子

1. 要是有一天我有了一百万，一定去周游世界。
   ＿＿＿＿＿＿＿＿＿＿＿＿＿＿＿＿＿＿＿＿＿＿＿＿＿＿（一旦）

2. 对于怎么节约能源，大家各有各的看法。
   ＿＿＿＿＿＿＿＿＿＿＿＿＿＿＿＿＿＿＿＿＿＿（A有A的X，B有B的X/Y）

3. 我们把说服他的工作全都交给你了。
   ＿＿＿＿＿＿＿＿＿＿＿＿＿＿＿＿＿＿＿＿＿＿＿＿（看N的了）

4. 过奖了，我说汉语哪有那么好啊？
   ＿＿＿＿＿＿＿＿＿＿＿＿＿＿＿＿＿＿＿＿＿＿＿＿（看你V的）

5. 他们都说得挺有道理的，我真不知道该听谁的了。
   ＿＿＿＿＿＿＿＿＿＿＿＿＿＿＿＿＿＿＿（公说公有理，婆说婆有理）

6. 他们俩已经吵了很长时间，谁也容不下谁。
   ＿＿＿＿＿＿＿＿＿＿＿＿＿＿＿＿＿＿＿＿＿＿＿＿（水火不相容）

## 七、根据记忆，试着补出下面课文中没有出现的词语

　　家里人看我不买车了，劝我想办法用钱生钱，可是，怎么才能让钱生钱呢？弟弟说："我的朋友都在（① ＿＿＿＿＿＿）呢，炒股确实有（② ＿＿＿＿＿＿），可是来钱快呀。咱家能不能赚大钱，（③ ＿＿＿＿＿＿）。""（④ ＿＿＿＿＿＿），我哪有那么大的本

事？"我连声说。大姐一听，也直摇头："股票市场（⑤　　　）进不得。股票价格起起落落的，你那点儿买车的钱（⑥　　　）要被炒没了。"我知道家里人都是为我好，可是他们有谁真正懂得炒股呢？于是，我跑到图书馆去借书。谁想到，这个教授说买股票不如买国债，那个教授说买国债不如买（⑦　　　）。他们关于"钱能生钱"的办法都挺打动人，（⑧　　　）是"公说公有理，婆说婆有理"。

**八、根据课文内容、下面的表达方式和提示完成对话**

表示谦虚：看你V的　　说哪儿去了　　说不上……，不过……罢了
表示改变话题：这件事不提了吧，咱们说点儿别的　　说到……，我想起一件事
表示结束交谈：今天没时间了，以后再聊吧　　今天我们谈得很愉快

A："公说公有理，婆说婆有理"这话说得真形象，生活里到处都可以听到人们在争论，谁都想坚持自己的观点。
B：① _____
_____
（表示同意，举例说明）
A：那两个人简直是水火不相容呀！让你一说，我好像看见他们争得脸红脖子粗的样子了。看来你又善于观察，又善于表达呀！
B：② _____
_____
（表示谦虚，说自己喜欢听人家的争论，可以了解不同看法）
A：我问你一个问题，你要是买车，是买车皮薄的还是买车皮厚的？
B：③ _____
（改变话题，说不谈买车的理由，想谈吃荤吃素的问题）
A：怎么？你主张吃荤还是吃素？
B：④ _____
_____
（不同意把吃荤吃素看成水火不相容的事情，谈荤素搭配的好处）
A：你说的太对了，我们附近有个保健站，那儿的专家建议，人要想健康地活到100岁，就得吃粮食，吃蔬菜水果，吃鱼、吃肉、吃鸡蛋、喝奶、吃豆制品，还得吃少量的油。
B：⑤ _____
_____
（表示听说过人必须吃这五大类食品，补充说明每种食品要定量）

A：你说得真在理！中国有好多吃饭方面的谚语，比如"粗细食，搭配当；主副食，重营养"；"要想人长寿，多吃豆腐少吃肉"；"多吃一点醋，不用上药铺"什么的。

B：⑥ _____

_____

（表示感兴趣）

A：你要是想听，我还可以告诉你更多的谚语呢！

B：⑦ _____

_____

（表示要结束交谈，说明理由）

A：好吧，咱们找时间再聊。再见！

## 九、阅读短文，回答问题

如今每对夫妻都只生一个孩子，该生男孩儿还是该生女孩儿，那可是"公说公有理，婆说婆有理"。

坚持必须生男孩儿的人说：男孩儿长大成人后，不管在家还是在外面，都能"撑起一片天"。看看现在，家里挣钱多的还要数男人，外边做大官、干大事的，也还是男人更多。坚持要生女孩儿的人说，时代不同了，男女都一样。男人能做的事，女人照样做得到。睁开眼看看嘛，如今满世界都是女大学生、女博士、女专家，连坐飞船上天的都有女人呀！

坚持必须生男孩儿的人说，男孩儿比女孩儿好养活，女孩儿小时候娇气，长大了又要早早嫁人，指望不上啊！坚持要生女孩儿的人说，男孩子太淘气，整天上树爬墙的，"娶了媳妇就忘了妈"。哪儿像女孩子，小时候听话又可爱，长大出嫁了，也还是最心疼妈的人。

其实，不管生男生女都是好事情！一个个孩子是多么可爱的小生命！世界上少了谁能行？生男孩儿有生男孩儿的好处，生女孩儿有生女孩儿的快乐。希望人类能够均衡发展，人口出生的自然比例（男103～107∶女100）一旦被打破，人类迟早要吞下自己种下的苦果子。

1. 坚持要生男孩儿的人的理由是什么？
2. 坚持要生女孩儿的人的理由是什么？
3. 你同意现代社会里，仍然是男人最重要吗？
4. 你觉得女人是不是可以和男人做一样的事情，甚至超过男人？
5. 你想象得出如果世界人口出生的自然比例被打破后，会有什么后果吗？
6. 你对应该生男还是应该生女有什么看法？
7. 请给短文加一个恰当的标题：_____

十、说一说，写一写

用下面给出的词语，讲一个"公说公有理，婆说婆有理"的小故事（100～150字）。

说法　观点　早晚　不妨　各自　依然　善于　争论

水火不相容　看你V的　A有A的X，B有B的X/Y

十一、走出课堂，拓展学习

1. 采访一位中国朋友，问问他是否遇到过或参加过"公说公有理，婆说婆有理"的争论？

（1）争论的问题是什么？

（2）争论的一方的观点是什么？

（3）争论的另一方的观点是什么？

（4）他们争论时怎样坚持自己的观点？

（5）他们争论时能不能听进去别人的意见？

（6）他们争论的结果是什么？

请把采访的内容记录下来，带回课堂，和老师、同学一起分享。

2. 从网上查找一下，中国或世界上目前有没有争论得很激烈的热点问题。

(1) 争论的问题是什么？

(2) 争论的一方的观点是什么？

(3) 争论的另一方的观点是什么？

(4) 你认为这种争论有没有价值？

(5) 你认为哪种观点更有道理？为什么？

把你看到和想到的带回课堂，向老师和同学们作个介绍。

# 15 俺爹俺娘

## 题 解

世上有什么东西能填补失去爹娘的空落感？没有，任何东西都不能够填补。虽说30年来，他给爹娘拍了12000多张照片和600多个小时的录像，留住了活生生的爹娘。可是如今，爹娘的照片和录像他一眼都不敢看……他每天期望做一个与爹娘团圆的梦。结果，梦来了，梦走了，冰凉的枕头上只留下清冷的泪。

## 词语学习

| 1. | 俺 | ǎn | 代 | I, my, we, our |
| 2. | 娘 | niáng | 名 | (*dial.*) mom, mother |
| 3. | 漫长 | màncháng | 形 | very long |
| 4. | 订婚 | dìnghūn | 动 | to be engaged (to be married) |
| 5. | 啥 | shá | 代 | (*dial.*) what |
| 6. | 掀 | xiān | 动 | to lift (a cover, etc.) |
| 7. | 丑 | chǒu | 形 | ugly |
| 8. | 俊 | jùn | 形 | pretty |
| 9. | 倔 | juè | 形 | stubborn |
| 10. | 木匠 | mùjiang | 名 | carpenter |
| 11. | 气氛 | qìfēn | 名 | atmosphere |
| 12. | 动不动 | dòngbudòng | 副 | (of an act or situation, usu. unwished for) happening frequently |
| 13. | 惯 | guàn | 动 | to spoil, to pamper |
| 14. | 透 | tòu | 形 | fully, to the extreme |
| 15. | 煤油 | méiyóu | 名 | kerosene |
| 16. | 多亏 | duōkuī | 动 | thanks to |

| | | | | |
|---|---|---|---|---|
| 17. | 钉子 | dīngzi | 名 | nail, tack |
| 18. | 舅舅 | jiùjiu | 名 | mother's brother, maternal uncle |
| 19. | 姥姥 | lǎolao | 名 | mother's mother, maternal grandmother |
| 20. | 总算 | zǒngsuàn | 副 | at long last |
| 21. | 处 | chǔ | 动 | to get along (with sb) |
| 22. | 假装 | jiǎzhuāng | 动 | to pretend |
| 23. | 和睦 | hémù | 形 | harmonious |
| 24. | 无非 | wúfēi | 副 | nothing but |
| 25. | 较真 | jiào zhēn | 动/形 | to take sth seriously; serious |
| 26. | 风光 | fēngguāng | 名 | scene, view, sight |
| 27. | 规矩 | guīju | 名 | rule, established practice |
| 28. | 胡来 | húlái | 动 | to mess things up |
| 29. | 台阶 | táijiē | 名 | staircase |
| 30. | 步 | bù | 名 | step |
| 31. | 高潮 | gāocháo | 名 | climax |
| 32. | 旅店 | lǚdiàn | 名 | hotel |
| 33. | 结 | jié | 动 | to settle, to finish |
| 34. | 账 | zhàng | 名 | account |
| 35. | 裂 | liè | 动 | to crack |
| 36. | 赔偿 | péicháng | 动 | to compensate for, to pay for |
| 37. | 反而 | fǎn'ér | 副 | on the contrary |
| 38. | 破例 | pòlì | 动 | to break a rule, to make an exception |
| 39. | 须知 | xūzhī | 名 | notice |
| 40. | 地道 | dìdao | 形 | pure, authentic |
| 41. | 老人家 | lǎorenjia | 名 | (*polite*) old person |
| 42. | 挖苦 | wāku | 动 | to speak sarcastically or ironically |
| 43. | 反倒 | fǎndào | 副 | quite the reverse, instead |
| 44. | 大方 | dàfang | 形 | generous |
| 45. | 丢人 | diūrén | 动 | to lose face |
| 46. | 送行 | sòngxíng | 动 | to see sb off |

| 47. | 猛然 | měngrán | 副 | suddenly |
| 48. | 照例 | zhàolì | 副 | as a rule, as usual |
| 49. | 手电 | shǒudiàn | 名 | flashlight |
| 50. | 非 | fēi | 副 | used to indicate wilfulness or determination |
| 51. | 以至 | yǐzhì | 连 | (used to indicate the extension of time, number, degree, scope, etc.) down to, up to |
| 52. | 消失 | xiāoshī | 动 | to disappear |
| 53. | 亲 | qīn | 形 | related by blood |

## 走进课文

### 俺爹俺娘

**娘和爹　爹和娘**

　　到今年5月，爹娘结婚就满67年了。67年，对人的一生来说，是一段漫长的时间。

　　"娘过门¹前，你见过她吗？"我问爹。"没有，虽然住得不远，却没有见面的机会。订婚时才十五六岁，懂啥？"爹说。

　　"给你说婆家²的时候，你知道吗？"我又问娘。

　　"知道一点点，俺也不问。同意不同意是爹娘说了算。"娘说。17岁的爹和19岁的娘，便在吹吹打打声中结婚了。结婚那天，等拜完天地³，给娘掀开红布的时候，爹才知道娘长得啥样。"个子

> 1. 作者父母的婚姻情况如何？
>
> 2. 父母什么时候订的婚？结婚前他们认识吗？
>
> 3. 父母的婚姻由谁决定？

---

1. 过门（guò mén, to move into one's husband's house upon marriage）：女子出嫁到丈夫家。
2. 说婆家（shuō pójia, to set a girl up with a man）：给女人介绍对象。
3. 拜天地（bài tiāndì, to bow to heaven and earth as part of the traditional wedding ceremony）：中国传统婚礼的一种仪式，新娘和新郎一起参拜天地、父母和公婆。

挺矮，长得不算丑，也不算俊。"这就是娘给爹留下的第一印象。当时，娘低着头，眼睛直往脚下看，爹到底啥样子，她连看都没看一眼。

一连几天，爹和娘不说一句话。爹一大早就出去干木匠活，中午、晚上回来，娘已经做好了饭，却不和爹在一张桌子上吃，吃饭时还是不说话。两年后，两人才开始说话，第三年上有了哥哥，打那时起家里才有了点欢乐气氛。"你怎么能那么长时间不跟爹说话呢？"我问娘。娘说："他动不动就吵人，不想理他。"爹十一个兄弟姐妹，就剩了他一个，家里人惯着他。他脾气倔，爱吵人，有一次，爹还打了娘两巴掌。娘烦透了，足足喝下一灯煤油。多亏家里人发现早，才活了下来。我问爹娘："你们想到过离婚吗？"爹说："没有。结了婚，就像钉子砸到木头里，离啥婚。"娘说："'嫁鸡随鸡，嫁狗随狗[4]'，女人都是这样。"

有一年快过春节了，舅舅到我家，说我姥姥的忌日[5]快到了。娘对爹说，把那包饼干让他舅带回去，给她姥姥上坟[6]吧，他姥姥从来没见过饼干。爹没说什么，算是答应了。过了几天，爹突然跟娘吵了起来："今天啥日子，你忘了？"娘

4. 父亲对母亲的第一印象是什么？母亲对父亲的印象呢？

5. 父母结婚后关系怎么样？
6. 父母结婚后什么时候才开始说话？
7. 母亲为什么不和父亲说话？

8. 母亲为什么要喝煤油？

9. 父母是怎么解释他们不想离婚的？

10. 快到春节时，母亲要去做什么？父亲同意吗？

---

4. 嫁鸡随鸡，嫁狗随狗（jià jī suí jī, jià gǒu suí gǒu, a woman cannot choose a husband; she can only follow the one she is married to no matter what kind of person he is）：指传统婚姻中女人无法按照自己的意愿选择丈夫，结婚后不管什么样的丈夫都得跟他一起生活。例如：母亲虽然一生都不满意父亲，却从来没想过跟他离婚，母亲说"嫁鸡随鸡，嫁狗随狗"，那个时代的人都这样。

5. 忌日（jìrì, death anniversary）：人去世的日子，传统上多指先人去世的日子。

6. 上坟（shàng fén, to visit a grave to honour the memory of the dead）：到坟墓前祭奠死者，中国人常在每年4月5日前后的清明节上坟。

一想，坏了，今天不是婆婆的忌日吗？趁天还没黑，赶快让人去上坟。爹还觉得不出气，又跟着吵了一句："光想着你娘，忘了俺娘了！"

娘气得一句话也说不出来，第二天便病倒了。娘生病的那几天，爹抢着给她喂药、喂饭。

以后日子长了，他们总算处好了，"一个巴掌拍不响"[7]。爹烦了，吵几句，娘假装没听见就过去了。

爹娘吵架闹意见，从不当着儿女的面，在我看来，他们始终是和和睦睦的。记得小时候和爹娘在一起睡，躺下后，他们就开始说话，说的无非是一些家里家外发生的事。我总是在他们的说话声中入睡。早上醒来，还是说个没完，好像一夜没睡一样。不同的是，早上说的都是夜里做了个啥梦了，今天该干啥活了一类的话。这时，爹说话总是慢言细语的。

"少年夫妻老来伴"。年纪大了，爹娘变得谁也离不开谁。我和二姐在外工作，把爹娘一块儿接出来住几天还行，要是只接出一个来，在外的一个就想念家里的一个。

这就是我的爹和娘。

**俺爹的较真**

爹脾气倔，又加上干了一辈子木匠，干啥都较真。小时候，常听爹背他小时候学过的课文。有一篇写长城的，其中有句"八达岭上好

---

11. 父亲为什么要跟母亲吵架？
12. 父母吵架后发生了什么事情？

13. 为什么后来父母的关系相处得好了？

14. 为什么作者觉得他父母的关系是和睦的？

15. 父母年纪大了以后，感情怎么样？

16. 父亲的脾气怎么样？为什么作者有这样的看法？

---

7. 一个巴掌拍不响（yí gè bāzhang pāi bù xiǎng, it takes two to make a quarrel）："巴掌"，手掌。这句话比喻矛盾和纠纷不是单方面引起的。例如：不要净说别人不好，一个巴掌拍不响，你也有问题。

风光"。我问爹:"八达岭是啥?"他说是一片山,在北京。"离天安门多远?"我问,爹答不上来了。过了几天,他告诉我,八达岭在北京北边,离天安门有140里路。为这事,他专门去问了刚从北京回来的邻居四哥。

够较真的吧?

爹常说的话是"丁是丁,卯是卯[8],木匠手中的尺子是规矩,差一分一厘,就是胡来"。

> 17. 父亲常说什么话?

1959年,一个木匠到北京建人民大会堂回来,爹到他家打听大会堂有多大,又问天安门的门洞有多长,木匠说,可能30来米吧。"到底30几米?"爹又问。"你管那么多干吗!"爹的较真碰了钉子。

1996年深秋,我把爹娘接到北京游览,爹总算有机会对关心的事较真了。

爹娘晚9点到北京,第二天就去逛颐和园。下了地铁站,上了车,爹告诉娘,下地铁的台阶是96级。这是他一步一步数过的。在颐和园,娘问我:"毛主席[9]在哪儿?"这话被爹听到了,他较起真来:"这叫颐和园。毛主席住在中南海。"爹跟娘较真没用,她只知道毛主席住在北京。

> 18. 父母去北京时,父亲又怎么较真了?

爹较真的事,在第六天达到了高潮。要离开北京回家了,在旅店结账时,爹说应该多交5块钱,服务员和经理不明白。爹告诉她们,他曾经

> 19. 发生了什么事情,父亲的较真达到了高潮?

---

8. **丁是丁,卯是卯**(dīng shì dīng, mǎo shì mǎo, to keep the Heavenly Stem *ding* distinct from the Earthly Branch *mao*—to be strict, precise or unaccommodating):"丁"和"卯"分属于"天干"和"地支",在不同的序列里。这句话形容对事情认真,一点儿也不马虎。例如:他这个人向来**丁是丁,卯是卯**,办事一点儿都不会错。

9. **毛主席**(Máo zhǔxí, Chairman Mao):毛泽东(1893~1976),中华人民共和国第一任国家主席。

不小心把一个茶杯碰翻在地，虽然没打破，茶杯却裂了细细的一道，不一定哪天就要破。他已经弄清楚，杯子价格5元，所以要照价赔偿。经理听老人这么一说，十分感动，反而破例不让赔偿。爹却说："旅馆的'须知'就是'规矩'，无规矩不成方圆[10]'，俺一辈子都认这个死理。"经理竖起了大拇指，用最地道的北京话说："老人家，你还真较真啊！"

出了门，娘用"挖苦"的语气笑着对爹说："没想到你小气了一辈子，今天反倒大方了。"爹急了，吼起来："那是在家，这是在哪儿？咱们丢人不能丢在北京城！"

20. 父亲为什么对母亲吼起来？

### 俺娘：送行

也不知道有多少次这样的送行，不知有多少次。每次娘送我，我都不让她往大门外走，她总是说："我不出去了。"但当走远了猛然一回头，娘每次都跟在后边……

21. 作者回家后要离开时，母亲总要做什么事？

偶尔在家住一夜，娘总是坐在我床头，说这说那的，跟我聊个没完。有时没啥说了，就干坐[11]在那儿。"娘，回去睡吧！"我说。她出去了。不一会儿，又回来，说"我来看看火"，看完火，照例坐在我的床头上。

22. 母亲为什么总是找理由坐在"我"的床头？

有一天，我离开家时已是晚上10点多，村子

---

10. 无规矩不成方圆（wú guīju bù chéng fāngyuán, nothing can be accomplished without norms or standards）："规"和"矩"是校正圆形、方形的两种工具，多用来比喻标准、法度。这句话是形容言语、行动没有标准或法度，就不成样子。

11. 干坐（gān zuò, to just sit there）："干"的意思是"只"，"只是"，常和动词放在一起，构成"干V"结构。例如：别和客人干聊啊，来，吃点儿水果。／别干喝，我给你们弄两个下酒菜。

里没有一点灯光。娘拿了手电，非送我到大门口。她站住了，将手电光照到通往村外的小路上。路上的光越来越淡，以至到完全消失。我知道已经走出很远了，但回头一看，那道手电光依然在向我摇晃着。在黑黑的夜里，我看不见娘那矮小的身体，但我知道在那手电光后面，娘那双眼睛还在直直地望着我，望着比手电光照得更远的地方。

这就是俺娘！俺的亲娘！！

拍爹娘拍了20年，成书前，我又给爹娘拍了3张照片。爹84岁，娘86岁。

住的还是老房子，吃的还是自家种的粮食，爹娘依然在那小山村平静地生活着……

（选自焦波同名文章）

23. 在那个黑夜里，母亲是怎样送走他的？

24. 作者为父母拍了多少年的照片？在文章的最后，父母的情况怎么样？

## 综合注释

1. 个子挺矮，长得不算丑，也不算俊。

"不算A，也不算B"是一个口语格式，表示对某人、某事、某物的评价既不是A，也不是B，介于两种性质或特点之间。如果评价的是同一对象，"A"和"B"多为意思相反的形容词；如果评价的是不同的对象，"A"和"B"多为意思相关的形容词。例如：

① 他们两人月工资6000多元，不算多，也不算少。
② 我已走过一段不算太长也不算很短的人生岁月。
③ 这个工厂的规模不算小，出的产品也不算少。
④ 大多数城里的新婚青年，经济收入不算丰厚，结婚用房也不算宽敞。

▶ 试一试：用"不算A，也不算B"完成句子
（1）爸爸正值中年，年纪_____。
（2）他每天八点起床，起得_____。
（3）他的样子长得很一般，脸型_____，眼睛_____。
（4）他的工作_____，家庭生活_____。

2. 多亏家里人发现早，才活了下来。

"多亏……才……"："多亏"是个副词，表示由于别人的帮助或者某种有利因素，避免了不幸或得到了好处，后面常出现副词"才"。"多亏"引出别人的帮助或有利因素，副词"才"引出避免的不幸或得到的好处。有时可以把"才"换成"不然""要不然""否则"，这样引出的就是不幸或得到的坏处。例如：

① 多亏他采取的措施及时，才阻止了火灾发生。
② 他那天晕倒在路边，多亏一位同学路过，才把他送到医院去。
③ 多亏他们抓住了那个坏人，要不然今天晚上谁也不敢睡觉。
④ 多亏她的提醒，否则还真要闹出大笑话。

▶ 试一试：用"多亏……才/不然/要不然/否则……"格式完成句子
（1）多亏他帮助我，_____。（才）
（2）_____，我才按时起床，准时到了学校。（多亏）
（3）_____，否则我就赶不上飞机了。（多亏）
（4）多亏房子降价了，_____。（不然）

3. 没想到你小气了一辈子，今天反倒大方了。

副词"反倒"表示跟上文意思相反或出乎预料和常情。按照事情的逻辑看，使用"反倒"的句子应该包括四个分句：（1）出现的事情或情况；（2）按照事理应该怎样；（3）不但没有按照事理采取行动；（4）"反倒"做了和事理违背的事情。在实际语言中，（2）和（3）两个分句有时会被省略。例如：

① 我病了，本想好好休息，没想到公司有急事，不但没休息成，反倒加了半天班。
② 我们队输了球，教练没骂我们，反倒请我们吃了一顿饭。
③ 他为公司立了大功，不但没得到奖励，反倒被老板降了职。
④ 我写了那封信想解释清楚，反倒引起他们的怀疑。

▶ 试一试：用"反倒"完成句子
（1）我想方设法帮助他，_____。
（2）他每天比别人吃得少，_____。
（3）我早早出了门，结果一路堵车，_____。
（4）我买了假货，不但没得到赔偿，_____。

4. 偶尔在家住一夜，娘总是坐在我床头，说这说那的，跟我聊个没完。

在"V这V那"短语中，代词"这"、"那"并不实际指某人或某事，而是泛指人或事物。前后两个动词"V"大多是相同的单音节动词。例如：

① 平时忙，静不下心来想这想那。

② 每当去北京，关于他们两个人的情况，他总要问这问那。

③ 礼仪小姐引导着参观者看这看那，帮着挑选商品。

▶ 试一试：按照所给的提示，用"V这V那"完成句子

（1）很多学生喜欢他这个老师，_____。（送）

（2）女儿现在懂事了，去商店时_____。（买）

（3）春节是一家人团聚的日子，_____。（吃）

（4）很多父母望子成龙，_____。（学）

5. 路上的光越来越淡，以至到完全消失。

"以至"是连词，用在下半句话的开头，表示由于上文所说情况而形成的结果。也可以用"以至于"。注意，当不好的或说话人不希望的结果出现时，用"以致"。例如：

① 作者使用这一张张相互联系、相互补充的天气图，就能对全国、亚洲以至整个北半球的天气作出预报。

② 他们坚持推进各方会谈，把历史问题理清，以至最终得到解决。

③ 雾大得看不清路，所以车开得很慢，以致晚点一个多小时。

▶ 试一试：用"以至"、"以致"完成句子

（1）几天来他们连续工作，干到晚上九点、十点_____。

（2）他的学习成绩不断提高，从不及格、及格_____。

（3）即使每天吃治失眠的药，他仍然睡不着，_____。

（4）他收到的礼物太多了，_____。

## 综合练习

一、参考注释，理解新词，然后选词填空

1. 破例　例：规矩；体例（rule）。"例"前加上名词或形容词可以构成新词，例如：条例/体例/成例/常例/公例/定例/惯例/老例/通例，表示规矩的类别或特点；"例"前加上动词可以构成新词，例如：照例/破例/循例，表示如何对待规矩。试着选择上面提到的合适的词填到括号里。

（1）按国际（　　　），小行星通常由它的发现者命名。

（2）他承认，《粮食收购（　　　）》保护了国有粮食部门的利益。

（3）她开了一上午的会，（　　　）要回家去吃饭。

（4）国家没有这方面的政策，我们实在不好（　　　）。

2. 结账　　结：结束，了结（get things done）。"结"后跟着名词可以构成新词，例如："结案/结论/结业/结余/结语/结账/结尾"等词，表示结束或了结某种事物；"结"后跟着动词可以构成"结算"，指把各种经济收支往来计算清楚。试着选择上面提到的合适的词填到括号里。

（1）顾客自己选好货架上的东西，就可以直接到收银处（　　　）。

（2）对有争论的问题，谁也不能轻易下（　　　）。

（3）学完这些课程的人将获得"生命教育"课程（　　　）证书。

（4）内地顾客在香港消费、购物时可以使用人民币付款（　　　）。

二、把下面左边带有"~例"、"结~"的词语和右边对词语的解释连线

1. 体例　　　　　　a. 打破常例
2. 老例　　　　　　b. 著作的编写格式
3. 惯例　　　　　　c. 旧规矩，旧习惯
4. 破例　　　　　　d. 惯常的做法
5. 结案　　　　　　e. 结束事情的最后一段；收尾
6. 结余　　　　　　f. 对案件作出判决或最后处理，使其结束
7. 结语　　　　　　g. 结算后余下的钱
8. 结尾　　　　　　h. 结束语

三、选择课文中学过的下列词语填空

　　　动不动　多亏　总算　假装　无非　较真　地道　反倒

1. 老天有眼，我（　　　）成了电影学院里的一名学生。
2. 他在游戏中扮演了大夫，（　　　）给别的孩子看病。
3. 这老爷子，怎么跟自己的女儿还这么（　　　）？
4. 天寒地冻没有降低人们过春节的热情，（　　　）添加了几分年味儿。
5. 现在的学生（　　　）就到外面请客，花的却都是爹娘的钱。
6. 他是外国人，现在已经能做一手（　　　）的中国菜了。
7. 他们知道招待中国客人再好不过的（　　　）是一杯热茶或一杯热水。
8. 我能有今天的好成绩，（　　　）我的同学帮助我。

四、选词填空并朗读

1. 长　漫长

（1）草原地区冬季寒冷而（　　　），夏季很短，气温不太高。

（2）他们（　　　）时间地加班，个个都累得不行了。

2. 气氛　空气

（3）这种舞蹈在少数民族地区流行，节奏欢快，（　　　）热烈。

（4）当暖湿（　　　）沿山坡爬行时，也容易生成层状云。

3. 动不动　经常

（5）这种比赛（　　　）在夏天举行。

（6）如今有些人干活儿不多，可是（　　　）就伸手要钱。

4. 猛然　猛烈

（7）在靠近海边的一个小岛发生了（　　　）的火山喷发。

（8）受伤的人都是因为当飞机（　　　）变速时没系安全带而被甩出座位。

5. 以至　以致

（9）他准备的好吃的东西太多了，（　　　）我们尝都尝不过来。

（10）这次情感危机，直接导致了我的学习成绩下降，（　　　）没考上大学。

### 五、用所给的词语或格式完成对话

1. A：你们为什么都怕那个老师？
   B：_____（动不动）

2. A：听说你们在外面迷路了。
   B：_____（多亏……要不然）

3. A：他们吵得那么厉害，到底是谁的错？
   B：_____（一个巴掌拍不响）

4. A：那双旅游鞋挺漂亮，贵吗？
   B：_____（不算A，也不算B）

5. A：一天都没看见你，你干什么去了？
   B：_____（V这V那）

6. A：明天的会在哪儿开呀？
   B：_____（照例）

7. A：听说今天捐款的人很多，每个人捐的钱多吗？
   B：_____（以至）

8. A：他给你的第一印象怎么样？
   B：_____（大方）

## 六、用所给的词语或格式改写句子

1. 他跳舞还行，算跳得一般吧。
   _____（不算A，也不算B）

2. 他办事很认真，一点儿都不马虎，所以从来不出错。
   _____（丁是丁，卯是卯）

3. 他去我的朋友家做客，不说话，也不玩儿，待了一会儿就走了。
   _____（干+V）

4. 他的普通话说得跟播音员差不多。
   _____（地道）

5. 她觉得心里特别烦，什么都不想干。
   _____（V/Adj+透）

6. 别担心，那些只不过是小事情，不会影响全局的。
   _____（无非）

## 七、根据记忆，试着补出下面课文中没有出现的词语

　　爹较真的事，在第六天达到了（①　　　　）。要离开北京回家了，在旅店（②　　　　）时，爹说应该多交5块钱，服务员和经理不明白。爹告诉她们，他曾经不小心把一个茶杯碰翻在地，虽然没打破，茶杯却（③　　　　）了细细的一道，不一定哪天就要破。他已经弄清楚，杯子价格5元，所以要照价（④　　　　）。经理听老人这么一说，十分感动，反而（⑤　　　　）不让赔偿。爹却说："旅馆的'须知'就是'规矩'，'（⑥　　　　）'，俺一辈子都认这个死理。"经理（⑦　　　　），用最（⑧　　　　）的北京话说："（⑨　　　　），你还真较真啊！"

　　出了门，娘用"（⑩　　　　）"的语气笑着对爹说："没想到你小气了一辈子，今天（⑪　　　　）大方了。"爹急了，吼起来："那是在家，这是在哪儿？咱们（⑫　　　　）不能丢在北京城！"

## 八、根据课文内容、学过的各种表达方式和下面的提示完成对话

A：我觉得作者真不容易，用了20多年时间坚持拍摄父母的生活，这可不是一般人做得到的事情。

B：① _____
   _____
   _____（表示赞成）

A：作者后来把他给父母拍的照片编成了书，还在北京举办了一个摄影展呢！

B：② _____

（询问摄影展的时间和地点）

A：是在1998年，那时他母亲86岁了，他父母结婚也已经整整68年了。他决定为他母亲过一个"大"生日，还要送给父母一份特别的礼物——那就是在中国美术馆为他父母办一个《俺爹俺娘》摄影展。

B：③_____

（比较这份礼物和一般的礼物有什么不同；询问：作者父母是否参加了摄影展）

A：两位老人家当然去了北京，还亲自为摄影展剪彩呢！

B：④_____

（询问参观的人有什么反应）

A：多亏作者为他父母拍了20多年的照片，才留下那么多美好的画面。摄影展的气氛特别感人，效果出人意料地好。有人说它是这些年来唯一一个让人掉眼泪的摄影展。

B：⑤_____

（表示相信，谈自己对摄影展的看法）

A：是啊，很多人看完摄影展后，都希望天下的儿女好好对待自己的父母。还有不少人出了展览馆，就去买火车票、飞机票，恨不得马上回到父母身边去看看！

B：⑥_____

（表示理解，认为儿女欠父母的太多，应该有空儿常回家看看）

九、阅读短文，回答问题

爹，今天是你的忌日。天堂里，你好吗？娘好吗？我想你们！从去年冬天准备拍电视剧到今天剪完整整一年。每天看着你们的影像，以泪洗面，心痛得难受。几次腰都累得站不起来。今年体检，我竟然矮了两厘米。我知道你会说："俺儿不容易！"娘会说："快，别拍了，搁下（摄像机）吃饭吧！饭菜都凉了。"

上周回去，我给您和娘立了块碑，碑身是块三米三高的原石，是我和几位兄弟费尽心思才选好的。我不喜欢雕琢，因为你们朴实自然，在世上站立了近一个世纪。在碑的四周，我种植了16棵树：黑松、国槐、银杏、五角枫等各四棵，它们明年春天就会伸枝展叶，像一双双小手抚摸着你们的脸。那是儿子的手，经常抚摸你们的手的那双手。

明年开春，我会再把您和娘的墓重修一下，在您和娘的墓前，我留了一块空地，我和朋友说，这是我和爹娘常相守的地方。朋友有的点头，有的微笑。外甥女说了三个字

"别瞎说！"爹，娘，我不瞎说！

今天是北京最冷的一天，我在25层的办公室里写下这点东西，重新体味和你们贴得更近一些的感觉。

还有，爹，我昨夜梦见你了。梦中的您是一个穿着极为讲究的先生。

但梦很短暂，醒来时您又走远了……

（选自焦波博客《回忆俺爹之一：俺爹走了四年了》）

1. 今天是作者父亲的什么日子？
2. 整整一年间，作者做了一件什么重要的事情？
3. 作者想象父母对劳累的儿子会说什么话？
4. 上周回家，作者和他的兄弟为父母做了什么事情？
5. 他为什么选一块没有经过雕琢的原石当墓碑？
6. 在墓碑的四周他种了什么树？为什么要种树？
7. 明年开春他打算做什么？
8. 作者做了一个什么样的梦？
9. 请给短文加一个恰当的标题：＿＿＿＿＿＿＿＿＿＿

十、说一说，写一写

用下面给出的词语讲一个和长辈有关的小故事（100～150字）

相处　和睦　较真　倔　亲　大方　小气　丑　俊　地道
不算A，也不算B　一个巴掌拍不响　多亏　竖起大拇指

## 十一、走出课堂，拓展学习

上网浏览本课课文作者焦波的博客，找到更多关于他和他父母的故事。

（1）浏览《俺爹俺娘》摄影组照、视频、电视剧。

（2）说说你对作者的父母有什么印象。

（3）问问中国朋友是不是知道《俺爹俺娘》的故事。

（4）问问他们对作者为父母拍照20年这件事情怎么看。

（5）问问他们怎样看待自己的父母。

（6）比较一下中国人在对待父母的问题上和自己国家的人有什么不同。

把自己了解到的信息和想法带回课堂，向老师和同学介绍。

## 语言点小结（三）

**补语（3）**

1. 程度补语

    这个办法好极了。

    那儿的东西便宜得很。

    护照丢了，真把人急死了。

2. 数量补语

    这本书太好了，我都看了三遍了。

    我可以用一下你的手机吗？

    他病了一周，还躺了几天。

    他看了我一眼，没说什么就走了。

    我比他高两厘米。

3. 介词短语做补语

    他的父母都生于1949年。

    我毕业于北京大学。

    他整天忙于工作，没时间看医生。

    这趟火车开往西藏。

    飞往香港的航班就要起飞了。

# 词语总表

| **A** 爱心 | àixīn | 名 | 4 | 冰冷 | bīnglěng | 形 | 9 |
|---|---|---|---|---|---|---|---|
| 俺 | ǎn | 代 | 15 | 并 | bìng | 连 | 10 |
| 按 | àn | 介 | 8 | 拨 | bō | 动 | 9 |
| 暗暗 | àn'àn | 副 | 3 | 不像话 | bú xiànghuà | | 11 |
| 奥运会 | Àoyùnhuì | 名 | 4 | 不至于 | búzhìyú | 连 | 2 |
| **B** 八成 | bāchéng | 副 | 2 | 不安 | bù'ān | 形 | 8 |
| 把 | bǎ | 量 | 6 | 不曾 | bùcéng | 副 | 4 |
| 把握 | bǎwò | 动 | 13 | 不妨 | bùfáng | 副 | 14 |
| 掰 | bāi | 动 | 11 | 不光 | bùguāng | 副 | 11 |
| 白白 | báibái | 副 | 7 | 不满 | bùmǎn | 形 | 11 |
| 摆脱 | bǎituō | 动 | 10 | 不免 | bùmiǎn | 副 | 11 |
| 般 | bān | 助 | 3 | 不由得 | bùyóude | 副 | 11 |
| 扮演 | bànyǎn | 动 | 9 | 不止 | bùzhǐ | 动 | 2 |
| 棒 | bàng | 名 | 14 | 步 | bù | 名 | 15 |
| 包围 | bāowéi | 动 | 1 | **C** 裁减 | cáijiǎn | 动 | 13 |
| 包装 | bāozhuāng | 名 | 10 | 采访 | cǎifǎng | 动 | 13 |
| 宝贝 | bǎobèi | 名 | 3 | 彩民 | cǎimín | 名 | 7 |
| 报酬 | bàochou | 名 | 3 | 彩票 | cǎipiào | 名 | 7 |
| 曝光 | bàoguāng | 动 | 12 | 参照 | cānzhào | 动 | 12 |
| 背景 | bèijǐng | 名 | 12 | 残疾 | cánjí | 名 | 4 |
| 辈 | bèi | 名 | 11 | 灿烂 | cànlàn | 形 | 1 |
| 呗 | bei | 助 | 1 | 层 | céng | 量 | 8 |
| 奔跑 | bēnpǎo | 动 | 1 | 曾经 | céngjīng | 副 | 12 |
| 本地 | běndì | 名 | 6 | 差别 | chābié | 名 | 11 |
| 本能 | běnnéng | 名 | 9 | 查看 | chákàn | 动 | 3 |
| 本钱 | běnqián | 名 | 14 | 常见 | chángjiàn | 形 | 12 |
| 本身 | běnshēn | 代 | 7 | 场地 | chǎngdì | 名 | 2 |
| 必 | bì | 副 | 13 | 超 | chāo | 动 | 9 |
| 毕竟 | bìjìng | 副 | 7 | 超市 | chāoshì | 名 | 6 |
| 避 | bì | 动 | 2 | 朝向 | cháoxiàng | 名 | 8 |
| 别扭 | bièniu | 形 | 10 | 潮湿 | cháoshī | 形 | 8 |

| 吵架 | chǎo jià | 动 | 3 | 大方 | dàfang | 形 | 15 |
| --- | --- | --- | --- | --- | --- | --- | --- |
| 炒股 | chǎo gǔ | 动 | 14 | 大款 | dàkuǎn | 名 | 7 |
| 沉重 | chénzhòng | 形 | 6 | 大脑 | dànǎo | 名 | 12 |
| 撑 | chēng | 动 | 13 | 大师 | dàshī | 名 | 9 |
| 成千上万 | chéng qiān shàng wàn | 成 | 4 | 代沟 | dàigōu | 名 | 11 |
| 承重 | chéngzhòng | 动 | 2 | 待 | dāi | 动 | 3 |
| 吃惊 | chījīng | 动 | 5 | 待遇 | dàiyù | 名 | 13 |
| 吃苦 | chī kǔ | 动 | 6 | 贷款 | dàikuǎn | 名 | 8 |
| 吃亏 | chī kuī | 动 | 8 | 耽误 | dānwu | 动 | 10 |
| 迟疑 | chíyí | 形 | 5 | 担 | dàn | 量 | 6 |
| 迟早 | chízǎo | 副 | 14 | 担子 | dànzi | 名 | 6 |
| 冲击 | chōngjī | 动 | 14 | 当众 | dāngzhòng | 副 | 4 |
| 丑 | chǒu | 形 | 15 | 导游 | dǎoyóu | 名 | 5 |
| 出门 | chūmén | 动 | 10 | 导致 | dǎozhì | 动 | 2 |
| 出洋相 | chū yángxiàng | | 11 | 瞪 | dèng | 动 | 11 |
| 除非 | chúfēi | 连 | 2 | 凳子 | dèngzi | 名 | 11 |
| 厨师 | chúshī | 名 | 11 | 敌手 | díshǒu | 名 | 9 |
| 处 | chǔ | 动 | 15 | 地道 | dìdao | 形 | 15 |
| 串 | chuàn | 量 | 14 | 地面 | dìmiàn | 名 | 4 |
| 慈善 | císhàn | 形 | 9 | 地铁 | dìtiě | 名 | 10 |
| 此 | cǐ | 代 | 2 | 地震 | dìzhèn | 名 | 2 |
| 此外 | cǐwài | 连 | 7 | 电脑 | diànnǎo | 名 | 7 |
| 次数 | cìshù | 名 | 12 | 电源 | diànyuán | 名 | 2 |
| 刺激 | cìjī | 名/动 | 7/11 | 雕像 | diāoxiàng | 名 | 5 |
| 从而 | cóng'ér | 连 | 12 | 吊唁 | diàoyàn | 动 | 5 |
| 从容 | cóngróng | 形 | 1 | 爹 | diē | 名 | 8 |
| 丛 | cóng | 名 | 1 | 叠 | dié | 动 | 2 |
| 促销 | cùxiāo | 动 | 8 | 钉子 | dīngzi | 名 | 15 |
| 挫折 | cuòzhé | 名 | 13 | 订婚 | dìnghūn | 动 | 15 |
| 错觉 | cuòjué | 名 | 12 | 丢人 | diūrén | 动 | 15 |
| **D** 搭配 | dāpèi | 动 | 14 | 丢失 | diūshī | 动 | 3 |
| 打交道 | dǎ jiāodào | | 13 | 懂事 | dǒngshì | 形 | 3 |
| 打折 | dǎzhé | 动 | 10 | 动不动 | dòngbudòng | 副 | 15 |
| | | | | 动画片 | dònghuàpiàn | 名 | 3 |

229

| | | | | | | | |
|---|---|---|---|---|---|---|---|
| 动机 | dòngjī | 名 | 13 | 富翁 | fùwēng | 名 | 7 |
| 逗 | dòu | 动 | 1 | 复制 | fùzhì | 动 | 10 |
| 毒 | dú | 名 | 14 | **G** 甘心 | gānxīn | 动 | 9 |
| 独自 | dúzì | 副 | 6 | 甘蔗 | gānzhe | 名 | 6 |
| 对立 | duìlì | 动 | 11 | 赶忙 | gǎnmáng | 副 | 3 |
| 顿时 | dùnshí | 副 | 1 | 感官 | gǎnguān | 名 | 12 |
| 多亏 | duōkuī | 动 | 15 | 感受 | gǎnshòu | 动 | 5 |
| **E** 额 | é | 名 | 6 | 岗位 | gǎngwèi | 名 | 7 |
| **F** 发布 | fābù | 动 | 5 | 高潮 | gāocháo | 名 | 15 |
| 发财 | fā cái | 动 | 7 | 稿 | gǎo | 名 | 10 |
| 发出 | fāchū | 动 | 2 | 疙瘩 | gēda | 名 | 6 |
| 发行 | fāxíng | 动 | 7 | 隔 | gé | 动 | 1 |
| 法 | fǎ | 名 | 14 | 格外 | géwài | 副 | 3 |
| 番 | fān | 量 | 9 | 各自 | gèzì | 代 | 14 |
| 烦 | fán | 形 | 10 | 公式 | gōngshì | 名 | 9 |
| 反倒 | fǎndào | 副 | 15 | 公益 | gōngyì | 名 | 9 |
| 反而 | fǎn'ér | 副 | 15 | 公寓 | gōngyù | 名 | 7 |
| 反复 | fǎnfù | 副 | 14 | 攻击 | gōngjī | 动 | 3 |
| 反抗 | fǎnkàng | 动 | 13 | 共识 | gòngshí | 名 | 12 |
| 方式 | fāngshì | 名 | 1 | 共同 | gòngtóng | 形 | 10 |
| 飞舞 | fēiwǔ | 动 | 5 | 佝偻 | gōulóu | 动 | 5 |
| 飞行 | fēixíng | 动 | 12 | 购 | gòu | 动 | 8 |
| 非 | fēi | 副 | 15 | 购买 | gòumǎi | 动 | 7 |
| 肥料 | féiliào | 名 | 6 | 孤单 | gūdān | 形 | 1 |
| 废品 | fèipǐn | 名 | 6 | 孤独 | gūdú | 形 | 12 |
| 废墟 | fèixū | 名 | 2 | 股 | gǔ | 量 | 4 |
| 分配 | fēnpèi | 动 | 10 | 股票 | gǔpiào | 名 | 14 |
| 丰碑 | fēngbēi | 名 | 5 | 固定 | gùdìng | 动 | 4 |
| 风光 | fēngguāng | 名 | 15 | 乖 | guāi | 形 | 3 |
| 风险 | fēngxiǎn | 名 | 14 | 观点 | guāndiǎn | 名 | 14 |
| 疯 | fēng | 形 | 9 | 观看 | guānkàn | 动 | 1 |
| 幅 | fú | 量 | 4 | 观念 | guānniàn | 名 | 9 |
| 扶贫 | fúpín | 动 | 9 | 关注 | guānzhù | 动 | 9 |
| 福利 | fúlì | 名 | 7 | 惯₁ | guàn | 动 | 11 |

| | | | | | | | | |
|---|---|---|---|---|---|---|---|---|
| 惯₂ | guàn | 动 | 15 | | 荤 | hūn | 名 | 14 |
| 罐 | guàn | 名 | 3 | | 婚礼 | hūnlǐ | 名 | 10 |
| 归 | guī | 动 | 13 | | 浑身 | húnshēn | 名 | 3 |
| 规矩 | guīju | 名 | 15 | | 活力 | huólì | 名 | 4 |
| 轨道 | guǐdào | 名 | 12 | | 火灾 | huǒzāi | 名 | 2 |
| 柜子 | guìzi | 名 | 2 | | 祸 | huò | 名 | 3 |
| 国王 | guówáng | 名 | 14 | **J** | 几乎 | jīhū | 副 | 5 |
| 裹 | guǒ | 动 | 1 | | 机构 | jīgòu | 名 | 13 |
| 过程 | guòchéng | 名 | 14 | | 基金 | jījīn | 名 | 4 |
| 过分 | guòfèn | 形 | 12 | | 极端 | jíduān | 名 | 14 |
| **H** 毫无 | háo wú | | 2 | | 即将 | jíjiāng | 副 | 1 |
| 好歹 | hǎodǎi | 副 | 8 | | 即使 | jíshǐ | 连 | 8 |
| 好受 | hǎoshòu | 形 | 3 | | 计较 | jìjiào | 动 | 1 |
| 耗 | hào | 动 | 10 | | 技巧 | jìqiǎo | 名 | 2 |
| 号称 | hàochēng | 动 | 12 | | 家伙 | jiāhuo | 名 | 3 |
| 好奇 | hàoqí | 形 | 7 | | 假如 | jiǎrú | 连 | 3 |
| 和睦 | hémù | 形 | 15 | | 假设 | jiǎshè | 动 | 2 |
| 和尚 | héshang | 名 | 9 | | 假装 | jiǎzhuāng | 动 | 15 |
| 和谐 | héxié | 形 | 5 | | 价 | jià | 名 | 8 |
| 狠 | hěn | 形 | 10 | | 价钱 | jiàqian | 名 | 13 |
| 吼 | hǒu | 动 | 11 | | 驾驶 | jiàshǐ | 动 | 3 |
| 后果 | hòuguǒ | 名 | 2 | | 架子 | jiàzi | 名 | 4 |
| 胡来 | húlái | 动 | 15 | | 假 | jià | 名 | 13 |
| 户 | hù | 名 | 6 | | 艰难 | jiānnán | 形 | 4 |
| 花费 | huāfèi | 动 | 10 | | 减法 | jiǎnfǎ | 名 | 1 |
| 化妆 | huàzhuāng | 动 | 10 | | 简直 | jiǎnzhí | 副 | 4 |
| 画家 | huàjiā | 名 | 4 | | 建 | jiàn | 动 | 6 |
| 怀疑 | huáiyí | 动 | 1 | | 健全 | jiànquán | 形 | 14 |
| 欢乐 | huānlè | 形 | 3 | | 降价 | jiàngjià | 动 | 8 |
| 环保 | huánbǎo | 名 | 9 | | 胶卷 | jiāojuǎn | 动 | 9 |
| 幻觉 | huànjué | 名 | 12 | | 较真 | jiào zhēn | 动/形 | 15 |
| 黄金 | huángjīn | 名 | 14 | | 教养 | jiàoyǎng | 名 | 3 |
| 回报 | huíbào | 动 | 4 | | 结实 | jiēshi | 形 | 2 |
| 回想 | huíxiǎng | 动 | 9 | | 接连 | jiēlián | 副 | 7 |

| 揭 | jiē | 动 | 10 |
| --- | --- | --- | --- |
| 结 | jié | 动 | 15 |
| 结果 | jiéguǒ | 名 | 8 |
| 界 | jiè | 名 | 4 |
| 界线 | jièxiàn | 名 | 11 |
| 今后 | jīnhòu | 名 | 3 |
| 金钱 | jīnqián | 名 | 9 |
| 紧急 | jǐnjí | 形 | 2 |
| 经典 | jīngdiǎn | 形 | 12 |
| 经营 | jīngyíng | 动 | 6 |
| 惊讶 | jīngyà | 形 | 1 |
| 精 | jīng | 形 | 8 |
| 精神 | jīngshén | 名 | 7 |
| 景象 | jǐngxiàng | 名 | 1 |
| 警告 | jǐnggào | 动 | 14 |
| 净 | jìng | 副 | 10 |
| 竟 | jìng | 副 | 6 |
| 敬老院 | jìnglǎoyuàn | 名 | 7 |
| 镜头 | jìngtóu | 名 | 5 |
| 救援 | jiùyuán | 动 | 3 |
| 救灾 | jiù zāi | 动 | 9 |
| 就是 | jiùshì | 连 | 8 |
| 舅舅 | jiùjiu | 名 | 15 |
| 居民 | jūmín | 名 | 8 |
| 居然 | jūrán | 副 | 7 |
| 局部 | júbù | 名 | 14 |
| 据 | jù | 介 | 7 |
| 具备 | jùbèi | 动 | 2 |
| 剧烈 | jùliè | 形 | 2 |
| 聚集 | jùjí | 动 | 6 |
| 捐 | juān | 动 | 4 |
| 捐款 | juān kuǎn | 动 | 9 |
| 绝 | jué | 副 | 6 |
| 绝望 | juéwàng | 动 | 4 |

| 倔 | juè | 形 | 15 |
| --- | --- | --- | --- |
| 俊 | jùn | 形 | 15 |
| **K** 开销 | kāixiāo | 名 | 5 |
| 开心 | kāixīn | 形 | 1 |
| 看 | kān | 动 | 13 |
| 看望 | kànwàng | 动 | 5 |
| 康复 | kāngfù | 动 | 4 |
| 可见 | kějiàn | 连 | 12 |
| 可惜 | kěxī | 形 | 1 |
| 可笑 | kěxiào | 形 | 14 |
| 客厅 | kètīng | 名 | 4 |
| 坑 | kēng | 名 | 14 |
| 空难 | kōngnàn | 名 | 7 |
| 口号 | kǒuhào | 名 | 8 |
| 口香糖 | kǒuxiāngtáng | 名 | 8 |
| 苦恼 | kǔnǎo | 形 | 11 |
| 夸大 | kuādà | 动 | 12 |
| 宽容 | kuānróng | 动 | 11 |
| 款待 | kuǎndài | 动 | 13 |
| **L** 喇叭 | lǎba | 名 | 11 |
| 辣 | là | 形 | 4 |
| 来回 | láihuí | 动 | 10 |
| 来往 | láiwǎng | 动 | 10 |
| 狼吞虎咽 | láng tūn hǔ yàn | 成 | 3 |
| 老公 | lǎogōng | 名 | 1 |
| 老家 | lǎojiā | 名 | 3 |
| 姥姥 | lǎolao | 名 | 15 |
| 老年 | lǎonián | 名 | 7 |
| 老婆 | lǎopo | 名 | 3 |
| 老人家 | lǎorenjia | 名 | 15 |
| 乐趣 | lèqù | 名 | 5 |
| 类似 | lèisì | 动 | 10 |
| 冷静 | lěngjìng | 形 | 2 |
| 理 | lǐ | 动 | 1 |

| 理论 | lǐlùn | 名 | 12 | 末 | mò | 名 | 6 |
| --- | --- | --- | --- | --- | --- | --- | --- |
| 理想 | lǐxiǎng | 名 | 10 | 陌生 | mòshēng | 形 | 7 |
| 礼仪 | lǐyí | 名 | 11 | 亩 | mǔ | 量 | 6 |
| 利 | lì | 名 | 9 | 木匠 | mùjiang | 名 | 15 |
| 谅解 | liàngjiě | 动 | 11 | 目光 | mùguāng | 名 | 7 |
| 裂 | liè | 动 | 15 | 目击 | mùjī | 动 | 12 |
| 流动 | liúdòng | 动 | 6 | **N** 纳税 | nà shuì | 动 | 7 |
| 流行 | liúxíng | 动 | 11 | 难得 | nándé | 形 | 10 |
| 留恋 | liúliàn | 动 | 1 | 难题 | nántí | 名 | 11 |
| 笼子 | lóngzi | 名 | 13 | 难以 | nányǐ | 动 | 2 |
| 楼房 | lóufáng | 名 | 8 | 恼 | nǎo | 动 | 10 |
| 轮椅 | lúnyǐ | 名 | 4 | 脑子 | nǎozi | 名 | 9 |
| 旅店 | lǚdiàn | 名 | 15 | 能量 | néngliàng | 名 | 14 |
| 旅游 | lǚyóu | 动 | 11 | 年度 | niándù | 名 | 4 |
| 律师 | lùshī | 名 | 11 | 娘 | niáng | 名 | 15 |
| **M** 漫长 | màncháng | 形 | 15 | 宁静 | níngjìng | 形 | 1 |
| 盲人 | mángrén | 名 | 14 | 宁可 | nìngkě | 连 | 2 |
| 毛驴 | máolǘ | 名 | 4 | 扭 | niǔ | 动 | 11 |
| 玫瑰 | méigui | 名 | 1 | 弄 | nòng | 动 | 2 |
| 煤油 | méiyóu | 名 | 15 | **O** 偶尔 | ǒu'ěr | 副 | 10 |
| 猛然 | měngrán | 副 | 15 | **P** 趴 | pā | 动 | 3 |
| 免费 | miǎn fèi | 动 | 5 | 拍摄 | pāishè | 动 | 12 |
| 勉强 | miǎnqiǎng | 形 | 4 | 牌子 | páizi | 名 | 10 |
| 面对 | miànduì | 动 | 12 | 盼 | pàn | 动 | 3 |
| 面貌 | miànmào | 名 | 12 | 炮弹 | pàodàn | 名 | 14 |
| 面子 | miànzi | 名 | 8 | 赔偿 | péicháng | 动 | 15 |
| 描述 | miáoshù | 动 | 12 | 配套 | pèitào | 动 | 8 |
| 明 | míng | 形 | 12 | 批发 | pīfā | 动 | 6 |
| 明白 | míngbai | 动 | 8 | 疲倦 | píjuàn | 形 | 4 |
| 明亮 | míngliàng | 形 | 12 | 贫穷 | pínqióng | 形 | 4 |
| 明显 | míngxiǎn | 形 | 12 | 品德 | pǐndé | 名 | 5 |
| 明星 | míngxīng | 名 | 9 | 平凡 | píngfán | 形 | 5 |
| 命 | mìng | 名 | 9 | 评 | píng | 动 | 4 |
| 命运 | mìngyùn | 名 | 7 | 评价 | píngjià | 动 | 13 |

233

| | | | |
|---|---|---|---|
| 凭 | píng | 介 | 1 |
| 婆婆 | pópo | 名 | 1 |
| 破例 | pòlì | 动 | 15 |
| 铺 | pū | 动 | 9 |
| 普及 | pǔjí | 动 | 6 |

**Q**

| | | | |
|---|---|---|---|
| 凄厉 | qīlì | 形 | 5 |
| 其实 | qíshí | 副 | 7 |
| 奇迹 | qíjì | 名 | 6 |
| 启动 | qǐdòng | 动 | 9 |
| 企业 | qǐyè | 名 | 4 |
| 起码 | qǐmǎ | 形 | 10 |
| 气氛 | qìfēn | 名 | 15 |
| 气体 | qìtǐ | 名 | 2 |
| 恰当 | qiàdàng | 形 | 13 |
| 签订 | qiāndìng | 动 | 8 |
| 强烈 | qiángliè | 形 | 9 |
| 强壮 | qiángzhuàng | 形 | 9 |
| 亲 | qīn | 形 | 15 |
| 亲口 | qīnkǒu | 副 | 8 |
| 亲热 | qīnrè | 形 | 3 |
| 亲人 | qīnrén | 名 | 7 |
| 青少年 | qīng-shàonián | 名 | 4 |
| 青铜 | qīngtóng | 名 | 5 |
| 轻易 | qīngyì | 副 | 1 |
| 清 | qīng | 形 | 2 |
| 情景 | qíngjǐng | 名 | 5 |
| 情人 | qíngrén | 名 | 1 |
| 情愿 | qíngyuàn | 动 | 10 |
| 去世 | qùshì | 动 | 5 |
| 趣味 | qùwèi | 名 | 11 |
| 全能 | quánnéng | 形 | 9 |
| 权力 | quánlì | 名 | 9 |
| 权利 | quánlì | 名 | 13 |

**R**

| | | | |
|---|---|---|---|
| 燃料 | ránliào | 名 | 5 |
| 人次 | réncì | 量 | 9 |
| 人际 | rénjì | 形 | 10 |
| 人力 | rénlì | 名 | 13 |
| 人情 | rénqíng | 名 | 10 |
| 人群 | rénqún | 名 | 14 |
| 人文 | rénwén | 名 | 8 |
| 人物 | rénwù | 名 | 4 |
| 认 | rèn | 动 | 3 |
| 认养 | rènyǎng | 动 | 4 |
| 任务 | rènwù | 名 | 10 |
| 日记 | rìjì | 名 | 8 |
| 日夜 | rìyè | 名 | 4 |
| 日益 | rìyì | 副 | 5 |
| 荣誉 | róngyù | 名 | 9 |
| 容许 | róngxǔ | 动 | 3 |
| 融洽 | róngqià | 形 | 5 |
| 揉 | róu | 动 | 10 |
| 如期而至 | rúqī ér zhì | | 5 |
| 如此 | rúcǐ | 代 | 4 |

**S**

| | | | |
|---|---|---|---|
| 撒娇 | sā jiāo | 动 | 3 |
| 撒 | sǎ | 动 | 5 |
| 塞 | sāi | 动 | 8 |
| 丧失 | sàngshī | 动 | 13 |
| 沙盘 | shāpán | 名 | 8 |
| 沙滩 | shātān | 名 | 9 |
| 啥 | shá | 代 | 15 |
| 山坡 | shānpō | 名 | 2 |
| 扇子 | shànzi | 名 | 14 |
| 善于 | shànyú | 动 | 14 |
| 伤 | shāng | 动 | 2 |
| 伤害 | shānghài | 动 | 5 |
| 商人 | shāngrén | 名 | 6 |
| 上帝 | shàngdì | 名 | 9 |
| 上升 | shàngshēng | 动 | 7 |

234

| 上网 | shàng wǎng | 动 | 7 | 顺 | shùn | 动 | 2 |
| 舍不得 | shěbude | 动 | 1 | 顺手 | shùnshǒu | 副 | 7 |
| 舍得 | shěde | 动 | 7 | 说法 | shuōfǎ | 名 | 14 |
| 设施 | shèshī | 名 | 8 | 说服 | shuōfú | 动 | 11 |
| 社区 | shèqū | 名 | 7 | 丝毫 | sīháo | 形 | 1 |
| 摄影 | shèyǐng | 动 | 5 | 思考 | sīkǎo | 动 | 9 |
| 身份 | shēnfen | 名 | 13 | 死亡 | sǐwáng | 动 | 14 |
| 深情 | shēnqíng | 名 | 9 | 送行 | sòngxíng | 动 | 15 |
| 神秘 | shénmì | 形 | 7 | 素 | sù | 名 | 14 |
| 神情 | shénqíng | 名 | 3 | 素质 | sùzhì | 名 | 13 |
| 甚至 | shènzhì | 连 | 4 | 速度 | sùdù | 名 | 12 |
| 甚至于 | shènzhì yú |  | 11 | 虽说 | suīshuō | 连 | 8 |
| 生存 | shēngcún | 动 | 2 | 随即 | suíjí | 副 | 1 |
| 生育 | shēngyù | 动 | 5 | 随手 | suíshǒu | 副 | 1 |
| 失去 | shīqù | 动 | 1 | 随着 | suí zhe |  | 6 |
| 时髦 | shímáo | 形 | 11 | 缩短 | suōduǎn | 动 | 10 |
| 实话 | shíhuà | 名 | 7 | 所谓 | suǒwèi | 形 | 6 |
| 实验 | shíyàn | 名 | 12 | 锁 | suǒ | 名 | 13 |
| 似的 | shìde | 助 | 1 | **T** |  |  |  |
| 视觉 | shìjué | 名 | 12 | 踏实 | tāshi | 形 | 3 |
| 收藏 | shōucáng | 动 | 7 | 台阶 | táijiē | 名 | 15 |
| 收集 | shōují | 动 | 12 | 摊 | tān | 名 | 6 |
| 收养 | shōuyǎng | 动 | 3 | 坦克 | tǎnkè | 名 | 14 |
| 手电 | shǒudiàn | 名 | 15 | 坦率 | tǎnshuài | 形 | 7 |
| 手机 | shǒujī | 名 | 3 | 逃生 | táoshēng | 动 | 2 |
| 手艺 | shǒuyì | 名 | 11 | 特 | tè | 形 | 8 |
| 守 | shǒu | 动 | 6 | 特地 | tèdì | 副 | 3 |
| 受伤 | shòushāng | 动 | 4 | 特意 | tèyì | 副 | 3 |
| 授予 | shòuyǔ | 动 | 4 | 提倡 | tíchàng | 动 | 9 |
| 属于 | shǔyú | 动 | 3 | 提供 | tígōng | 动 | 2 |
| 树木 | shùmù | 名 | 12 | 提议 | tíyì | 动 | 5 |
| 树枝 | shùzhī | 名 | 5 | 体操 | tǐcāo | 名 | 4 |
| 甩 | shuǎi | 动 | 11 | 体现 | tǐxiàn | 动 | 11 |
| 税 | shuì | 名 | 8 | 天空 | tiānkōng | 名 | 12 |
|  |  |  |  | 天文 | tiānwén | 名 | 12 |

235

| | | | | | | | | | |
|---|---|---|---|---|---|---|---|---|---|
| 天下 | tiānxià | 名 | 6 | | 卫星 | wèixīng | 名 | 9 |
| 挑选 | tiāoxuǎn | 动 | 10 | | 味 | wèi | 名 | 4 |
| 调节 | tiáojié | 动 | 12 | | 慰问 | wèiwèn | 动 | 4 |
| 通讯 | tōngxùn | 名 | 9 | | 温暖 | wēnnuǎn | 形 | 1 |
| 同事 | tóngshì | 名 | 1 | | 吻合 | wěnhé | 动 | 12 |
| 筒 | tǒng | 名 | 12 | | 卧室 | wòshì | 名 | 8 |
| 统计 | tǒngjì | 动 | 7 | | 无非 | wúfēi | 副 | 15 |
| 投 | tóu | 动 | 2 | | 无可奈何 | wú kě nàihé | 成 | 11 |
| 投影 | tóuyǐng | 名 | 12 | | 武打 | wǔdǎ | 动 | 9 |
| 透 | tòu | 动 | 1 | | 勿 | wù | 副 | 11 |
| 透 | tòu | 形 | 15 | | 物体 | wùtǐ | 名 | 12 |
| 图像 | túxiàng | 名 | 12 | **X** | 稀里呼噜 | xīlihūlū | 拟声 | 11 |
| 图形 | túxíng | 名 | 12 | | 嬉戏 | xīxì | 动 | 5 |
| 团聚 | tuánjù | 动 | 6 | | 下降 | xiàjiàng | 动 | 14 |
| 团圆 | tuányuán | 动 | 3 | | 掀 | xiān | 动 | 15 |
| 推迟 | tuīchí | 动 | 13 | | 显示 | xiǎnshì | 动 | 3 |
| 推销 | tuīxiāo | 动 | 13 | | 相 | xiāng | 副 | 12 |
| 退休 | tuìxiū | 动 | 5 | | 消极 | xiāojí | 形 | 10 |
| **W** 挖苦 | wāku | 动 | 15 | | 消失 | xiāoshī | 动 | 15 |
| 外界 | wàijiè | 名 | 13 | | 销售 | xiāoshòu | 动 | 7 |
| 外景地 | wàijǐngdì | 名 | 9 | | 笑容 | xiàoróng | 名 | 4 |
| 外来 | wàilái | 形 | 11 | | 协会 | xiéhuì | 名 | 5 |
| 万分 | wànfēn | 副 | 2 | | 协作 | xiézuò | 动 | 1 |
| 万万 | wànwàn | 副 | 14 | | 心理 | xīnlǐ | 名 | 10 |
| 万一 | wànyī | 连 | 8 | | 心思 | xīnsi | 名 | 8 |
| 网 | wǎng | 名 | 8 | | 心意 | xīnyì | 名 | 3 |
| 网络 | wǎngluò | 名 | 10 | | 新式 | xīnshì | 形 | 11 |
| 网站 | wǎngzhàn | 名 | 14 | | 信号 | xìnhào | 名 | 2 |
| 往常 | wǎngcháng | 名 | 10 | | 信念 | xìnniàn | 名 | 6 |
| 危机 | wēijī | 名 | 2 | | 信任 | xìnrèn | 动 | 1 |
| 威武 | wēiwǔ | 形 | 13 | | 信息 | xìnxī | 名 | 3 |
| 唯一 | wéiyī | 形 | 6 | | 兴办 | xīngbàn | 动 | 7 |
| 维持 | wéichí | 动 | 10 | | 行为 | xíngwéi | 名 | 11 |
| 卫生间 | wèishēngjiān | 名 | 3 | | 型 | xíng | 名 | 8 |
| | | | | | 修养 | xiūyǎng | 名 | 11 |

| | | | | | | | | |
|---|---|---|---|---|---|---|---|---|
| 袖子 | xiùzi | 名 | 11 | | 英雄 | yīngxióng | 名 | 4 |
| 须知 | xūzhī | 名 | 15 | | 应 | yìng | 动 | 8 |
| 虚拟 | xūnǐ | 形 | 12 | | 应付 | yìngfù | 动 | 8 |
| 叙述 | xùshù | 动 | 12 | | 应聘 | yìngpìn | 动 | 13 |
| 学者 | xuézhě | 名 | 10 | | 应邀 | yìngyāo | 动 | 4 |
| 雪白 | xuěbái | 形 | 5 | | 用心 | yòngxīn | 形 | 3 |
| **Y** 烟雾 | yānwù | 名 | 2 | | 优势 | yōushì | 名 | 6 |
| 眼看 | yǎnkàn | 动 | 10 | | 游 | yóu | 动 | 2 |
| 摇晃 | yáohuàng | 动 | 2 | | 犹豫 | yóuyù | 动 | 3 |
| 要么 | yàome | 连 | 8 | | 游客 | yóukè | 名 | 5 |
| 野 | yě | 形 | 13 | | 游戏 | yóuxì | 名 | 7 |
| 野生 | yěshēng | 形 | 13 | | 友情 | yǒuqíng | 名 | 1 |
| 依据 | yījù | 介 | 6 | | 有害 | yǒuhài | 形 | 2 |
| 依然 | yīrán | 副 | 14 | | 于 | yú | 介 | 10 |
| 依依不舍 | yīyī bù shě | 成 | 5 | | 与其 | yǔqí | 连 | 2 |
| 依照 | yīzhào | 介 | 12 | | 预 | yù | 副 | 12 |
| 壹 | yī | 数 | 9 | | 愈 | yù | 副 | 7 |
| 一辈子 | yíbèizi | 名 | 1 | | 预防 | yùfáng | 动 | 3 |
| 一带 | yídài | 名 | 8 | | 预料 | yùliào | 动 | 5 |
| 一旦 | yídàn | 连 | 14 | | 欲望 | yùwàng | 名 | 1 |
| 一阵 | yízhèn | 名 | 8 | | 寓言 | yùyán | 名 | 12 |
| 仪器 | yíqì | 名 | 4 | | 原理 | yuánlǐ | 名 | 13 |
| 仪式 | yíshì | 名 | 9 | | 运气 | yùnqi | 名 | 7 |
| 移动 | yídòng | 动 | 12 | | 运行 | yùnxíng | 动 | 12 |
| 以便 | yǐbiàn | 连 | 6 | | **Z** 砸 | zá | 动 | 2 |
| 以免 | yǐmiǎn | 连 | 2 | | 杂志 | zázhì | 名 | 4 |
| 以至 | yǐzhì | 连 | 15 | | 灾难 | zāinàn | 名 | 2 |
| 以致 | yǐzhì | 连 | 3 | | 再三 | zàisān | 副 | 12 |
| 一连 | yìlián | 副 | 1 | | 再说 | zàishuō | 动 | 8 |
| 一生 | yìshēng | 名 | 4 | | 在意 | zàiyì | 动 | 13 |
| 一心 | yìxīn | 副 | 6 | | 赞扬 | zànyáng | 动 | 11 |
| 议论 | yìlùn | 动 | 8 | | 遭受 | zāoshòu | 动 | 6 |
| 抑郁 | yìyù | 形 | 14 | | 早日 | zǎorì | 副 | 4 |
| 意识 | yìshí | 动 | 10 | | 早晚 | zǎowǎn | 副 | 14 |
| 意味着 | yìwèizhe | 动 | 9 | | 责备 | zébèi | 动 | 9 |
| 饮食 | yǐnshí | 名 | 14 | | 赠送 | zèngsòng | 动 | 8 |

| 眨 | zhǎ | 动 | 5 | 种类 | zhǒnglèi | 名 | 6 |
| 债 | zhài | 名 | 8 | 重大 | zhòngdà | 形 | 9 |
| 盏 | zhǎn | 量 | 6 | 周末 | zhōumò | 名 | 8 |
| 战胜 | zhànshèng | 动 | 4 | 粥 | zhōu | 名 | 5 |
| 长相 | zhǎngxiàng | 名 | 13 | 昼 | zhòu | 名 | 14 |
| 账 | zhàng | 名 | 15 | 主动 | zhǔdòng | 形 | 5 |
| 招呼 | zhāohu | 动 | 3 | 主管 | zhǔguǎn | 名 | 13 |
| 招聘 | zhāopìn | 动 | 13 | 柱子 | zhùzi | 名 | 14 |
| 着火 | zháo huǒ | 动 | 2 | 祝愿 | zhùyuàn | 动 | 3 |
| 照看 | zhàokàn | 动 | 5 | 转化 | zhuǎnhuà | 动 | 13 |
| 照例 | zhàolì | 副 | 15 | 转移 | zhuǎnyí | 动 | 2 |
| 遮 | zhē | 动 | 13 | 赚 | zhuàn | 动 | 6 |
| 珍惜 | zhēnxī | 动 | 1 | 装修 | zhuāngxiū | 动 | 8 |
| 震 | zhèn | 动 | 14 | 幢 | zhuàng | 量 | 8 |
| 震动 | zhèndòng | 动 | 9 | 追求 | zhuīqiú | 动 | 6 |
| 争论 | zhēnglùn | 动 | 14 | 准确 | zhǔnquè | 形 | 6 |
| 挣扎 | zhēngzhá | 动 | 9 | 姿势 | zīshì | 名 | 2 |
| 整 | zhěng | 形 | 6 | 姿态 | zītài | 名 | 13 |
| 挣 | zhèng | 动 | 6 | 资金 | zījīn | 名 | 6 |
| 证件 | zhèngjiàn | 名 | 3 | 滋润 | zīrùn | 动 | 1 |
| 之 | zhī | 助 | 6 | 自发 | zìfā | 形 | 5 |
| 支付 | zhīfù | 动 | 4 | 自我 | zìwǒ | 代 | 9 |
| 直观 | zhíguān | 形 | 12 | 自信 | zìxìn | 动 | 13 |
| 值 | zhí | 动 | 3 | 自主 | zìzhǔ | 动 | 12 |
| 职务 | zhíwù | 名 | 13 | 总 | zǒng | 副 | 1 |
| 职员 | zhíyuán | 名 | 13 | 总得 | zǒngděi | 副 | 10 |
| 只顾 | zhǐgù | 副 | 9 | 总而言之 | zǒng ér yán zhī | 成 | 11 |
| 只管 | zhǐguǎn | 副 | 10 | 总算 | zǒngsuàn | 副 | 15 |
| 只能 | zhǐ néng | | 6 | 租 | zū | 动 | 8 |
| 指标 | zhǐbiāo | 名 | 14 | 足 | zú | 形 | 3 |
| 至今 | zhìjīn | 副 | 3 | 足够 | zúgòu | 形 | 9 |
| 制止 | zhìzhǐ | 动 | 10 | 祖先 | zǔxiān | 名 | 13 |
| 治疗 | zhìliáo | 动 | 4 | 最初 | zuìchū | 名 | 1 |
| 致辞 | zhìcí | 动 | 10 | 最终 | zuìzhōng | 名 | 8 |
| 中断 | zhōngduàn | 动 | 9 | 尊重 | zūnzhòng | 动 | 2 |
| 衷心 | zhōngxīn | 形 | 3 | | | | |

# 《发展汉语》(第二版)
## 基本使用信息

| 教　材 | 适用水平 | 每册课数 | 每课建议课时 | 每册建议总课时 |
| --- | --- | --- | --- | --- |
| 初级综合 (Ⅰ) | 零起点及初学阶段 | 30课 | 5课时 | 150-160 |
| 初级综合 (Ⅱ) | | 25课 | 6课时 | 150-160 |
| 中级综合 (Ⅰ) | 已掌握2000-2500词汇量 | 15课 | 6课时 | 90-100 |
| 中级综合 (Ⅱ) | | 15课 | 6课时 | 90-100 |
| 高级综合 (Ⅰ) | 已掌握3500-4000词汇量 | 15课 | 6课时 | 90-100 |
| 高级综合 (Ⅱ) | | 15课 | 6课时 | 90-100 |
| 初级口语 (Ⅰ) | 零起点及初学阶段 | 23课 | 4课时 | 92-100 |
| 初级口语 (Ⅱ) | | 23课 | 4课时 | 92-100 |
| 中级口语 (Ⅰ) | 已掌握2000-2500词汇量 | 15课 | 6课时 | 90-100 |
| 中级口语 (Ⅱ) | | 15课 | 6课时 | 90-100 |
| 高级口语 (Ⅰ) | 已掌握3500-4000词汇量 | 15课 | 4课时 | 60-70 |
| 高级口语 (Ⅱ) | | 15课 | 4课时 | 60-70 |
| 初级听力 (Ⅰ) | 零起点及初学阶段 | 30课 | 2课时 | 60-70 |
| 初级听力 (Ⅱ) | | 30课 | 2课时 | 60-70 |
| 中级听力 (Ⅰ) | 已掌握2000-2500词汇量 | 30课 | 2课时 | 60-70 |
| 中级听力 (Ⅱ) | | 30课 | 2课时 | 60-70 |
| 高级听力 (Ⅰ) | 已掌握3500-4000词汇量 | 30课 | 2课时 | 60-70 |
| 高级听力 (Ⅱ) | | 30课 | 2课时 | 60-70 |
| 初级读写 (Ⅰ) | 零起点及初学阶段 | 15课 | 2课时 | 30-40 |
| 初级读写 (Ⅱ) | | 15课 | 2课时 | 30-40 |
| 中级阅读 (Ⅰ) | 已掌握2000-2500词汇量 | 15课 | 2课时 | 30-40 |
| 中级阅读 (Ⅱ) | | 15课 | 2课时 | 30-40 |
| 高级阅读 (Ⅰ) | 已掌握3500-4000词汇量 | 15课 | 2课时 | 30-40 |
| 高级阅读 (Ⅱ) | | 15课 | 2课时 | 30-40 |
| 中级写作 (Ⅰ) | 已掌握2000-2500词汇量 | 15课 | 2课时 | 30-40 |
| 中级写作 (Ⅱ) | | 15课 | 2课时 | 30-40 |
| 高级写作 (Ⅰ) | 已掌握3500-4000词汇量 | 12课 | 2课时 | 30-40 |
| 高级写作 (Ⅱ) | | 12课 | 2课时 | 30-40 |

# 发展汉语 Developing Chinese 第二版 2nd Edition

## 综合

- 初级综合（Ⅰ）含1MP3　　ISBN 978-7-5619-3076-2　　79.00元
- 初级综合（Ⅱ）含1MP3　　ISBN 978-7-5619-3077-9　　75.00元
- 中级综合（Ⅰ）含1MP3　　ISBN 978-7-5619-3089-2　　56.00元
- 中级综合（Ⅱ）含1MP3　　ISBN 978-7-5619-3239-1　　60.00元
- 高级综合（Ⅰ）含1MP3　　ISBN 978-7-5619-3133-2　　55.00元
- 高级综合（Ⅱ）含1MP3　　ISBN 978-7-5619-3251-3　　60.00元

## 口语

- 初级口语（Ⅰ）含1MP3　　ISBN 978-7-5619-3247-6　　65.00元
- 初级口语（Ⅱ）含1MP3　　ISBN 978-7-5619-3298-8　　74.00元
- 中级口语（Ⅰ）含1MP3　　ISBN 978-7-5619-3068-7　　56.00元
- 中级口语（Ⅱ）含1MP3　　ISBN 978-7-5619-3069-4　　52.00元
- 高级口语（Ⅰ）含1MP3　　ISBN 978-7-5619-3147-9　　58.00元
- 高级口语（Ⅱ）含1MP3　　ISBN 978-7-5619-3071-7　　56.00元

## 听力

- 初级听力（Ⅰ）含1MP3　　ISBN 978-7-5619-3063-2　　79.00元
- 初级听力（Ⅱ）含1MP3　　ISBN 978-7-5619-3014-4　　68.00元
- 中级听力（Ⅰ）含1MP3　　ISBN 978-7-5619-3064-9　　62.00元
- 中级听力（Ⅱ）含1MP3　　ISBN 978-7-5619-2577-5　　70.00元
- 高级听力（Ⅰ）含1MP3　　ISBN 978-7-5619-3070-0　　68.00元
- 高级听力（Ⅱ）含1MP3　　ISBN 978-7-5619-3079-3　　70.00元

"练习与活动" + "文本与答案"

## 读写

- 初级读写（Ⅰ）含1MP3
  ISBN 978-7-5619-3360-2　　32.00元
- 初级读写（Ⅱ）含1MP3
  ISBN 978-7-5619-3461-6　　32.00元

## 阅读

- 中级阅读（Ⅰ）
  ISBN 978-7-5619-3123-3　　29.00元
- 中级阅读（Ⅱ）
  ISBN 978-7-5619-3197-4　　29.00元
- 高级阅读（Ⅰ）
  ISBN 978-7-5619-3080-9　　32.00元
- 高级阅读（Ⅱ）
  ISBN 978-7-5619-3084-7　　35.00元

## 写作

- 中级写作（Ⅰ）
  ISBN 978-7-5619-3286-5　　35.00元
- 中级写作（Ⅱ）
  ISBN 978-7-5619-3287-2　　39.00元
- 高级写作（Ⅰ）
  ISBN 978-7-5619-3361-9　　29.00元
- 高级写作（Ⅱ）
  ISBN 978-7-5619-3269-8　　29.00元

© 2012 北京语言大学出版社，社图号 12017

图书在版编目(CIP)数据

中级综合.2 / 武惠华编著. — 2版. — 北京：北京语言大学出版社，2012.2（2020.1 重印）
（发展汉语）
普通高等教育"十一五"国家级规划教材
ISBN 978-7-5619-3239-1

Ⅰ.①中… Ⅱ.①武… Ⅲ.①汉语-对外汉语教学-教材 Ⅳ.① H195.4

中国版本图书馆 CIP 数据核字（2012）第 019743 号

**发展汉语（第二版）中级综合（Ⅱ）**
FAZHAN HANYU(DI-ER BAN)ZHONGJI ZONGHE (Ⅱ)

| | |
|---|---|
| 排版制作： | 北京创艺涵文化发展有限公司 |
| 责任印制： | 周 燚 |

| | |
|---|---|
| 出版发行： | 北京语言大学出版社 |
| 社　　址： | 北京市海淀区学院路 15 号，100083 |
| 网　　址： | www.blcup.com |
| 电子信箱： | service@blcup.com |
| 电　　话： | 编辑部　8610-82303647/3592/3395 |
| | 国内发行　8610-82303650/3591/3648 |
| | 海外发行　8610-82303365/3080/3668 |
| | 北语书店　8610-82303653 |
| | 网购咨询　8610-82303908 |
| 印　　刷： | 北京中科印刷有限公司 |

| | | | |
|---|---|---|---|
| 版　次： | 2012 年 3 月第 2 版 | 印　次： | 2020 年 1 月第 10 次印刷 |
| 开　本： | 889 毫米 × 1194 毫米 1/16 | 印　张： | 16 |
| 字　数： | 307 千字 | | |
| 定　价： | 60.00 元 | | |

PRINTED IN CHINA